In 40 Schritten zu einem erfolgreichen Ferienort

Bodenmais

zwischen Fremdenverkehr & Tourismusindustrie

Andreas Lambeck

Enrico Heß

Joh. Heider Verlag GmbH
Bodenmais Tourismus & Marketing GmbH

Vielen Dank für Eure geduldige Unterstützung bei diesem Buch!

*Enrico Heß, Katharina Hartl,
Stephan Kaufmann, Nina Bräscher,
Otto Freimuth*

... sowie einen besonderen Dank an:

*Manuel Miedl, der als Verwaltungschef im Rathaus Bodenmais
für ordnungsgemäße und sinnvolle Strukturen gesorgt hat.*

... und auch einen Dank an die folgenden Printmedien:

*Allgemeine Hotel- und Gastronomiezeitung ·
BILD · Blitztip · DEMO · Der Frühaufsteher · Der Preußenspiegel ·
Der Tagesspiegel · FAZ · Focus · fvw · Leipziger Rundschau ·
medien aktuell · Neues Deutschland · new business ·
PNP / Der Bayerwald-Bote · Südthüringer Zeitung · touristik aktuell ·
Touristik Report · travel.one · Viechtach Aktuell · WAZ ·
Wochenblatt Bayerischer Wald · Wochenkurier Dresden*

ISBN: 978-3-87314-451-4
Joh. Heider Verlag GmbH, Bergisch Gladbach
Bodenmais Tourismus & Marketing GmbH

MIT RADIOWERBUNG GEBEN SIE
UNSEREN HÖRERN EIN URLAUBSZIEL.
Erreichen Sie 1.511 Mio.* potenzielle Urlauber im Ruhrgebiet – jeden Tag.
Westfunk Kombi Ruhr:
Der Marktführer für Radiowerbung in
Deutschlands größtem Ballungsraum.
Infos unter Tel.: 0201/31939-13 und
www.westfunk.de
westfunk
kombi ruhr
Ein Unternehmen der WAZ Mediengruppe
* Studie: ma 2010 Radio II

Inhalt

1 Vorwort: Was mich zu diesem Buch bewegte

Bin ich mutig? Bin ich anmaßend, wenn ich zu Veränderungen und Mut animieren will, um Fortschritte im Deutschlandtourismus zu unterstützen? Besitze ich überhaupt die nötigen Fachkenntnisse, um mit solch einem Buch ein Ratgeber und Begleiter für Funktionäre im Fremdenverkehr und der Politik zu sein?

Das sind Fragen, die ich mir vor dem Entschluss, dieses Buch zu schreiben, schon stellte (und Sie sich sicher auch stellen) und das Ergebnis war, dass ich es tun wollte.

Ich bin von Haus aus kein Touristiker! Nach meiner Ausbildung zum Versicherungskaufmann hat es mich, der 1967 in Bochum geboren wurde, verheiratet ist und eine Tochter hat, in die Verlagsbranche verschlagen.

Informationen und Öffentlichkeitsarbeit, Engagement und Interesse am lokalen und überregionalen Geschehen – all das sind Dinge, die mich damals und auch heute antreiben und mich bewogen, stets auch persönliche Risiken zu meiner eigenen – und der Entwicklung meiner Unternehmen einzugehen.

1995, nach mehr als sieben Jahren Printmedienerfahrung, betrat ich die Welt des Reisens und wurde Gesellschafter und Geschäftsführer von Travel Point Reisen, einem Unternehmen, welches zunächst den Aufbau und Betrieb von klassischen, stationären Reisebüros insbesondere in Westdeutschland vorantrieb. Mein wirtschaftliches Gespür, gepaart mit ausgeprägtem Interesse Neues auszuprobieren, schlug sich selbstverständlich auch im von mir geführten Unternehmen nieder. Schon frühzeitig streckten wir unsere Fühler nach neuen Vertriebs- und Marketingkanälen aus und waren am Anfang im Bereich Leserreisen, Medienkooperationen und Videotextvertrieb erfolgreich.

Nach einem halben Jahrzehnt Travel Point Reisen folgte der zufälligen Begegnung mit Enrico Heß, der mich als Co-Autor auch bei diesem Buch unterstützt hat, zuvor mehr als fünf Jahre im privaten Rundfunk agierte und im Jahr 2000 in mein Unternehmen kam, der Schritt in die Onlinevertriebs- und Reiseveranstalterszene. Wir bauten mit außerordentlich hohem Tempo das Unternehmen, welches in billigweg.de Reisen GmbH umfirmierte, in eine der ersten Multi-Channel-Vertriebsmarken um und haben die klare Vision verfolgt, in der Top Liga des touristischen Vertriebs im deutschsprachigen Raum mitzuspielen.

Andreas Lambeck, Geschäftsführer der Bodenmais Tourismus & Marketing GmbH und der Erste Bürgermeister von Bodenmais, Michael Adam.
Foto: © Weber

Der Erfolg gab uns recht, der Aufbau des innovativen Reiseveranstalters Holiday & Co. folgte, und unsere Vision wurde Realität, denn ab 2002 zählte unsere Vertriebsorganisation zu den 15 erfolgreichsten in ganz Deutschland. Ab 2006 stellte ich mein Knowhow beratend Unternehmen verschiedener Branchen zur Verfügung, bevor mich schon bald die Lust packte, wieder vollständig in der faszinierenden Reisewelt neue Wege zu gehen.

Ich folgte also dem Ruf des Bayerischen Waldes und nahm im August 2007 meine Arbeit als Geschäftsführer der Bodenmais Tourismus

& Marketing GmbH auf. Viele meiner Kollegen aus der Tourismusindustrie schüttelten den Kopf über meine berufliche Entscheidung.

Was ich seit diesem Zeitpunkt erlebte und erlebe, ist aus meiner Sicht so interessant und exemplarisch für den Fremdenverkehr in Deutschland, dass ich darüber erzählen möchte, ohne zu belehren.

Seit nunmehr fast drei Jahren übe ich meine Aufgabe in Bodenmais so aus, wie ich es in meinen früheren Unternehmen auch tat: Mit Risikobereitschaft, dem Drang, neue Wege zu gehen und dem Fokus auf Vertrieb, Marketing und PR sowie wirtschaftlichem Erfolg. Die alte Welt der Fremdenverkehrsverwaltung kenne ich nur aus Gesprächen mit meinen heutigen Kollegen in Bodenmais und bin rückblickend dankbar und glücklich, dass ich unbefangen und mit klarem Blick die Herausforderung im Bayerischen Wald annahm.

Ich bin sicher, dass der Stillstand, der vielerorts im Fremdenverkehr in Deutschland herrscht, aufgebrochen werden kann, wenn nur der Mut zu Veränderungen da ist. Kann ich mit den folgenden Kapiteln einen kleinen Beitrag dazu leisten, dann freue mich schon jetzt auf Ihr Feedback.

Es ist für mich besonders wichtig zu erwähnen, dass die Erfolgsstory keine Einzelleistung von mir ist. Eine hochmotivierte Mannschaft steht für diesen Erfolg. Besonders meine Stellvertreterin Katharina Hartl hat mir Türen und Wege im Ort und in der Region geöffnet, die ansonsten lange für mich verschlossen geblieben wären. Nicht nur war und ist Katharina Hartl die Klammer der „neuen" und „alten" Mannschaft, sie hat mir auch so oft den Rücken für meine „wilden" Ideen freigehalten.

Ein glücklicher Umstand war die Wahl im Jahre 2008 von Michael Adam zum jüngsten Bürgermeister Deutschlands. Michael Adam ist als Erster Bürgermeister von Bodenmais maßgeblich am touristischen Erfolg von Bodenmais beteiligt und verantwortlich. Er hat immer treu zum neuen Tourismusweg in Bodenmais gestanden und die schweren rechtlichen Brocken und finanziellen Schwierigkeiten im Gemeinde- und Aufsichtsrat und gegenüber den Aufsichtsbehörden zur Seite geschafft.

Aus diesem oft steinigen Weg wuchsen tiefes Vertrauen und echte Freundschaft. Darüber hinaus war seine Wahl im Jahre 2008 der beste „Marketing-Clou", der Bodenmais passieren konnte. Seine bundesweite Präsenz in Film, Funk und Fernsehen war für Bodenmais unbezahlbar. Diese Art der Kommunikation und der Vermarktung war aber erst durch die professionellen Strukturen der Bodenmais Tourismus und Marketing GmbH möglich.

Aber was wäre dieser Weg ohne die hunderte von Vermietern, Hoteliers und Einzelhändler, die zum Teil kritisch und oft heftig, aber zum großen Teil fair hinter diesem neuen Weg gestanden haben und mit marschiert sind?

Dr. Manfred Schappler hat als Vorsitzender des Vereins Bodenmais Wirtschaft und Tourismus e.V. oft Prügel wegen unserer Arbeit einstecken müssen. Er hat mit diesem Ehrenamt maßgeblich den Bodenmaiser Weg mitgeprägt und verantwortet. Ein hohes Risiko für einen niedergelassenen Arzt, wenn das Abenteuer „Tourismus GmbH und Andreas Lambeck" schief gegangen wäre.

Danke auch an alle nicht erwähnten Personen, insbesondere an die konstruktive Zusammenarbeit im Aufsichtsrat der BTM, sowie an Dr. Michael Braun, Geschäftsführer des Tourismusverbandes Ostbayern, der von Anfang an unseren Weg unterstützt und verteidigt hat!

Zum guten Schluss freue ich mich darüber, dass mein Co-Autor, Enrico Heß, mir in den „Fremdenverkehr" gefolgt ist. Er ist nun Geschäftsführer der Tourismus GmbH Oberhof in Thüringen geworden.

Andreas Lambeck im August 2010

Schlagzeilen aus der Praxis zu diesem Thema

Umstieg: Lambeck arbeitet nun im bayerischen Fremdenverkehr

Mehr Glanz für Bodenmais

Ursprünglich hatte **Andreas Lambeck** geplant, in den Bereichen Teleshopping und Internet aktiv zu werden. Nun will er dem bayerischen Ferienort Bodenmais auf die Sprünge helfen.

Der 40-Jährige ist Direktor der neu gegründeten Bodenmais Tourismus GmbH. Lambeck hat sich vor allem als Chef der Reisebürokette und des Internetportals Billigweg.de – das Unternehmen wurde im vergangenen Jahr verkauft – einen Namen gemacht. Auch dass er damals massiv mit Reisen zum Nulltarif warb, sorgte für Aufmerksamkeit in der Branche.

Der gebürtige Wattenscheider kennt den Urlaubsort im Bayerischen Wald gut: »Mir geht es darum, die Marke Bodenmais wieder positiv zu besetzen, neue Märkte zu erschließen, neue Wege für den touristischen Vertrieb und neue Partner zu finden.« Für den Imagewandel planen er und sein Team zwei bis drei Jahre ein.

travel.one am 22. August 2007

Andreas Lambeck. Dass er öffentlichkeitswirksame Ideen hat, kann man ihm wirklich nicht absprechen – als Chef von Billigweg.de kündigte er eine Klage gegen die US-Regierung an. Jetzt wird Lambeck Tourismuschef des Örtchens Bodenmais. Mal sehen, was ihm dazu einfällt.

Touristik Report am 23. August 2007

ANDREAS LAMBECK (40) ist neuer Geschäftsführer der **Bodenmais Tourismus GmbH**. Bevor er in den bekanntesten Ferienort im Bayerischen Wald wechselte, war er nicht auf der klassischen Kurdirektoren-Schiene. Der gebürtige Wattenscheider ist seit 15 Jahren in verantwortlichen Vertriebs-, Marketing- und Kommunikatioinspositionen tätig. Zuletzt führte er das Internet-Reisebüro **billigweg.de**.

medien aktuell am 20. August 2007

ANDREAS LAMBECK, 40, übernimmt die Geschäftsführung der neu gegründeten **Bodenmais Tourismus**, die

den Ferienort im Bayerischen Wald künftig stärker vermarkten will. Der gebürtige Wattenscheider Lambeck ist seit 15 Jahren in verantwortlichen Vertriebs-, Marketing- und Kommunikations-Positionen tätig. Zuletzt leitete er das Internet-Reisebüro billigweg.de.

new business am 20. August 2007

Trommeln für Bodenmais.de

Andreas Lambeck ist wieder da. Der innovative Gründer von Billigweg.de will den Tourismus im Bayerischen Wald ankurbeln.

„Kein klassischer Kurdirektor": Andreas Lambeck wandert künftig für die Bodenmais Tourismus Gesellschaft.

Das Hallenbad ist gerade im Umbau, der Mittagsspatzl und einige andere Wanderwege sind infolge des Orkans Kyrill noch immer gesperrt, und auch sonst erweckt die 3300-Einwohner-Gemeinde Bodenmais nur bedingt den Eindruck einer boomenden Urlaubsregion – bislang zumindest. Doch jetzt kommt Andreas Lambeck. Der 40-Jährige ist seit zwei Tagen Geschäftsführer der neu gegründeten Bodenmais Tourismus GmbH.

Dem beschaulichen Urlaubsort im Bayerischen Wald ist schon mit der Personalie ein echter PR-Coup gelungen. Lambeck komme nicht aus der klassischen Kurdirektorenschiene, sondern aus der Wirtschaft, wird in der Pressemeldung der Tourismus-Gesellschaft extra betont, die sichtlich noch nicht die wortgewaltige Handschrift ihres kommenden Chefs trägt. Eingefleischten Touristikern müsste man das kaum mehr erzählen.

Bis 2006 war der gebürtige Wattenscheider Gründer, Mitinhaber, Geschäftsführer und Lautsprecher seiner Reisebüro-Kette Billigweg.de. Für diese erfand Lambeck die Preisgarantie, die Schönwetter-Garantie sowie die Null-Euro-Flüge. Er legte eigene Charterflüge nach Sylt auf, legte mit dem eigenen Veranstalter Holiday & Co erstmals einen Nordzypern-Katalog auf. Trotzdem geriet er zuletzt wirtschaftlich ins Trudeln. Lambecks ehrgeizige Expansionspläne für Billigweg.de sind längst einem strikten Sparkurs des Neu-Eigentümers ETI zum Opfer gefallen.

Er wolle die Marke Bodenmais positiv besetzen und neue Märkte erschließen, erklärt Lambeck heute. Zwei bis drei Jahre solle die Umstrukturierung dauern. Doch selbst wenn der Mittagsspatzl etwas länger gesperrt bleibt: Markante Urlaubsbotschaften aus dem Bayerischen Wald kommen in Kürze. Den neuen Slogan „Bodenmais.de – Ferienparadies Nr. 1 im Bayerischen Wald" hat bereits Andreas Lambeck in die druckfrischen Winterkataloge diktiert. DR

fvw am 17. August 2007

2 Fremdenverkehr in Deutschland – Relikt der guten alten Zeit?

Wenn man bei Google – und mit Verlaub, JEDER erfolgreiche Touristiker sollte diese Online-Macht kennen und für seine Arbeit zu nutzen wissen – den Suchbegriff Fremdenverkehr eingibt, so ist das prominenteste Ergebnis und die Definition des Wortes ebenso trocken, wie die Umsetzung in den meisten deutschen Ferienregionen.

„Amtlich" betrachtet, ist der Fremdenverkehr das Synonym für hereinkommende Gäste in einer Region bzw. einem Ort, wobei dies alle Reisen umfasst, der Begriff des Tourismus umfasst lediglich die Freizeitreisen.

Die Realität ist, dass der Fremdenverkehr – zwar nicht bundesweit gesehen – in sehr vielen deutschen Orten und Regionen der Wirtschaftszweig Nummer eins ist, von dem – auch in Bodenmais – quasi alle Einheimischen mit ihren Familien leben oder irgendwie verbunden sind. Insofern sollte das Interesse an funktionierenden, zukunftsweisenden Strukturen und Konzepten stark sein und die ausführenden Personen mit Handlungsspielräumen- und Fähigkeiten ausgestattet sein, die ihrer bedeutenden Aufgabe gerecht werden.

Ist das so? Das Interesse vielleicht, aber ist es gelebte Realität? Ersetzen wir die rosa Brille mal durch schonungslose Ehrlichkeit. Vielerorts – und nicht nur da, wo es noch alte Fremdenverkehrsamtsstrukturen gibt, sondern häufig auch da, wo man durch die Gründung von Tourismus GmbHs *modern* agieren will – ist Fremdenverkehr mit Mechanismen und Ansichten belegt, die einem erfolgreichem Vermarkter die Tränen in die Augen treiben.

Einmal im Jahr ein Gastgeberkatalog, eine mehr oder weniger dienstleistungsorientierte Tourist-Information, die Durchführung von Veranstaltungen, die schon immer gut ankamen, und dann muss es doch mit dem Teufel zugehen, wenn die Gäste nicht kommen und die Hotels, Pensionen, Ferienwohnungen, Restaurants und Einzel-

Fast der ganze Ort verabschiedet in den 1930er Jahren einen Ferienexpress. *Foto: © Archiv BTM*

handelsgeschäfte füllen. Ganz eifrige Orte betreiben sogar eine eigene touristische Website, die aber meist eher der Selbstdarstellung als dem aktiven Verkauf dient und auf der man in der Regel leider nicht direkt online buchen kann, da das ja die Sache der Beherbergungsstätten ist.

Geht es mit dem Teufel zu, wenn die Gäste dennoch ausbleiben? Nein, es geht mit der Realität zu! Und dies hat nun wirklich nichts mit Globalisierung oder Krise zu tun, sondern schlicht und ergreifend damit, dass schon lange ein Wettbewerb um den Gast ausgebrochen ist. Der Glaube, man habe mit toller Landschaft oder attraktiven Kultureinrichtungen sozusagen das Recht auf einen nicht endenden Gästestrom erworben, bleibt eine Illusion.

Hier gilt es, aufzuwachen und sich dem Wettbewerb zu stellen. Wenn Sie jetzt meinen, dass der regelmäßige Auftritt auf überteuerten Messen und die Tatsache, dass bei Ihnen statt einem Amt eine GmbH die Aufgaben erledigt, die Lösung des Problems sinkender Übernachtungszahlen ist, dann irren Sie!

Die gute alte Zeit ist vorbei. Tourismusentwicklung und Tourismusvertrieb funktionieren nicht im Rahmen einer kommunalen Verwaltung. Schnelle, dynamische Strukturen eines privatwirtschaftlichen Unternehmens sind die einzige und grundlegende Antwort auf die bestehenden Probleme des klassischen Fremdenverkehrs.

Die wachsende Vielfalt an touristischen Angeboten in allen Preis- und Qualitätssegmenten sollte die Politik dazu zwingen, in ihrem Verantwortungsbereich ganz schnell die Voraussetzungen zu schaffen, dass grundlegende Veränderungen stattfinden können. Es kann nicht sein, dass unternehmerisches und kreatives Handeln an EU-Richtlinien scheitert oder dadurch blockiert wird.

Per Handkarren wurde das Gepäck der Gäste in den 1960er Jahren zur Unterkunft transportiert, hier eine Gästefamilie mit ihren Vermietern.

Eine kreative Tourismus GmbH mit unternehmerischem Handeln ist nichts anderes als Wirtschaftsförderung. Insbesondere Wirtschaftsförderung für Leistungsträger, die sich aus eigener Kraft, wie beispielsweise Ferienwohnungen und Pensionen, nicht behaupten können. Zu einem Ferienort gehören aber nicht nur große Hotels, sondern gerade die Gäste von Pensionen und Ferienwohnungen sorgen dafür, dass die Wirtshäuser voll sind, dass die Disco im Ort besucht wird und dass der Bäcker und der Metzger ihre Geschäfte machen können.

Warum soll also eine neue Art der Wirtschaftsförderung wie der Tourismusvertrieb innerhalb einer Tourismus GmbH verboten sein und gegen unzählige Richtlinien der Landesgesetzgebung und EU-Richtlinien verstoßen?

Dort wo die Privatwirtschaft nicht diese Aufgaben erfüllt, weil es nicht lukrativ genug ist, muss die kommunale Selbstverwaltung diese

Aufgaben des Tourismusvertriebes für einen Ferienort und eine Region übernehmen. Es bleibt dabei, es handelt sich um klassische Wirtschaftsförderung. Dies ist immer noch besser, als nach einem Gießkannenprinzip teilweise sinnlose Projekte zu fördern.

Es ist erschreckend, welche Millionen-Projekte in den letzten Jahren im Bayerischen Wald teilweise in den Sand gesetzt worden sind, und wie schwierig es für uns war und ist, öffentliche Gelder für „unsere" Bodenmaiser Wirtschaftsförderung in Anspruch nehmen zu können.

Alleine das Drehen an ein paar Stellschrauben, die möglichst wenigen weh tun und alle Interessen und Meinungen vor Ort unter einen Hut bringen, wird nicht genügen.

Auch wenn es keiner hören will: Reisen ist ein Produkt wie Waschpulver oder ein erfolgreiches Musical. Und ein Produkt muss vermarktet werden. Die Logik erfolgreicher Produktvermarktung, wie sie in der Tourismusindustrie und anderen Bereichen angewandt wird, muss, wenn ein Ort auch künftig gut von zahlenden Gästen leben will, auch im Fremdenverkehr Einzug halten.

Zur Überschrift dieses Kapitels und der Frage, ob der Fremdenverkehr in Deutschland ein Relikt der guten alten Zeit ist: Relikt kommt aus dem Lateinischen und bedeutet in etwa „abgelegt". Insofern muss die Antwort auf die Frage *Ja* sein. Der Fremdenverkehr der guten alten Zeit muss abgelegt werden.

Schlagzeile aus der Praxis zu diesem Thema

„Alte Zöpfe sind der Tod jeder Tourismus-Entwicklung“

Tourismus-Chef Andreas Lambeck: Region darf Anschluss nicht verpassen

Bodenmais. „Unsere Region darf den Anschluss an die moderne, touristische Entwicklung nicht verpassen“ hat Andreas Lambeck, der Geschäftsführer der Bodenmais Tourismus & Marketing GmbH bei einem Gespräch mit Touristikern gesagt. Er sieht Bodenmais dabei in einer Vorreiter-Rolle.

Laut einer Umfrage des Deutschen Tourismusverbands und des Städteportals Meinestadt.de wollen sieben von zehn Bundesbürgern den nächsten Urlaub nicht im Ausland verbringen. 72,4 Prozent gaben an, diesen Sommer in deutsche Regionen zu verreisen (29,7 Prozent) oder zu Hause zu bleiben (42,7 Prozent). Das sind 6,8 Prozent mehr als vor zwei Jahren. Dem stehen 27,6 Prozent der 6100 Befragten gegenüber, die ins Ausland reisen wollen. Vor zwei Jahren lag dieser Wert noch bei 34,4 Prozent. Die beliebteste deutsche Urlaubsregion ist die Ostsee, gefolgt von der Nordsee und den Alpen.

„Nur die Urlaubsregionen, die es in den nächsten Jahren schaffen, sich professionell aufzustellen und mit Alleinstellungsmerkmalen im

Sieger und Verlierer im Tourismus

Markt positioniert sind, können von dem weiteren Aufwärtstrend profitieren. Der Deutschland-Tourismus wird sich in kürzester Zeit in zwei Lagern aufspalten: Das Lager der Verlierer-Regionen auf der einen Seite und auf der anderen Seite die großen Gewinner-Regionen im boomendem Deutschland-Tourismus“, so der Geschäftsführer der Bodenmais Tourismus & Marketing GmbH Andreas Lambeck in einem Gespräch mit einer Touristiker-Runde in Bodenmais.

Ob der Bayerische Wald zu den Gewinnern oder den Verlierern zählt wird, würden die nächsten Jahre zeigen, so Lambeck. Zwar seien im Bayerischen Wald alle Voraussetzungen gegeben, um zu den Gewinnern zu gehören, nur müssten diese Voraussetzungen, Möglichkeiten und Ideen professionell eingesetzt und vermarktet werden. „Wozu der Bayerische Wald in den nächsten Jahren zählen wird, liegt ganz allein beim Bayerischen Wald selber. Der Bayerische Wald liegt im Wettbewerb mit unzähligen Ferienregionen. Wenn sich der Bayerische Wald in diesem Wettbewerb behaupten will, müssen alle bereit dazu sein, diese neuen Maßstäbe im Tourismusvertrieb und Tourismusentwicklung zu akzeptieren und umzusetzen. Kirchturmlösungen, Funktionärsdenken und festhalten an alten „Zöpfen“ ist der Tod jeder Tourismus-Entwicklung. Dies gilt auch für den Bayerischen Wald“, so Lambeck. Lambeck weiter: „ Wenn der Bayerische Wald scheitern sollte, sind nicht die bösen Urlauber daran schuld, sondern dass unsere Region die neue Marktentwicklung nicht erkannt hat oder wahr haben wollte.

Urlauber sind nicht schuld am Scheitern

Bisher gibt es zwei Welten: Die Welt des Fremdenverkehrs und die Welt der Tourismusindustrie. Die Verantwortlichen in unserer Region müssen nun einen mutigen Schritt wagen und diese zwei Welten miteinander verbinden. Das gilt für alle Bereiche wie Produktentwicklung, Personal, EDV und Vertrieb“.

Lambeck sieht trotz der positiven Entwicklung auch Bodenmais nicht als Insellösung oder Einzelkämpfer – er sieht Bodenmais viel mehr in einer Art Vorreiter-Rolle. „Nur wenn der gesamte Bayerische Wald als Urlaubsregion funktioniert, funktioniert auch Bodenmais“, sagt Andreas Lambeck. – kat

PNP am 8. Juli 2008

3 Tourismusindustrie und Fremdenverkehr – zwei Welten für sich

Wissen Sie, was das mit Abstand beliebteste Reiseziel der Deutschen ist? Mallorca? Türkei? Italien? Nein! Es ist Deutschland, das unangefochten seit Jahren den Spitzenplatz unter den Lieblingsdestinationen der Deutschen verteidigt.

Und wie kam der Erfolg zustande? Durch eine enge Verzahnung des Fremdenverkehrs mit der Tourismusindustrie? Nein! Der Fremdenverkehr hat sich über viele Jahrzehnte und zum großen Teil bis heute noch darauf verlassen, dass der Gast nach Zusendung des Gastgeberverzeichnisses eine Unterbringung auswählt, dort dann direkt bucht, und so die Übernachtungszahlen im Ergebnis die gewünschte Größe erreichen.

Bisweilen ging das auch lange Zeit gut und, um ehrlich zu sein, war Deutschland als Reiseziel in der Tourismusindustrie, also bei den Reiseveranstaltern und Reisevertriebsunternehmen, eher eine unbedeutende Größe. Ziele wie Mallorca, Rhodos, Ägypten oder die kanarischen Inseln bestimmten das Massengeschäft der großen Reiseveranstalter.

Wenn sich dann doch eine deutsche Ferienregion aufmachte, die Reiseveranstalter zu bitten, ihre Orte als Katalogangebot zu platzieren, dann meist gegen hohe Subventionen und ohne nennenswerte Vermarktungserfolge. So blieb es bei punktuellen Schnittstellen zwischen Fremdenverkehr und Tourismusindustrie.

Und heute? Die Reisewelt hat sich dramatisch verändert. Obwohl die Energiekosten steigen und steigen, können wir für immer weniger Geld in der Welt herum fliegen und fremde Regionen erkunden. Außerdem ist Reisevertrieb schon lange nicht mehr nur das klassische Reisebüro, sondern TV-Sender, Internetportale, Discounter und zig weitere innovative und alternative Vertriebskanäle der Tourismusindustrie verändern das Buchungsverhalten der Kunden.

Clubhotel mit Animationsprogramm, so kann Massentourismus aussehen – muss aber nicht!

Foto: © Phototom - Fotolia.com

Die größte Veränderung ist dabei, dass sich heute immer mehr – gerade die wachsenden Vertriebswege jenseits der Reisebüros – für die Destination Deutschland interessieren und am klassischen Fremdenverkehr vorbei händeringend Angebote suchen und Produkte kreieren.

Warum? Weil Deutschland *in* ist und die Reiseveranstalter festgestellt haben, dass man mit Urlaub in Deutschland Geld verdienen kann. Ein Geschäft, das jahrelang an ihnen vorbeigegangen ist.

Weil die Lust an der Heimat, an Solidität und Sicherheit größer denn je ist – oder ganz einfach, weil es sich verkaufen lässt. So sind Eigenanreisen nach Teilnehmern, etwa beim größten deutschen Reisesender Sonnenklar.TV, ganz klar die Nummer 1. Hier ist jetzt die Chance für den Fremdenverkehr, die neuen Möglichkeiten zu nutzen und massiv an den Mechanismen und Marktgesetzen der Tourismusindustrie zu partizipieren.

Denn was kann die Tourismusindustrie, was der Fremdenverkehr nicht kann? Verkaufen! Verkaufen, verkaufen und noch mal verkaufen!

Die Herangehensweise ist komplett konträr zu jener des Fremdenverkehrs der Vergangenheit und Gegenwart, aber doch müssen wir zur Kenntnis nehmen, dass private Incoming-, Reiseveranstaltungs- und Reisevertriebsunternehmen wachsen und sich in Nischen rasant vermehren, sowie neue Geschäftsbereiche im Deutschland-Tourismus besetzen.

Bodenmais hat dies erkannt und stellt sich seit 2007 der Aufgabe, dem Fremdenverkehr Strukturen und Vorgehensweisen zu verpassen, die analog jener der Tourismusindustrie funktionieren und dabei die klassischen Aufgaben weiter zu bewältigen.

Mit welchem Ergebnis? Bodenmais verknüpft auf Ortsebene den klassischen Fremdenverkehr mit den Marktgesetzen der Tourismusindustrie!

Es ist lebensnotwendig für einen Ferienort oder eine Destination, dass Begriffe im Fremdenverkehr wie *Vermarktung, Vertriebskanäle, Bedarfsermittlung, Zielgruppendefinitionen, Produktentwicklungen, innovative Technologien, Quellmarkterschließung, World Wide Web, modernste Kommunikationswege, Public Relations und Qualitätsstandardisierung* ernst genommen werden, hieraus für sich eigene, individuelle Konzepte entwickelt werden und die Angst vor dem Verkaufen abgelegt wird.

Eine Urlaubsregion kann in der Folge nicht nur ähnlich erfolgreich agieren wie die Tourismusindustrie, sondern das Potenzial ist noch größer, da der Zugriff auf die Unterscheidungsmerkmale für ein „Urlaubsprodukt" einer Region – die natürlich zunächst erkannt, herauskristallisiert und mit höchster Power kommuniziert werden müssen – noch besser ist und die Identifikation mit dem eigenen Ort für einheimische Leistungsträger und Urlaubsgäste noch höher wird.

Urlaub ist ein Erlebnis! Es ist eines der emotionalsten Produkte überhaupt. Wenn ein Gast aus den Ferien zurück kommt, bleibt nichts außer Erinnerungen.

Die Industrialisierung des Fremdenverkehrs muss keine Angst machen, denn jeder, der sich den Notwendigkeiten in Vermarktung, Technik und Kommunikation widmet und diese befolgt, wird erkennen, dass nur dies der richtige Weg ist, die Zukunft zu meistern und zuversichtlich Weiterentwicklungen anzugehen.

Auf allen politischen Ebenen, von der Kommunal- bis zur Bundesebene, hat hierbei die Politik zwei Funktionen, und es ist wichtig, dass sie sich auf diese konzentriert, da politische Befindlichkeiten in den nötigen privatwirtschaftlichen Strukturen hemmend und kontraproduktiv wirken. Die Politik muss die Rahmenbedingungen für ein Umfeld schaffen, in dem sich Persönlichkeiten im „Fremdenverkehr" ohne Angst vor Neuem den angeführten Aufgaben widmen können. Zudem muss sie die ihr zugedachte Kontrollfunktion wahrnehmen. Nur so ist gewährleistet, dass die neue Fremdenverkehrswelt sowohl kurzfristige Erfolge einfahren, als auch langfristig und nachhaltig die Gästeakquise- und Bindung, sowie den Markenaufbau vornehmen kann.

Schlagzeilen aus der Praxis zu diesem Thema

Verein für Wirtschaft und Tourismus trifft sich erstmals

Bericht über Geleistetes und über zukünftige Pläne

Bodenmais (bb). Der Verein für Wirtschaft und Tourismus in Bodenmais beruft am Mittwoch, 22. August, ab 19.30 Uhr seine erste Mitgliederversammlung im Restaurant des Joska-Werks 1 ein. Die Tagesordnung sieht folgende Punkte vor: Abstimmung über eine Änderung der Satzung, Information des Vorstandes über geschehene Ereignisse und Vorstellung des neuen Geschäftsführers der Wirtschaft und Tourismus GmbH, Andreas Lambeck.

„Die Vereinsmitglieder und alle Bodenmaiser Bürger haben einen sehr großen Informationsbedarf" so Dr. Manfred Schappler, 1. Vorstand des Vereins. „Es ist viel passiert in den vergangenen Monaten, und diese Ereignisse sind ein großes Thema in Bodenmais, die Menschen sehen hier ihre wirtschaftliche Zukunft maßgeblich beeinflusst".

Für die Gründung des Vereins und der GmbH waren bürokratische Hürden zu nehmen, was mit sehr viel Arbeit und Zeit verbunden war, natürlich aber noch keine Ergebnisse zu Tage brachte. Auch einige Projekte, die mit einem Aufschwung des Tourismus und der Wirtschaft verbunden sind, wurden bereits in Angriff genommen. Sie werden am 22. August vorgestellt. „Ich kann die Ungeduld der Menschen verstehen, aber alle Dinge brauchen Zeit", so Dr. Schappler.

Der Vorstand steht sieben Monate nach der Vereinsgründung den Mitgliedern Rede und Antwort. Die Versammlung ist aber ebenso als Info-Veranstaltung für alle Interessierten gedacht.

PNP am 18. August 2007

Neue Wege im Tourismus gehen

Andreas Lambeck soll in Bodenmais dem Tourismus zu neuem Schwung verhelfen

Bodenmais ist keine Gemeinde mehr. Es ist jetzt ein Produkt. Nicht einmal den Namen hat der Ort behalten, auch der wurde geändert. Jetzt heißt es „bodenmais.de". Das klingt jung, dynamisch. Überhaupt: Seit dem August 2007 wird alles überdacht, was bisher in der Feriengemeinde zur touristischen Ausstattung gehörte. Die Zukunft hat begonnen.

Deshalb gibt es auch keinen Kurdirektor mehr. Andreas Lambeck ist Geschäftsführer der Bodenmais Tourismus & Marketing GmbH (kurz: BTM) und erklärt: „Ich möchte auch gar kein Kurdirektor sein. Ich will wie ein selbstständiger Unternehmer handeln, der den Ort als Produkt vermarktet." Andreas Lambeck ist so etwas wie der Jürgen Klinsmann des Tourismus. Und Bodenmais ist so etwas wie die Deutsche Nationalmannschaft, als sie von Klinsi übernommen wurde: Man war mal gefürchtet und der frühere Glanz ist verblichen. Lambeck soll die Mannschaft auf Vordermann bringen und zurück an die Spitze. Fünf Tage die Woche, dann setzt er sich in den Flieger und jettet heim. Nicht nach Kalifornien, aber immerhin nach Hattingen in Nordrhein-Westfalen.

Er hat schon was verändert: bodenmais.de ist nicht mehr nur ein Ferienort, sondern jetzt ist es das „Ferienparadies Nr. 1 im Bayerischen Wald". Was ein wenig oberflächlich klingen mag, ist in Wahrheit ein ausgeklügeltes Konzept, hinter dem der 40-jährige Tourismusexperte steht. „Der Ort ist viel besser, als ihn die Bodenmaiser selbst sehen", sagt Lambeck. Die Strukturen seien einzigartig, da könnten nicht einmal Zwiesel oder Regen mithalten. Deshalb sieht er es als seine Aufgabe, den verborgenen Glanz wieder herauszupolieren.

Bodenmais wieder bekannt machen

Früher, so sagt er, habe im Ruhrpott jeder Bodenmais gekannt. Heute ist das anders: „Wenn man junge Leute danach fragt, haben die keine Ahnung wo das liegt." Das will er ändern – deshalb steht auf seiner Aufgabenliste ganz oben, das Image und die Vermarktung wesentlich zu verbessern. Deshalb werden zuerst alle Kosten hinterfragt: „Wie können wir unser Geld für den Tourismus sinnvoller einsetzen?" Lambeck will nicht alles über den Haufen werfen, was bisher als richtig galt. Er will nur neue Methoden finden, neu gewichten. Fußballerisch betrachtet: Er will eine offensivere Mannschaft, die mit einer neuen Taktik zu Siegen eilt.

Ferienangebote auch im Internet

Ein erster Anfang ist gemacht – und zeigt Wirkung. In Nordrhein-Westfalen gibt es im Internet das Ferienportal „ferienfabrik.de". Da ist Bodenmais vertreten „und wir verzeichnen dadurch schon täglich 60 bis 80 Gästeanfragen mehr." Aldi, Plus, Edeka – die großen Supermarktketten bieten im Internet Reisen an – auch soll Bodenmais künftig angeboten werden. Dabei reiche es nicht, denen ein Mail zu schicken mit den Daten der Vermieter, so Lambeck. „Wir müssen ein Reservierungs-

Events für Bodenmais – nicht nur Heimatabende soll es künftig geben, so wie hier am Silberberg sondern auch Konzerte und andere Veranstaltungen, die Schlagzeilen machen. ***Foto: Archiv***

Wochenblatt am 5. September 2008

▸ Fortsetzung auf der nächsten Seite

▸ *Fortsetzung*

system entwickeln, um als Ort so auftreten zu können, wie ein Reiseveranstalter." Diese Daten könnten von den Internet-Anbietern direkt übernommen werden.

Sein Ziel ist klar: Heute laufen rund 95 Prozent der Gästebuchungen über den Bodenmais-Katalog. Diesen Anteil will er auf 50 Prozent gesundschrumpfen. Dafür sollen 25 Prozent der Buchungen über Direktvermarktung einlaufen – also beispielsweise über TV-Shopping oder Supermarkt-Ketten. Die restlichen 25 Prozent der Gäste sollen im Reisebüro buchen. Durch diese neuen Wege, so sagt Lambeck, seien deutliche Steigerungen der Gäste- und Übernachtungszahlen möglich.

Wie erwähnt: Bodenmais ist jetzt eine Marke und diese braucht ein Image. „Das geht natürlich nicht von heute auf morgen, das ist eine langfristige Sache", weiß der Touristiker. Dabei sei es aber nötig, dass die gesamte Gemeinde an einem Strang ziehe. „Das alte Konkurrenzdenken muss weg. Nur gemeinsam können wir besser werden." Deshalb gilt für ihn auch: Hotels und Pensionen, die nicht investieren und ihre Häuser nicht auf Vordermann bringen, die könnten schnell vom Markt verschwinden. Nur Qualität setze sich durch. Wer nicht ordentlich trainiert, der hat in der Mannschaft nichts mehr verloren.

Nur Qualität setzt sich durch

Dann soll Bodenmais in die Schlagzeilen kommen, „wir müssen auf uns aufmerksam machen, damit der Name wieder bekannt wird", so Lambeck. Deshalb denkt er an ein ausgefeiltes Event-Management: Einzigartige Veranstaltungen, die überregional Beachtung finden. Konzerte, Feste und vieles mehr – das Jahr 2008, in dem Bodenmais 50 Jahre Markterhebung feiert, biete dazu die beste Gelegenheit. „Es ist ein Schande, dass es die Race-Night nicht mehr gibt", sagt er in diesem Zusammenhang.

Freilich: Sonne, Strand und Meer als Traumziel wird Bodenmais nicht mehr aus den Köpfen der Urlauber vertreiben können. „Wir müssen auf den Zweiturlauber setzen", sagt er. Das sind die Feriengäste, die durch Bayern durchfahren und irgendwo in Österreich landen. „Diese Gäste zu gewinnen ist anstrengend, aber wir haben die besten Voraussetzungen dafür. Wir müssen sie nur nutzen", sagt Lambeck.

„Wenn wir es nicht schaffen, wer dann?"

Jürgen Klinsmann bereitete die Nationalmannschaft auf die WM 2006 vor. Im Tourismus ist immer Weltmeisterschaft: „Wir stehen im Wettbewerb mit der ganzen Welt", weiß Lambeck. Und der Tourismusexperte weiß, dass er und Bodenmais nur diese eine Chance haben, das Schiff wieder in Fahrt zu bringen. Lambeck ist davon überzeugt, dass sich bereits 2008 zeigen wird, warum es diese GbmH in Bodenmais gibt und dass das Wagnis der Gemeinde, die Strukturen zu verändern, Erfolg haben wird. Es gibt auch nur diese eine Chance: „Wenn wir es nicht schaffen, was soll danach kommen?", fragt Lambeck. Immerhin: Klinsmann und seine Jungs haben es 2006 geschafft, die Herzen der Fans zu erobern Der deutsche Fußball glänzt wieder.

Zur Person

- **Position:** Geschäftsführer
- **Alter:** 40
- **Heimat:** Hattingen bei Essen

Seit August ist Andreas Lambeck neuer Tourismus-Chef in Bodenmais. Er ist gelernter Versicherungskaufmann – hat aber eine recht abwechslungsreiche Karriere hinter sich. Mit 18 gründete er einen Zeitungsverlag, den er später verkaufte. Dann stieg er mit einem Reisebüro ins Tourismusgeschäft ein, suchte neue Vertriebswege und gründete das Ferienportal im Internet billigweg.de. Auch das hat er letztes Jahre verkauft. In Bodenmais hat er Verwandtschaft, deshalb war er selbst schon zigmal hier. Als er in einer Fachzeitschrift die Stellenausschreibung las, bewarb er sich sofort. Das reizt ihn an seinem neuen Job: „Bodenmais geht hier völlig neue Wege. Und die Möglichkeit, einen ganzen Ort zu vermarkten und komplett neu aufzustellen, da wollte ich einfach dabei sein."

Die Zeiten sind vorbei: Es fahren keine Sonderzüge mehr, die Urlauber nach Bodenmais bringen. ***Foto: Zimmermann***

4 Deutschlandtourismus – eine große Chance

Deutschland ist ein touristisches Boomland, das steht außer Frage. Und als Reiseziel steht das eigene Land bei den Deutschen an erster Stelle. Da kann doch von Krise keine Rede sein, wenn allein von 1993 bis 2009 die Inlandsübernachtungen in Deutschland um mehr als 13 Prozent auf fast 314 Millionen gewachsen sind, oder?

Nun, näheres Hinsehen lohnt sich, denn Statistiken haben die Tücke, ein X für ein U vorzumachen, wenn man sich nicht genau anschaut, wie sich die Entwicklung differenziert gestaltet.

Bei der Hälfte der deutschen Bundesländer gab es nämlich einen teilweise deutlichen Rückgang der Übernachtungszahlen, beziehungsweise gerade mal stagnierende Zahlen. Die scheinbar positive Deutschlandbilanz wird von den Steigerungen in Ostdeutschland geprägt – allen voran Mecklenburg-Vorpommern mit einem Plus von mehr als 170 Prozent.

Und auch diese beeindruckende Zahl ist mit Vorsicht zu genießen, gibt es doch in allen Bundesländern deutliche regionale Unterschiede, zum Beispiel durch stark gestiegene Bettenkapazität in einigen Regionen.

Bodenmais ist ein Beleg dafür, dass die Gewinner der Vergangenheit kein Wachstumsabo erworben haben, sondern kämpfen müssen, um Marktanteile zu halten oder zu gewinnen. Die Chance hierfür ist aber besser denn je, gerade aus dem Inland heraus, aber auch in ausländischen Quellmärkten Zuwächse zu akquirieren. Die Gründe liegen auf der Hand: Zum einen liegt es an der demographischen Entwicklung, die den Anteil der älteren Generation in Deutschland in den nächsten Jahren und Jahrzehnten weiter wachsen lässt.

Naturgemäß zieht es reifere Menschen, gerade auch Senioren, nicht zwingend auf Amazonas-Abenteuerreisen, sondern lieber in die

Panoramaansicht von Bodenmais – es gehört zu den 40 wichtigsten Ferienorten im Deutschlandtourismus.

schnell erreichbare Umgebung. Nicht weil die Zielgruppe „50 plus" passiv ist – ganz im Gegenteil.

Die Nachfrage nach Aktivurlaub, sowie Städtetourismus und Wellness-Reisen in Deutschland steigt enorm. Haben Sie noch nicht die Aussage von einem älteren Menschen gehört: „Ich habe schon die ganze Welt gesehen, aber Deutschland kenne ich überhaupt noch nicht richtig?"

Das gute Gefühl, in der eigenen Heimat, im eigenen Kulturkreis, Erholung und Fitness zu erfahren, wird immer beliebter und bietet Chancen, mit den richtigen Produkten in den richtigen Vertriebskanälen zu punkten.

Retro ist in, und wer jetzt den Wandel positiv gestaltet, wird nachhaltig hieran partizipieren. Es ist wichtig, Trends zu erkennen und schneller als der Wettbewerb auf diese zu reagieren. Retro darf hierbei aber keinesfalls bedeuten, die Rezepte der Vergangenheit aus der Mottenkiste zu holen, sondern heißt, dass man das Lebensgefühl der Gäste aufgreifen und daran orientiert Produkte gestalten muss.

Es ist schwer, Bedarf zu erkennen und zu dessen Befriedigung Angebote zu entwickeln, aber kein Teufelszeug. Nutzen Sie die gegenwärtige Chance, die sich auch aus der Energiepreis-Entwicklung und dem Sicherheitsbedürfnis der Menschen ergibt. Hören Sie hin, was dem Gast gefällt und vermeiden Sie es, besser wissen zu wollen, was er will, als er selbst. Die Kunst ist es doch, frühzeitig Entwicklungen zu erkennen und darauf so zu reagieren, dass der Gast emotional angesprochen wird und Lust auf Urlaub in Ihrer Region bekommt.

In Bodenmais wird der Weg weiter gegangen, Zielgruppen zu erschließen und die vorhandenen Leistungen so zu verpacken, dass sie für die Zielgruppe sexy sind. Haben Sie keine Angst, Fehler zu machen. Nichts zu machen, wäre der größte Fehler!

Ziele müssen definiert und konsequent verfolgt werden. Diese Ziele müssen SMART sein. Was heißt das?

S – steht für selbstgesteckt. In Bodenmais ist dieses Ziel ganz klar, wieder die Eine-Millionen-Marke an Übernachtungen zu erreichen.

M – steht für messbar. Wischi-Waschi-Ziele sind nicht messbar und bringen nicht weiter.

A – steht für aktionsorientiert. Ziele erreicht man eben nicht von allein, sondern sie müssen über teilweise steinige Wege erklommen werden.

R – steht für realistisch. Sie werden in Ihrem Umfeld für Begeisterung sorgen und sich selbst zu weiteren Zielen motivieren können, wenn Sie Ziele stecken, die erreicht werden können.

T – steht für terminiert und ist sicher das wichtigste Merkmal dieser Faustregel. Ziele müssen mit einem Termin verbunden sein, an dem man Fazit zieht und ehrlich Erfolg oder Misserfolg analysiert.

Das Ziel, deutliche Steigerungen in den Auslastungen in Deutschland zu erreichen, ist in den meisten Regionen absolut realistisch.

Und wenn Sie jetzt kopfschüttelnd feststellen, dass die Rahmenbedingungen dafür bei Ihnen nicht stimmen, dann überlegen Sie, wo sie Veränderungen herbeiführen können. Nur bei sich selbst! Sie müssen agieren, statt zu resignieren. Sie müssen Risiken eingehen, statt Sicherheit zu wahren! Die Zeit dafür war selten so gut wie heute.

Die neuen Chancen im Deutschlandtourismus sind – und Bodenmais ist dafür ein gutes Beispiel – auch eine berufliche Option für Profis aus der Touristikindustrie, sich mit der Vermarktung eines Ferienortes persönlich weiter entwickeln zu können. Es ist eine reizvolle, wenn auch schwere Aufgabe, im öffentlichen Tourismus Strukturen aufzubauen, wie sie in der Touristikindustrie Gang und Gäbe sind.

Daher sollte sich die lokale Politik darum bemühen, innovative und erfahrene Touristiker aus der Wirtschaft zu gewinnen, und die sollten diese Chance nutzen.

Erfolgreiche Touristikprofis, dies ist völlig klar, sind mit Tarifverträgen des öffentlichen Dienstes nicht zu akquirieren, sondern erwarten eine gute Dotierung, die dann aber auch ein gutes Stück erfolgsorientiert gestaltet werden kann.

Jedoch stellt diese Investition in Menschen, die im Wettbewerb der Touristikindustrie bereits ihren Mann standen, eine strategisch richtige Entscheidung dar, da es zum Wandel vom FremdenverkehrsAMT zum professionellen, touristischen Produzenten und Vermarkter keine Alternative gibt, und es in Deutschland in vielen Regionen bewiesen wurde, dass Funktionäre der Fremdenverkehrswelt von gestern in Tourismus GmbHs nicht deshalb erfolgreich werden, nur weil sie beispielsweise statt Kurdirektor künftig GmbH-Geschäftsführer als Titel tragen.

Schlagzeile aus der Praxis zu diesem Thema

In der Krise entdecken die Deutschen ihr Heimatland

Fünf Prozent mehr Inlandsurlauber im Juni – Ostbayern verzeichnet Plus bei Wellness- und Radtouristen

Von Christoph Kleiner

Passau/Altötting. Die Tourismusregion Ostbayern zeigt sich krisenfest. Trotz der Wirtschaftsflaute rechnen Hoteliers und Touristiker mit stabilen Übernachtungs- und Gästezahlen für den Sommer – dank eines Plus' an Inlandstouristen, mit dem die Region im bundesweiten Trend liegt. Fünf Prozent mehr Übernachtungen deutscher Urlauber im Inland meldet das Statistische Bundesland für Juni im Vergleich zum Vormonat. Insgesamt ist die Zahl der Übernachtungen dagegen um zwei Prozent zurückgegangen.

„Wir können uns nicht beklagen", sagt Ernst Kandlbinder, Tourismusreferent von Freyung-Grafenau. Auch wenn es für die Region noch keine genauen Daten für den Zeitraum Juni und Juli gebe, rechnet Kandlbinder für den Sommer mit stabilen Zahlen im Vergleich zum Vorjahr – trotz eines krisenbedingten Rückgangs im Seminar- und Tagungsbereichs, den Dr. Michael Braun, Geschäftsführer des Tourismusverbands Ostbayern, verzeichnet hat.

Einen deutlichen Anstieg gibt es in der Wellness-Branche. „Die Nachfrage ist sehr gut", sagt Anita Holzer vom Wellness-Hotel „Mooshof" in Bodenmais (Landkreis Regen). Siegfried Putz vom Tourismus-Marketing Bayerischer Wald in Perlesreut (Landkreis Freyung-Grafenau) bestätigt die Aussage: „Es sind deutlich mehr Wellness-Urlauber". Allerdings führt Putz das Plus nicht allein darauf zurück, dass Wellness an Beliebtheit gewinne, sondern auch auf das steigende Angebot: „Immer mehr Häuser springen auf den Zug auf." In der oberbayerischen Inn-Salzach-Region um Altötting haben die steigenden Zahlen bei Inlandstouristen einen anderen Grund: Radfahren. Besonders entlang der Flüsse nehme die Zahl der Radler zu, sagt Inn-Salzach-Tourismuschef Fritz Schmuck.

In Zeiten von Bankenkrise und Sorge um den Arbeitsplatz würden die Deutschen lieber im eigenen Land urlauben als in entfernten Regionen. „Im Vergleich zu anderen Branchen kommen wir gut weg", findet der Straubinger CSU-Bundestagsabgeordnete Ernst Hinsken, Tourismusbeauftragter der Bundesregierung.

Sowohl für Altötting als auch für das Bäderdreieck oder den Bayerischen Wald gilt dabei: Urlauber Nummer eins ist und bleibt der Bayer selbst. „Etwa 38 Prozent aller Übernachtungsgäste kommen aus Bayern", sagt Dr. Michael Braun. Danach folgen die umliegenden Bundesländer und – aufgrund der hohen Bevölkerungszahl – Nordrhein-Westfalen.

Umstellen müssen sich Hotels und Vermieter von Ferienwohnungen bei der Aufenthaltsdauer und der Buchungsgewohnheit der Urlauber. „Die Gäste bleiben nicht mehr so lange und buchen viel kurzfristiger", sagt Siegfried Putz und Anita Holzer ergänzt: „Weil immer mehr Gäste aus der Umgebung kommen, fallen die An- und Abreisetage weg. Der Trend geht weg von einem großen Urlaub zu mehreren kleinen im Jahr."

Zu Gute kommt das auch den Freizeitparks. „Die Situation wird auf keinen Fall schlechter", umschreibt Walter Kagerbauer vom Bayern-Park in Reisbach (Landkreis Dingolfing-Landau) die Aussichten. – **Standpunkt Seite 1**

PNP am 11. August 2009

5 Verbände – Klatschvereine oder Impulsgeber?

Erfolgreiche Arbeit im öffentlichen Tourismus, das wird in diesem Buch in verschiedenen Facetten behandelt, muss für die Zukunfts- und Wettbewerbsfähigkeit sehr vieles von der Tourismusindustrie lernen und Vermarktungsmechanismen übernehmen.

Ebenso klar ist aber auch, dass es Aufgaben im Fremdenverkehr gibt, die sich von der Industrie unterscheiden – die komplexer sind. Auch ist klar, dass Fremdenverkehrsarbeit Strukturen benötigt, und auch gegen Verbände und Organisationen nichts einzuwenden ist, sofern sie unternehmerisch denken und handeln und entsprechend gefordert sind.

Dennoch ist es an der Zeit, unangenehme Fragen zu stellen, die die Effizienz im öffentlichen Tourismus im Vergleich zur Privatwirtschaft auf den Prüfstand stellen. Jeder Euro, der in der Tourismusindustrie ausgegeben wird, muss erwirtschaftet werden. Dieser Zwang führt dazu, dass ineffiziente Strukturen gar nicht erst entstehen, oder abgeschafft werden, wenn die Zeit dafür reif ist.

Und im Fremdenverkehr? Benötigt wirklich jeder noch so kleine Ort eine Tourist-Information mit einem eigenen Leiter? Ja, wenn man teilweise, wie in der „guten alten Zeit“, die Stellen benötigt, um Personen unterzubringen, für die es woanders in der Verwaltung keine entsprechende Position mehr gibt.

Es ist doch so, dass in einigen Ferienorten Menschen in Verantwortung für die touristische Entwicklung eines Ferienortes gekommen sind, denen aufgrund fehlender Qualifikationen und fehlender Erfahrungen die Fähigkeit abgesprochen werden muss, die treibende Kraft für die aktive Zukunftsgestaltung in einem Ferienort zu sein, von der in der Folge häufig hunderte Menschen mit ihren Familien leben müssen. Ohne Zweifel gibt es auch positive Beispiele für kompetente Führungspersönlichkeiten aus der Region.

Der Tourismusverband Ostbayern unterstützte Bodenmais bei seiner erfolgreichen Arbeit. Sein Geschäftsführer, Dr. Michael Braun (rechts), fachsimpelt mit Kollegen von Tourist-Informationen aus dem Bayerischen Wald auf den Medientagen in Bodenmais.

Es stellt sich die Frage, deren Beantwortung in jeder Region selbst erfolgen muss, ob wirklich alle vorhandenen Strukturstufen in der Fremdenverkehrsarbeit nötig sind: Die Ortsebene, der Zusammenschluss von Orten, die Landkreisebene, die Regions- und schließlich die Landesebene. Hinzu kommen vielerorts noch Initiativen der Bezirksregierungen, oder auch Initiativen der verschiedenen Ministerien.

Ein privates Unternehmen würde wohl solche Auswüchse und Parallelstrukturen ablehnen, da sie unnötig Geld kosten und der Unternehmensentwicklung zudem schaden können – eben ineffizient sind.

In Bodenmais haben wir uns – eingebettet in den Bayerischen Wald – viele Gedanken zur Förderung des Tourismus in der Region gemacht und diese, was im Fremdenverkehr eher neu ist, unter der Maßgabe unternehmerischer Effizienz entwickelt.

Hierzu gehören die Meidung fragwürdiger Förderprojekte, wie das Glasmuseum Frauenau, welches am touristischen Bedarf vorbei Millionen verschlingt und zudem auch noch mangelhaft vermarktet wird. Investitionen von mehr als 8.000.0000 Euro für rund 56 Besucher pro Tag sagen mehr als jede weitere Erläuterung an dieser Stelle.

Kennen Sie sowas aus Ihrem Umfeld auch? Dann stimmen Sie sicher auch der Abschaffung teilweise unsinniger Förderrichtlinien zu, die beispielsweise dazu führen, dass bei unterstützten Radiokampagnen ein EU-Förderhinweis zwingend erforderlich ist, der die Marketingmaßnahme ad absurdum führt, da sie am Zuhörerverhalten des Verbrauchers vorbei geht.

Für unsere Ferienregion gibt es nur den Weg, dass die Marke „Bayerischer Wald“ als einzige Hauptmarke in der Vermarktung in Erscheinung treten darf, um den Fremdenverkehr zu stärken und nicht durch unzählige Untermarken zu verwässern.

Fremdenverkehrsämter, die heute weniger als 500.000 Übernachtungen verwalten, sollten aufgelöst und zusammengelegt werden, um überhaupt eine professionelle Tourismusarbeit vor Ort gewährleisten zu können. Hier bleiben Posten und Pöstchen auf der Strecke, ja! Aber nicht die Identität und die Chance auf eine höhere Auslastungsquote. Diese bedingt effiziente Strukturen, die erst ab einer gewissen Größe an Übernachtungszahlen machbar sind.

Fördermittel sollten statt im Gießkannenprinzip im Prinzip des wirtschaftlichen Erfolges im Sinne steigender Urlauberzahlen eingesetzt werden. Es sollten Impulsgruppen aus Vertretern der Tourismusindustrie, der Hotellerie und der örtlichen Leistungsträger gebildet werden, um unter strenger Beachtung der touristischen Marktgesetze, Wettbewerbssituationen und Urlauberbedürfnisse Vermarktungsstrategien zu entwickeln. Diese Notwendigkeiten gibt es nicht nur im Bayerischen Wald, sondern in den meisten deutschen Ferienregionen. Bei Ihnen auch?

Schlagzeile aus der Praxis zu diesem Thema

Tourismus-Agentur: Landrat Wölfl und Bürgermeister Adam im Duett

Plädoyer für den professionellen Verkauf von Urlaubsaufenthalten

Regen. Die Entscheidung im Wirtschaftsausschuss des Kreistags in der vergangenen Woche war klar: Gegen eine Stimme gab er die Empfehlung dafür ab, dass sich der Landkreis Regen an einer sogenannten „Incoming-Agentur Bayerischer Wald" beteiligen soll. In der Weihnachtssitzung soll der Kreistag über die Empfehlung abstimmen. Alles andere als eine Zustimmung wäre eine Überraschung. Auch in der gestrigen Bürgermeister-Dienstversammlung war die Stimmung gegenüber dieser neuen Form der Tourismus-Vermarktung durchaus positiv. Auch keine Überraschung.

Überraschender war vielleicht die Tatsache, wie gut Landrat Heinz Wölfl (CSU) und Bodenmais' Bürgermeister Michael Adam (SPD) bei diesem Thema zusammenspielen. Gemeinsam haben Landkreis und Gemeinde Bodenmais sowie die Bodenmaiser Tourismus und Marketing GmbH (BTM) die Idee entwickelt, die BTM hat die Kontakte zu dem Unternehmen hergestellt, das die Agentur betreiben will. AG-Anteile wollen unter anderem die BTM, Bodenmais, Joska und der TVO übernehmen, 60 Prozent der Anteile werden aber die Agentur-Betreiber MediPlus GmbH (Köln) und MediAktiv GmbH (Bad Füssing) halten.

Eine Bayerwald-Incoming-Agentur würde Übernachtungskontingente aufkaufen, Angebotspakete zusammenstellen, in denen neben den Übernachtungen weitere Leistungen (Besichtigungen, Gutscheine, Eintritte etc.) enthalten sind. Diese werden dann über große Reiseveranstalter verkauft.

In Bodenmais betreibt die BTM bereits in kleinerem Umfang das Agenturgeschäft und geht mit Komplettpaketen auf den Markt, wie Adam berichtete. „Fünf Prozent unserer Übernachtungen werden auf diese Art generiert", so Adam. Bei der Bayerwald-Agentur engagiert sich Bodenmais, „weil es nicht reicht, wenn es nur einem Ort gut geht; wir müssen schauen, dass die Marke Bayerischer Wald nicht verkommt."

In Sachen Tourismus sind Landrat Heinz Wölfl (rechts) und Bodenmais' Bürgermeister Michael Adam auf einer Wellenlänge. – Foto: Lukaschik

Den Vorwurf, dass der Urlaubsverkauf über Agenturen automatisch den Billig-Tourismus fördern würde, wies Wölfl zurück. „Die Agentur hat ein eigenes Interesse daran, Qualität zu verkaufen, sie wird deshalb auch die Häuser, mit denen sie zusammenarbeitet, coachen, wird sie auf Mängel und Verbesserungsmöglichkeiten aufmerksam machen", sagte er. Als „Optimierungsgeschäft" bezeichnete Adam die Zusammenarbeit mit Agenturen, die dabei helfen würden, Gäste für die ruhigeren Zeiten gewinnen zu können. Und ein schlagendes Argument hatte Landrat Wölfl: „Wer es nicht nötig hat, braucht die Agentur ja nicht in Anspruch zu nehmen."

Auf die Frage von Bürgermeisterin Gerti Menigat (Lindberg), mit welchen Kosten die Kommunen zu rechnen hätten, gab es eine klare Antwort von Wölfl: „Mit keinen; die Einkäufer werden sich an die Häuser wenden, nicht an die Kommunen." Wenn alles glatt läuft, könnte die Agentur in der ersten Jahreshälfte 2010 die Arbeit aufnehmen. Und bis dahin wird auch geklärt sein, wo sie ihren Sitz hat. Wie berichtet, gibt es schon Begehrlichkeiten, auch im Landkreis Freyung-Grafenau rührt man sich (siehe Seite *Nachbarkreise*). Die Standortfrage war aber in der Bürgermeister-Runde kein großes Thema. – luk

6 Der Wandel im Tourismusmarkt

Die Buchungszahlen in Ihrem Ferienort sind rückläufig? Falls es Sie beruhigt, in den meisten deutschen Reisebüros ist das auch so. Im Ferienland Deutschland, das nach wie vor das beliebteste bei den eigenen Landsleuten ist, ist diese Situation, die seit einigen Jahren in vielen – oft klassischen Ferienregionen in den alten Bundesländern – zu verzeichnen ist, aber alarmierend.

Es ist aber keineswegs so, dass es im Fremdenverkehr und in der Tourismusindustrie nur negative Entwicklungen gibt. Da, wo noch vor Jahren die Deutschland-Kunden, meist Stammkunden, entweder direkt in ihrem Beherbergungsbetrieb oder über einen klassischen Reiseveranstalter buchten, sind heute völlig neue Vermarktungswege entstanden und auf deutlichem Wachstumskurs.

Sogenannte virtuelle Reiseveranstalter, die nur über das Internet vertreiben, verzeichnen ebenso hohe Zuwächse wie neue Vertriebskanäle, an die noch vor Jahren nicht zu denken war. Da kann man heute Reiseangebote bei jedem Lebensmitteldiscounter buchen, bei Tchibo seinen Urlaub kaufen, oder über Verlage wie Bertelsmann und Weltbild, sowie über hunderte weitere Anbieter verreisen. Zudem hat TV-Shopping Hochkonjunktur und ein Sonnenklar.TV, was im Übrigen fast zur Hälfte Autoreisen verkauft, wächst Jahr für Jahr.

Der Reiseumsatz über das Internet, insbesondere über die großen Reiseportale wie Expedia, Weg.de, ferienfabrik.de oder HolidayCheck.de steigt und steigt, und Google stellt als Suchmaschine auch im Tourismus eine Marktmacht dar.

Aber nicht nur die Vertriebswege werden vielfältiger und schneller, sondern auch die damit angebotenen Produkte und touristischen Leistungen. Neue Urlaubsgebiete kommen dazu, oder schaffen Erlebniswelten, die bislang nicht erreichte Kunden anlocken. Moderne Ur-

Die Bodenmais Tourismus & Marketing GmbH arbeitet auch mit Sonnenklar.TV zusammen.
Fotos: © Sonnenklar.TV Euvia

laubsformen, wie Kurzreisen, Low-Cost-Reisen, All Inklusive Ferien, Event- und Wellnessreisen ersetzen die klassischen Ein- bis Drei-Wochen-Reisen der Vergangenheit.

Zudem spiegelt sich die weiter auseinander gehende Schere zwischen Beziehern sehr hoher Einkommen und sehr niedriger Bezüge auch im Reiseverhalten wider. Hochpreisige Premiumprodukte erfreuen sich dabei ebenso zunehmender Beliebtheit wie preiswerte Angebote. Das klassische Mittelpreissegment hingegen bröckelt.

Außerdem sorgt die Medien- und Werbevielfalt dafür, dass Kunden immer häufiger den Buchungskanal wechseln und vor allem jene Reisemarken stark am Markt sind, die über ein entsprechendes Image die höchsten Bekanntheits- und Akzeptanzwerte genießen.

Der Fremdenverkehr muss sich diesem Wandel, der weiter gehen wird, und bei dem beispielsweise soziale Netzwerke im Internet eine zunehmend steuernde Funktion haben, stellen und sich anpassen. Es müssen Strukturen und Mechanismen her, die sich den veränderten Bedingungen unterordnen.

Die neuen Vertriebskanäle brauchen Produkte. Jetzt ist es Zeit für die cleveren Akteure im Tourismus, die neuen Optionen zu nutzen, Produkte zu entwickeln, die gefragt sind und diesen auch technologisch Zugang zu den neuen Vertriebswegen zu verschaffen.

Außerdem müssen Maßnahmen ergriffen werden, die aus einem Ferienort eine Reisemarke machen. Finden Sie Ihre Besonderheiten, stellen diese heraus und wuchern Sie mit Ihren Unterscheidungsmerkmalen. Hauen Sie auf die Pauke! Suchen Sie sich Cross-Marketingpartner bei Funk, Fernsehen und Presse, bringen Sie Ihre Reisemarke über alle Kanäle in Stellung und schärfen Sie so das Image Ihres Ortes.

Erschließen Sie klug und Schritt für Schritt neue Quellmärkte und Zielgruppen, und sorgen Sie mit einer massiven und vor allem professionellen PR- und Öffentlichkeitsarbeit dafür, dass Journalisten zu Ihnen kommen, über Sie berichten, und so Ihr Ort in aller Munde ist.

Schlagzeile aus der Praxis zu diesem Thema

Urlaubsgäste machen sich rar

Ostbayerischer Tourismus muss bis zu zweistellige Einbußen hinnehmen – Bodenmais große Ausnahme

Mit Betreuungspaketen wie „Urlaub mit Rangerausbildung“, in deren Rahmen Kinder mit Rangern unterwegs sind und von ihnen lernen, stemmt sich Bodenmais gegen den rückläufigen Tourismustrend in Ostbayern. – Foto: bo

Von Alois Schießl

Passau. Besonders schlimm waren für den ostbayerischen Tourismus die ersten beiden Monate dieses Jahres: Im Bayerischen Wald gingen die Übernachtungszahlen gegenüber Januar und Februar 2008 um acht und im Land der niederbayerischen Thermen und Bäder sogar zweistellig zurück, wie die jüngste Studie der IHK Niederbayern ergab.

Im März und April verlangsamte sich der Abwärtstrend laut Tourismusverband Ostbayern zwar, dennoch herrscht in der Branche überwiegend Pessimismus. Eine Ausnahme jedoch gibt es – Bodenmais. Hier setzte sich der Aufwärtstrend des letzten Jahres auch 2009 fort.

„Die niederbayerischen Tourismusbetriebe bleiben vom gesamtkonjunkturellen Abschwung nicht unberührt“. Dieses Fazit zieht die IHK in ihrem Tourismusbericht, der auf eine Befragung regionaler Hoteliers, Gastronomen, Reiseunternehmen und -veranstalter fußt.

„Während 2008 die Gästeankünfte in Niederbayern stagnierten und die Übernachtungszahlen nur leicht rückläufig waren, sind in den ersten beiden Monaten diesen Jahres die Tourismuszahlen regelrecht eingebrochen“, resümiert die IHK. Mit 9,6 Prozent sei die Zahl der Gästeankünfte und mit 8,8 Prozent die der Übernachtungen unter dem Vorjahresniveau geblieben. „Die Rückgänge fielen auch deutlich größer aus als im bayerischen Durchschnitt. Hier gingen die Ankünfte um 5,2 Prozent und die Übernachtungen um 4,6 Prozent zurück“, teilte stv. IHK-Hauptgeschäftsführer Martin Frank mit.

Innerhalb Niederbayerns seien die Einbußen unterschiedlich stark. Frank: „Während der Bayerische Wald Rückgänge bei den Übernachtungen von acht Prozent verzeichnete, mussten die Heil- und Thermalbäder Verluste im zweistelligen Bereich hinnehmen“. Bei den Städten habe das Übernachtungsminus neun Prozent betragen.

Die IHK macht die schwierige Wirtschaftslage und die allgemeine Unsicherheit hinsichtlich der weiteren konjunkturellen Entwicklung dafür verantwortlich. Sie dämmten die Reiselust und das Ausgabeverhalten der Touristen erheblich ein. Gespart werde vor allem am Zweit- oder Dritturlaub und bei Wochenendreisen. Dementsprechend skeptisch sei die überwiegende Mehrzahl der Tourismusbetriebe hinsichtlich der Entwicklung in den kommenden Monaten.

Laut Dr. Michael Braun, Geschäftsführer des Tourismusverbandes Ostbayern, hat sich die Lage im März und April etwas verbessert. In den ersten vier Monaten hätten sich dadurch die Rückgänge bei den Übernachtungen im Bayerischen Wald auf 5,2 Prozent und im südlichen Niederbayern auf 7,2 Prozent reduziert.

Ein „gallisches Dorf“ sei in diesem Zusammenhang der Ort Bodenmais, wie Timo Krause vom dortigen Tourismus-Marketing mitteilt. „Nach enormen Zuwachsraten im Vorjahr konnten wir auch in den ersten vier Monaten dieses Jahres die Übernachtungszahlen um rund fünf Prozent steigern.“ Hauptgrund des Erfolgs sei, dass man nicht mehr allgemein „Urlaub im Bayerischen Wald“ verkaufe, sondern Angebote schnüre, die am Markt gut ankämen. Beispiele dafür seien „Urlaub im Urwald“ oder „Urlaub mit Rangerausbildung“ für Kinder oder „Urlaub im Dorfclub“. Dazu kämen Pauschalangebote, die etwa die kostenlose Nutzung aller örtlichen Angebote umfassten, sowie verstärkte Werbe- und Direktmarketing-Anstrengungen.

PNP am 25. Juni 2009

7 Erfolg ist planbar

Ehrlich – statt Innovation herrscht vielerorts Stillstand, im besten Fall gepaart mit Improvisation. Und unter Umständen geht das ja sogar länger gut, als man es für möglich halten würde. Haben Sie also die Gabe, immer fein zu improvisieren, dann haben Sie Glück, solange dies zu „Erfolgen" im Tourismus führt.

Wird diese Kreativität aber zu einem Ideenpool an Argumenten, warum etwa das Wetter, die Bundespolitik oder die Globalisierung die Erklärung für Rückgang im kommerziellen Erfolg im Tourismus Ihrer Region sind, dann wird es kritisch. Und es ist vielerorts im deutschen Fremdenverkehr kritisch...

Erfolg ist aber keine Charaktereigenschaft, oder eine Tugend, oder ähnliches. Vielmehr beruht Erfolg auf dem Einsatz individueller Fähigkeiten und dem strikten Verfolgen eines Planes und der Nutzung der Marktgesetze.

Nicht falsch verstehen! Es geht nicht um Planwirtschaft, sondern um das Begreifen, dass Erfolg immer die Folge von Umständen ist, die man selbst bestimmt hat. Viel zu oft werden heute im deutschen Fremdenverkehr die Gesetze des Marktes, die Mechanismen von Angebot und Nachfrage ignoriert. Erfolg ist also planbar und berechenbar!

Entscheidungen müssen her – am besten in einem Umfeld, wo schnelle Entscheidungen und kurze Wege möglich sind. Aber auch vor schnellen Entscheidungen steht eine Idee, eine Überlegung, die dann in die Tat umgesetzt wird, und wo jeder Schritt zum nächsten führt. Und die Planbarkeit ist hier wichtig, da nur geplante Schritte in die *richtige* Richtung führen.

Nur Gerede bringt nichts. Sie brauchen eine Strategie. Denken Sie nicht mehr in verkrusteten, bequemen Rastern nach dem Motto „Wer nichts macht, macht nichts verkehrt." Denken und agieren Sie erfolgsorientiert. In der Tourismusvermarktung ist es sogar dringend angebracht, dass die persönliche Vergütung der Fremdenverkehrsköpfe an das Erreichen von kommerziellen Zielen geknüpft wird.

Jetzt bitte keine Angst bekommen! Das zielbewusste Denken und Agieren unterstützt Sie dabei, unnötige Umwege und Fehltritte möglichst zu vermeiden und hindert Sie daran, wieder mal einen bequemen Weg zu gehen.

Der Erfolg in Bodenmais und das wieder eingekehrte Wachstum ist das Ergebnis eines Erfolgsplanes, den Sie auch benötigen. Die erste Entscheidung und Veränderung – vielleicht trägt dieses Buch ein bisschen dazu bei – ist vielleicht schon vollzogen. Nämlich ab sofort statt auf teure Berater mit Empfehlungen, die weder bezahlbar, noch aufgrund der fehlenden Strukturen umsetzbar sind, zu setzen, jetzt selbst zu denken und das Heft des *Handelns* zielbewusst in die Hand zu nehmen.

Externe Berater, die, wenn sie nicht nur theoretische Konzepte entwerfen, sondern auch Verantwortung für deren operative Umsetzung

Die Pläne für die nächsten Jahre wurden den Gastgebern und Bürgern in Bodenmais bei Infoabenden vorgestellt.

übernehmen und sich erfolgsabhängig vergüten lassen, sicher wertvolle Unterstützung bieten können, dienen vielen Fremdenverkehrsköpfen häufig nur als Alibi, hinter dem man sich im Falle des Misserfolgs verstecken kann.

Entwickeln Sie *Ihren* Erfolgsplan, *Ihren* Marketingplan und *Ihren* Vertriebsplan in Schritten. Mit jedem Schritt, den Sie erreichen und dessen Erreichen Sie selbstverständlich mit Pauken und Trompeten werbewirksam intern und extern kommunizieren, werden Sie besser, da Sie motivierter sind – das Gegenteil von Lethargie.

Auch in der Bevölkerung steigt mit jedem Etappensieg die Stimmung und einstige Skepsis wandelt sich in Vertrauen. Dann packen Sie Ideen und Visionen an, an die Sie sich vorher in Ihren kühnsten Träumen nicht gewagt hätten. Werden Sie vom Unterlasser zum Unternehmer, oder wie Albert Einstein es formulierte: „Die Vorstellungskraft ist wichtiger als das Wissen. Denn Wissen ist beschränkt auf das, was wir *jetzt* kennen und verstehen." Recht hat er!

Sehen Sie Ihren Ferienort wie ein Unternehmen. Auch ein Unternehmen muss für die mittelfristige Zukunft eine Perspektive entwickeln und aufzeichnen. Nicht nur für sich selbst, sondern beispielsweise auch für die Hausbank. Warum kein Ferienort?

Ein Ferienort ist wie ein großes Unternehmen mit vielen Abteilungen. Auch hier muss ein Plan aufgestellt werden, woran Sie den Erfolg Ihrer Arbeit messen lassen müssen. Dies funktioniert aber nur, wenn verantwortliche Politiker unternehmerischen Touristikern freies Handeln zubilligen und die nötigen wirtschaftlichen, strukturellen und rechtlichen Voraussetzungen dafür schaffen.

Es kann wirklich nicht sein, dass ein Gemeinderat über die Titelseite für einen Gästekatalog stundenlang diskutiert und dieses entscheidet. Das hat mit planbarem Erfolg nichts zu tun, sondern mehr mit einem Glücksspiel.

Schlagzeilen aus der Praxis zu diesem Thema

Offensiv ins Krisenjahr

Bodenmaiser BTM startet große Werbekampagne

Bodenmais. „Bodenmais soll auch 2009 zu den touristischen Gewinnern in Bayern gehören", so der Geschäftsführer der Bodenmais Tourismus und Marketing GmbH (BTM), Andreas Lambeck.

Trotz weltweiter Wirtschaftskrise will die BTM auch 2009 an ihren geplanten Zielen unbeirrt festhalten. Gemeinsam werden Geschäftsführer Andreas Lambeck, sein Team und federführend Bürgermeister Michael Adam auf das erfolgreiche, abgelaufene Geschäftsjahr 2008 aufbauen. Mit einem Wachstum von rund zwölf Prozent bei den Übernachtungszahlen und 18 Prozent bei den Gästeankünften ist Bodenmais wieder auf Wachstumskurs. Die endgültigen Zahlen werden erst im Februar offiziell veröffentlicht.

Für das neue Geschäftsjahr 2009 ist es das Ziel, ein Wachstum von rund zehn Prozent zu erreichen. Konkret bedeutet das, mindestens 860000 Übernachtungen und 135000 Gäste für Bodenmais zu gewinnen. Dieses hoch gesteckte Ziel in einem Krisenjahr kann nur durch Ausbau von konsequentem Marketing in den großen Quellenmärkten erreicht werden. „Nachhaltigkeit in der Tourismusentwicklung wird jedoch nur erzielt, wenn Werbeversprechen konsequent durch ein hohes Qualitätsmanagement und Qualitätsstandards eingehalten werden, sonst werden aus all diesen neuen Gästen nur Eintagsfliegen", so BTM-Geschäftsführer Lambeck.

Die Bodenmais Tourismus und Marketing GmbH startet in diesem Jahr mit einer breit angelegten Marketing- und Werbekampagne. Die Gesamtkosten belaufen sich auf rund 3,2 Millionen Euro. Davon trägt die Marktgemeinde Bodenmais lediglich einen Anteil von gut zehn Prozent. Zur Kampagne gehören rund 36000 Radiospots auf zwölf Sendern in den wichtigsten Bundesländern.

Des Weiteren werden von Februar bis April 600 TV-Spots in den Regionalfenstern der privaten TV-Anstalten geschaltet. Neben der Weiterführung der großflächigen Printkampagne, mit einer monatlichen Gesamtauflage von rund 2,4 Millionen Exemplaren, wird in diesem Jahr verstärkt auf das Internet gesetzt. Hier steigen die Zugriffszahlen rasant. Alleine im Monat Dezember haben 100000 „echte" Besucher die Homepage www.bodenmais.de besucht.

Die Zusammenarbeit mit Reiseveranstaltern und Reiseanbietern von Lebensmittelketten wird konsequent fortgesetzt.

Bürgermeister Michael Adam steht auch in diesem Jahr weiterhin für massive PR- und Öffentlichkeitsarbeit zur Verfügung. Der jüngste Bürgermeister Europas wird Gast in mehreren Talk-Shows sein, wie dem „Kölner Treff". Unter anderem wird das Bayerische Fernsehen eine Dokumentation über Bodenmais im Februar produzieren und es sind zwei Fernsehshows in Bodenmais geplant.

Unter der Führung von Bürgermeister Michael Adam wurden umfassende Maßnahmen zur Zukunfts- und Qualitätssicherung für die nächsten Jahre eingeleitet. Durch Projekte wie das Gesundheits- und Präventionszentrum, Umbau und Neugestaltung der Bahnhofstraße, sowie auch die Umsetzung der Marktordnung zu Werbe- und Leuchtanlagen werden jetzt die Grundlagen für die touristische Zukunftsentwicklung gelegt. Jeder Bodenmaiser Unternehmer ist nun gefordert, einen Beitrag zur Qualitätssicherung zu leisten. „Zweitklassigkeit würde das Ende bedeuten", so Lambeck.

Viechtach Aktuell im Winter 2008/2009

Bodenmais geht offensiv in das vermeintliche Krisenjahr

BTM startet Kampagne mit 600 Fernseh-Spots – Ziel 2009: 860 000 Übernachtungen

Bodenmais. „Bodenmais soll auch 2009 zu den touristischen Gewinnern in Bayern gehören", so der Geschäftsführer der Bodenmais Tourismus und Marketing GmbH, Andreas Lambeck. Trotz weltweiter Wirtschaftskrise hält die BTM an ihren Zielen fest. Mit einem Wachstum von rund zwölf Prozent bei den Übernachtungszahlen und 18 Prozent bei den Gästeankünften im Jahr 2008 ist Bodenmais auf Wachstumskurs. Die endgültigen Zahlen werden im Februar veröffentlicht.

Für das neue Geschäftsjahr ist das Ziel, rund zehn Prozent zuzulegen. Konkret bedeutet das, mindestens 860 000 Übernachtungen und 135 000 Gäste für Bodenmais zu gewinnen. Dieses hoch gesteckte Ziel in einem Krisenjahr könne nur durch Ausbau von konsequentem Marketing erreicht werden. „Nachhaltigkeit in der Tourismusentwicklung wird jedoch nur erzielt, wenn Werbeversprechen konsequent durch ein striktes Qualitätsmanagement und hohe Qualitätsstandards eingehalten werden, sonst werden aus all diesen neuen Gästen nur Eintagsfliegen", stellt Lambeck klar.

Die Bodenmais Tourismus und Marketing GmbH startet in diesem Jahr mit einer breit angelegten Marketing- und Werbekampagne. Die Gesamtkosten belaufen sich auf rund 3,2 Millionen Euro. Davon trägt die Marktgemeinde Bodenmais lediglich einen Anteil von gut zehn Prozent. Zur Kampagne gehören rund 36 000 Radiospots auf zwölf Sendern in den wichtigsten Bundesländern.

Im Weiteren werden von Februar bis April 600 TV-Spots in den Regionalfenstern der privaten TV-Anstalten geschaltet. Neben der Weiterführung der großflächigen Printkampagne mit einer monatlichen Gesamtauflage von rund 2,4 Millionen Exemplaren wird in diesem Jahr verstärkt auf das Internet gesetzt. Hier steigen die Zugriffszahlen rasant. Alleine im Dezember haben 100 000 „echte" Besucher die Hauptseite www.bodenmais.de besucht. Die Zusammenarbeit mit Reiseveranstaltern und Reiseanbietern von Lebensmittelketten will Lambeck konsequent fortsetzen. – bb

PNP am 21. Januar 2009

Werbeplakate: Freude und Frust

Bundesweite für den Markt kostenlose Plakataktion – Urlauber beschweren sich über „Schilderwut" im Ort

Bodenmais. Eine Plakataktion zum Nulltarif hat die Bodenmais Tourismus und Marketing GmbH (BTM) gestartet. Ab 2. Dezember hängen 6000 großflächige Bodenmaiser Werbeplakate in ganz Deutschland, wie Andreas Lambeck, Geschäftsführer der BTM, am Dienstagabend in der Sitzung des Aufsichtsrates berichtete. 2500 davon werden an Gebäuden von REWE-Märkten angebracht. Die Aktion kostet „uns keinen Cent", wie Lambeck erklärte. Die Plakate an den Supermärkten finanziert der Konzern. In Zusammenarbeit mit der Arberregion entstanden die restlichen 3500 Plakate. 70 Prozent der Kosten dafür trägt die freie Wirtschaft, 30 Prozent finanzieren sich durch Fördergelder, die aus Franken an den Tourismusverband Ostbayern zurückgingen. Die Plakate werden zwar nicht im Bayerischen Wald aufgehängt, aber zwei werden in Bodenmais bleiben: Ein Sommer- und ein Winterplakat sind ab übernächster Woche zu sehen. Laut Karin Winter, Pressesprecherin des Fachverbandes Außenwerbung, kann damit je nach Platzierung eine „enorme Reichweite" erreicht werden. Etwa 180 000 Flächen für Großflächenplakate gibt es laut ihr in ganz Deutschland.

Zeigten eines der Plakate in Kleinformat: Vorsitzender des Vereins Wirtschaft und Tourismus Manfred Schappler (v.l.), Bürgermeister Michael Adam und BTM-Geschäftsführer Andreas Lambeck. – F.: kes

Die Plakate, die bisher in Bodenmais zu sehen sind, waren ebenfalls Thema in der Sitzung. Denn immer wieder beschweren sich Urlaubsgäste bei Bürgermeister Michael Adam über die Werbeanlagen. In einem Brief, den Adam vorlegte, schreibt ein Urlauber, dass er 40 Schilder an einer Gaststätte gezählt habe. Andreas Lambeck kritisierte vor allem die Uneinheitlichkeit. Außerdem gebe es bereits das erste Hotel, das „draußen Musik dudelt", erzählte der Geschäftsführer. Das müsse man beschränken, zumal der Markt um ein Gesamttourismuskonzept bemüht ist. Adam hatte zu dem Thema auch die 1996 vom Gemeinderat verabschiedete Werbeanlagensatzung herausgesucht. „Wenn wir das ernst nehmen, dann hängt in Bodenmais nichts mehr – gar nichts", erklärte er. Notfalls müsse die Werbung kostenpflichtig entfernt werden. Der Gemeinderat wird in seiner nächsten Sitzung darüber beraten.

Die Beschilderung ist auch Teil des touristischen Zukunftskonzeptes, das Lambeck vorstellte. Unter anderem die Regierung von Niederbayern verlangt das, will keine Fördergelder mehr für Einzelprojekte auszahlen. Mit dem Konzept, das Bilanz zieht und auf die Neupositionierung eingeht, möchte die BTM eine Diskussion anstoßen. Das Schreiben liegt in der Tourist-Information des Marktes aus und ist unter www.bodenmais.de abrufbar. – kes

PNP am 21. November 2008

Bodenmais-Tourismus will der Wirtschaftskrise trotzen

Mit Optimismus ins Jahr 2009: BTM startet TV-Kampagne mit 600 TV-Spots

Bodenmais soll auch 2009 zu den touristischen Gewinnern in Bayern gehören", so der Geschäftsführer der Bodenmais Tourismus und Marketing GmbH, Andreas Lambeck. Trotz weltweiter Wirtschaftskrise will die BTM auch 2009 an ihren geplanten Zielen unbeirrt festhalten.

Gemeinsam werden BTM-Geschäftsführer Andreas Lambeck, sein Team und Bürgermeister Michael Adam auf das erfolgreiche, abgelaufene Geschäftsjahr 2008 aufbauen. Mit einem Wachstum von rund zwölf Prozent bei den Übernachtungszahlen und 18 Prozent bei den Gästeankünften ist Bodenmais wieder konsequent auf Wachstumskurs. Die endgültigen Zahlen werden aber erst im Februar offiziell veröffentlicht.

Für das neue Geschäftsjahr 2009 ist es das Ziel, ein Wachstum von rund zehn Prozent zu erreichen. Konkret bedeutet das mindestens 860.000 Übernachtungen und 135.000 Gäste für Bodenmais zu gewinnen. Dieses hochgesteckte Ziel in einem Krisenjahr kann nur durch Ausbau von konsequentem Marketing in den großen Quellenmärkten erreicht werden. „Nachhaltigkeit in der Tourismusentwicklung wird jedoch nur erzielt, wenn Werbeversprechen konsequent durch ein hohes Qualitätsmanagement eingehalten werden, sonst werden aus all diesen neuen Gästen nur Eintagsfliegen", so Lambeck.

Die Bodenmais Tourismus und Marketing GmbH startet in diesem Jahr mit einer breit angelegten Marketing- und Werbekampagne. Die Gesamtkosten belaufen sich auf rund 3,2 Millionen Euro. Davon trägt die Marktgemeinde Bodenmais lediglich einen Anteil von gut zehn Prozent. Zur Kampagne gehören rund 36.000 Radiospots auf zwölf Sendern in den wichtigsten Bundesländern.

Im Weiteren werden von Februar bis April 600 TV-Spots in den Regionalfenstern der privaten TV-Anstalten geschalten. Dazu wird in diesem Jahr verstärkt auf das Internet gesetzt. Hier steigen die Zugriffszahlen rasant weiter. Alleine im Monat Dezember haben 100.000 „echte" Besucher die Hauptseite www.bodenmais.de besucht. Die Zusammenarbeit mit Reiseveranstaltern und Reiseanbietern von Lebensmittelketten wird konsequent fortgesetzt.

Bürgermeister Michael Adam steht auch in diesem Jahr weiterhin für massive PR- und Öffentlichkeitsarbeit zur Verfügung. Der jüngste Bürgermeister Europas wird Gast in mehreren Talk-Shows sein, wie dem „Kölner Treff". Unter anderem wird das Bayerische Fernsehen eine Dokumentation über Bodenmais im Februar produzieren und es sind zwei Fernsehshows in Bodenmais geplant.

Außerdem wurden umfassende Maßnahmen zur Zukunft- und Qualitätssicherung für die nächsten Jahre eingeleitet. Durch Projekte wie das Gesundheits- und Präventionszentrum, Umbau und Neugestaltung der Bahnhofstraße, sowie auch die konsequente Umsetzung der Marktordnung zu Werbe- und Leuchtanlagen, werden jetzt die Grundlagen für die touristische Zukunftsentwicklung gelegt. Jeder Bodenmaiser Unternehmer ist nun gefordert, einen „echten" Beitrag zur Qualitätssicherung zu leisten. „Zweitklassigkeit würde das Ende bedeuten", so Lambeck.

Chef der Bodenmais-Touristik: Andreas Lambeck.

Wochenblatt am 28. Januar 2009

8 Mut zu Veränderungen – die Basis für Erfolg

Bodenmais und seine Menschen haben Mut! Menschen in anderen Regionen Deutschlands, für die der Tourismus ebenso eine Lebensader ist, haben diesen Mut auch. Doch warum entwickeln sich nur wenige Orte in der Dynamik, in der es Bodenmais seit 2007 wieder tut?

Nach Ende des zweiten Weltkrieges, als in Bodenmais bittere Armut herrschte, machten sich engagierte Menschen um den damaligen, langjährigen Bürgermeister Siegfried Weikl auf, um nichts Geringeres erreichen zu wollen, als den Ort zur Hochburg des Tourismus im Bayerischen Wald aufzubauen. Das Ärmel hochkrempeln hat sich über die Jahrzehnte gelohnt, denn Anfang der 90er Jahre erreichte der heilklimatische Kurort fast eine Million Übernachtungen.

Alles richtig gemacht? Jetzt einfach so weitermachen und dann kann nichts Schlimmes passieren? Weit gefehlt! Der enorme Erfolg war der Anfang vom Abstieg, da die Kommunalpolitik die Zeichen der Zeit und die Veränderungen im Tourismus nicht erkannte oder wahrhaben wollte. Mit „klassischer" Fremdenverkehrsarbeit wurde nur wenig weiter entwickelt, was einst so erfolgreich war.

Bodenmais befand sich hier aber in bester Gesellschaft, denn den Willen und Mut, Bestehendes ständig zu hinterfragen und mutig zu verändern, hatten auch alle anderen Orte des Bayerischen Waldes nicht mehr. Oft setzte man auf falsche Ideen oder Ansätze, die niemand außerhalb des Bayerischen Waldes interessierte.

Eine logische Verhaltensweise nach fetten Jahren? Nein! Die Bodenmaiser Hoteliers waren es, die mit hohem Ehrgeiz und persönlichem Risiko in ihre Häuser investierten, eine unvergleichliche First Class- und Luxushotellerie aufbauten und so trotz der rückläufigen Entwicklung die treibende Kraft des Ortes wurden, der sich zu einem Mekka für Aktiv- und Wellnessurlauber entwickelte.

Der Mut der Hoteliers belohnte diese mit dem Erfolg ihrer Häuser, der aber lange nicht ausreichte, um den ganzen Ort hiervon partizipieren zu lassen. Zu einem Ferienort gehört eben mehr als nur die Ansammlung von zahlreichen erstklassigen First Class Hotels. Ein Ferienort ist ein Gesamtkunstwerk aus vielen einzelnen Bausteinen und Leistungsträgern.

Der Aufsichtsrat der Bodenmais Tourismus und Marketing GmbH tagt im Rahmen öffentlicher Sitzungen.

Die Übernachtungszahlen in Bodenmais sanken trotz des Einsatzes der Hoteliers Jahr um Jahr, und insbesondere die Betreiber von Pensionen und Ferienwohnungen wurden zu den großen Verlierern dieser Entwicklung. Im Jahre 2006 war das Fass voll! Die Übernachtungszahlen sanken in den vorangegangenen zehn Jahren um ein Viertel, und mit der Gründung der Bodenmais Tourismus & Marketing GmbH, die im August 2007 ihre Arbeit aufnahm und die zu 60 Prozent dem Markt Bodenmais und 40 Prozent dem örtlichen Verein für Wirtschaft und Tourismus e.V. gehört, sollte die Wende eingeläutet werden.

An dieser Stelle sei eindringlich darauf hingewiesen, dass die neue Gesellschaftsform allein keine Veränderungen bewirken konnte, sondern lediglich die Basis für schnelle Entscheidungen und eine hohe kommerzielle Komponente darstellt.

So waren die ersten Aufgaben der neuen Gesellschaft eine schonungslose Bestandsaufnahme, sowie die Entwicklung eines Zukunftskonzepts, das zur Kenntnis nimmt, dass alte Zöpfe ab müssen, um neue Wege gehen zu können. Professionelle Vertriebsstrukturen, bedarfsorientierte, kreative Produktentwicklungen und vor allem kurze Wege und Entscheidungsfreudigkeit wurden die neuen Pfeiler im Bodenmaiser Fremdenverkehr, ohne diese sich gänzlich der Untergang abgezeichnet hätte.

Die Sackgasse, in der sich Bodenmais 2006 befand und der daraus resultierende Zwang, unbedingt etwas bewegen zu müssen, machten die neue, positive Entwicklung möglich. Manchmal ist es eben so, dass es einem erst so schlecht gehen muss, dass man fast stirbt, bevor man schmerzlich erkennt, dass nur neue Energie den Exodus vermeiden kann.

Klar, Bodenmais ist nicht der Nabel der Welt, aber Bodenmais und seine Menschen haben mehrheitlich erkannt, dass der Ort im knallharten nationalen und internationalen Wettbewerb steht. Hieraus geht man als Gewinner oder Verlierer hervor. Der Mut zum Anpacken der unausweichlichen Veränderungen hat letztlich dazu geführt, dass Bodenmais heute wieder auf der Erfolgsspur ist und die Übernachtungszahlen in den letzten 36 Monaten um mehr als 30 Prozent gestiegen sind.

Der Zusammenhalt von Politikern und den handelnden Personen in der Tourismus & Marketing GmbH, das Vertrauen in die Fähigkeiten und Erfahrungen, das gegenseitige Rückenstärken, sowie die klare Verfolgung von definierten Zielen schaffen im Bayerischen Wald und sicher auch anderswo in Deutschland die Rahmenbedingungen für neue Erfolge im Fremdenverkehr.

Auch die Wahl eines 23-jährigen Bürgermeisters ist der beste Beweis, wie groß der Wunsch nach Veränderungen in Bodenmais war. Dieser Mut zu Veränderungen war der Anfang des Neubeginns in Bodenmais.

Schlagzeilen aus der Praxis zu diesem Thema

„Ich bin alles, was man nicht sein darf“

Er lehrt die CSU das Fürchten: Ein Student wird Bürgermeister – Er ist 23, schwul und in der SPD

VON THOMAS VITZTHUM

Bodenmais – Aus drei Gründen war es unwahrscheinlich, dass Michael Adam Bürgermeister wird. Er ist 23, er ist in der SPD, und er ist homosexuell. Und doch, trotzdem oder gerade deshalb ist der junge Sozialdemokrat zum jüngsten Bürgermeister Bayerns und zum jüngsten Oberhaupt der Geschichte der Stadt Bodenmais im Bayerischen Wald gewählt worden. „Eine Watsch'n“, nannte die CSU das Ergebnis. Der regierende CSU-Bürgermeister Fritz Würth dachte zunächst sogar daran, nach fast zwei Jahrzehnten im Amt nicht mehr anzutreten. Doch der Konkurrent von den Freien Wählern machte dem 53-jährigen Würth Mut. Dann wurde in Bodenmais kolportiert, dass Michael Adam homosexuell sei. „Ein CSUler hat mir erzählt, dass die Bürger auf diese Taktik allergisch reagiert haben. Ich möchte aber nicht als Vorzeigeschwuler behandelt werden“, sagt Adam. „Schwulsein hat nichts mit politischer Leistung zu tun. Ich bin nicht der Klaus Wowereit vom Bayerischen Wald.“ Seinen Sieg erklärt er sich damit, dass er den Bürgern ein konkretes Zukunftskonzept vorgelegt und nicht nur auf Vergangenes verwiesen hat.

Bodenmais muss der CSU Angst machen. Auf dem Land wiegte sich die Partei bisher in Sicherheit. München, Nürnberg – in den Städten könne man offenbar nicht gewinnen, damit haben sich die Granden in der Staatskanzlei abgefunden. Aber Bodenmais, eine 3300-Einwohner-Gemeinde, ein heilklimatischer Kurort, mit Silberbergwerk und Glasbläsereien!

Auf dem Land wurden zwar seit jeher Persönlichkeiten und weniger Parteien gewählt. Doch offenbar gehen der CSU die authentischen Querköpfe aus, die der bayerischen Revoluzzernatur so viel näher stehen als die arrivierten Berufspolitiker. Adam ist ein bodenständiger Querkopf. „Der traut sich was“, das wird honoriert. Er ist ein Kind des Ortes, bei der Feuerwehr und bei Ver.di, jeder kennt ihn. Ein Pseudokandidat war er nie. Mit seinem Alter kokettierte er souverän. Als sein Mitbewerber Wühr 1990 erstmals Bürgermeister wurde, war Adam noch nicht einmal eingeschult.

Er hat in Regensburg Politikwissenschaft studiert, es fehlt die Abschlussarbeit. Doch er werde seiner Gemeinde „vom ersten Tag an zur Verfügung stehen“. Viele Strukturen will der neue Bürgermeister jetzt auf den Prüfstand stellen. Wahlversprechen machte er aber keine. „Sie kennen die Finanzlage der Gemeinde“, sagte er zum Wahlkampffinale.

An erster Stelle steht nun die Haushaltskonsolidierung. Bodenmais steht bei der Pro-Kopf-Verschuldung der bayerischen Gemeinden auf Rang sieben. Dass Michael Adam dafür der richtige Mann ist, davon sind die Bodenmaiser offenkundig überzeugt. 56 Prozent wählten ihn, zwölf Prozent mehr als seinen Herausforderer.

FOTO: MICHAEL-ADAM.EU

2005 träumte er von der großen Politik. Dann arbeitete Michael Adam für eine SPD-Parlamentarierin. Seither hat er regelmäßig „bundespolitische Luft geschnuppert“. Jetzt hat sich für ihn als CSU-Schreck und Bürgermeister ein Traum erfüllt. Nur das Medienlächeln sitzt noch nicht

Junge Spitze

■ Carsten Erhardt muss seinen Titel nun wohl abgeben. **Bislang galt der 26-Jährige als Deutschlands jüngster Bürgermeister.** Seit Januar erst steht er der Gemeinde Nordrach in Baden-Württemberg vor. Seine Spitzenposition machte ihn schnell zum Shootingstar. Während des Wahlkampfs wurde der junge FDP-Politiker, dem es gelang, eine Unionshochburg zu erobern, von zahlreichen Fernsehteams begleitet.

■ Michael Theurer hat es 1995 mit 27 Jahren sogar zum **jüngsten Oberbürgermeister Deutschlands** geschafft. Er gehört ebenfalls der FDP an und seine Stadt Horb liegt auch im traditionell eher schwarzen Baden-Württemberg. **Heute ist er immer noch im Amt,** zusätzlich ist er seit 1999 stellvertretender FDP-Landeschef und sitzt seit 2001 im Stuttgarter Landtag.

Neues Deutschland am 18. März 2008

Im rosa Rathaus

Evangelisch, 23, schwul – ein bayerischer Bürgermeister

VON ALEX WESTHOFF

BODENMAIS. Michael Adam ist 23 Jahre alt, evangelisch, SPD-Mitglied und „offen schwul – alles, was man in Bodenmais nicht sein darf“. Was Adam künftig noch sein wird: der Herr des rosa Rathauses in Bodenmais. Was er nicht sein will: „Der Wowereit vom Bayerischen Wald.“ Das Handy klingelt Sturm, die Gratulanten sind durch, „jetzt kommen die, die was von mir wollen.“ Am 1. Mai tritt Adam das Bürgermeisteramt in seiner 3400 Einwohner zählenden niederbayrischen Heimatgemeinde an. Im nüchternen, mit rotgepolsterten Holzstühlen vollgestellten Sitzungssaal des Rathauses, einem rosafarbenen Funktionsbau an der Durchgangsstraße, wird er vereidigt werden. Zum Gespräch nimmt Adam schon mal auf seinem künftigen Stuhl Platz – der ist größer als die anderen, als einziger drehbar.

Wie es so weit kommen konnte, darüber rätselt man bei der CSU noch heute. Der? Hier? Bürgermeister? Der hat doch noch nicht mal fertig studiert! Wenn schon in den roten Großstädten kein Staat mehr zu machen ist, auf die rabenschwarzen Gemeinden im Bayrischen Wald war doch immer Verlass. Jung, evangelisch, SPD, schwul – aus dieser im bayerischen Politikbetrieb größtmöglichen Außenseiterposition kegelte Adam den 18 Jahre amtierenden CSU-Mann Fritz Wühr bei der Stichwahl aus der Amtsstube. Adam bekam 1165 gültige Stimmen, Wühr nur 905, die Wahlbeteiligung lag bei 80,53 Prozent. Aus Freude darüber bietet eine „Gay-friendly-Pension“ in Bodenmais seitdem einen zehnprozentigen Rabatt an. Dabei hatte ein CSU-Gemeinderatsmitglied noch gefleht: „Legt Bodenmais nicht in die Hände eines Dreiundzwanzigjährigen.“

Trotz Nadelstreifen, roter Krawatte und Gelfrisur sieht Adam mit seinen bubihaften Zügen sogar jünger aus als 23. Gut reden könne er, sagt man in Bodenmais. „Die CSU ist überall da gut, wo die Konkurrenz schlecht ist“, sagt Adam. Aber vielleicht war hier auch die CSU, oder ihr Bürgermeister, nicht gut genug. Autoritätsprobleme aufgrund seiner Jugendlichkeit? Er schüttelt den Kopf. Es komme auf die Bereitschaft an, sich intensiv einzuarbeiten, „und wenn ich täglich 20 Stunden hier sitze“. Diese Bereitschaft sehe er bei vielen Amtskollegen nicht. „30 Jahre im Gemeinderat und immer noch keine Ahnung: das kommt häufig vor.“ Der Jungspund wird hauptamtlicher Bürgermeister des heilklimatischen Kurorts sein – als Zentrum des Tourismus im Bayerischen Wald, schwillt Bodenmais zur Hochsaison auf 10 000 Bewohner an. 5400 Euro vor Steuern bekommt er dafür. „Das ist das Zehnfache von meinem Bafög und der Summe aus meinem Nebenjob“, sagt er schmunzelnd. Wohnen wird er wieder im „Hotel Mama“, in dem er nach dem Auszug seiner Zwillingsschwester ein ganzes Stockwerk für sich hat. Seine mühsam „aus studentischer Not“ in der WG angeeigneten Kochkünste werden da wohl wieder verkümmern.

Als Sohn einer zahnärztlichen Assistentin und eines Schweißers ist er eigentlich Spross eines unpolitischen Haushalts. „Knallrot“, wie er sagt, sind eigentlich nur die hessischen Familienbande, die bis in den Betriebsrat bei Opel reichen. Bislang hat Adam Politik an der Uni Regensburg studiert. Jetzt muss er sie machen. Die fehlenden Prüfungen und die Abschlussarbeit, „mein Privatvergnügen“, will der jüngste Bürgermeister Deutschlands erledigen, „ohne den Amtspflichten in die Quere zu kommen“. Etwas politisches Rüstzeug für den neuen Job holte er sich bei seinem studentischen Nebenjob im Büro der Bundestagsabgeordneten Bruni Irber (SPD) in Deggendorf. Dazu sitzt er im Vorstand des SPD-Bezirks Niederbayern, des Juso-Bezirksverbands Niederbayern und im Schwuso-Landesvorstand Bayern. „Da lernt man, den Mund aufzumachen.“ All seine Ämter und Mitgliedschaften können in seinem tabellarischen Lebenslauf nur auszugsweise genannt werden. In Bodenmais ist Adam in allen Vereinen, von der freiwilligen Feuerwehr bis Verdi, „nur nicht im Frauenbund“. Er spricht oft von Transparenz und Offenheit, vom Schuldenstand der Gemeinde, woraus sein Vorgänger bislang ein Geheimnis gemacht hat. Offiziell belegt Bodenmais Platz sieben bei der Pro-Kopf-Verschuldung aller bayrischen Städte. „Die genauen Zahlen werden nicht herausgerückt“, sagt Adam, der sich mit Politikerplattitüden noch schwertut. An sein Wahlkampfmotto „Für einen echten Neuanfang“ angelehnte Sätze wie „Jetzt räumen wir den Berg hier beiseite“ kommen noch spärlich daher.

Michael Adam

Seit Stunden schon schneit es nach Kräften auf das idyllische Nest unweit der Grenze zur Tschechischen Republik. Weiße Weihnacht könne man den Touristen nie garantieren, aber zu Ostern schneie es immer, sagt eine Bodenmaiserin auf dem eckigen Marktplatz. Unser neuer Bürgermeister? „Na ja“, erläutert sie, „bei uns sagt man: Er ist vom anderen Ufer. Das soll ihm aber niemand zur Last legen.“

Geben wir ihm doch eine Chance, hören wir, was er zu sagen hat: diese Haltung teilen viele in Bodenmais. Und seit der Wahl spricht Adam auch zu einem überregionalen Publikum. Das Handy tut ununterbrochen seinen Dienst, nur etwa jeden vierten Anruf nimmt er an. „Bunte“ und „Vanity Fair“ haben sich angesagt, die Einladung zu Kerner liegt schon auf dem Tisch, der ORF kommt am Nachmittag. Michael Adam scheint auf dem Weg zur nächsten jungen Popfigur aus dem Bayerischen Wald seit dem Gesang von Daniel Küblböck.

Auf seine Homosexualität, sagt Adam, sei er während des Wahlkampfs nie angesprochen worden. Er wertet das nicht als verschämtes Wegschauen der Leute, sondern als Ausdruck „besonderer Toleranz“. Da könne man mal sehen, dass „wir gar nicht so dumme Hinterwäldler sind, wie viele glauben“. Gerade von älteren Leuten habe er viel Zuspruch erfahren, hebt Adam, der derzeit Single ist, hervor. Schon bevor er sein Amtszimmer bezogen hat, hat er jedenfalls mit einer Binsenweisheit aufgeräumt: Im Bayerischen Wald muss die CSU nur einen Besenstiel oder eine Dachlatte aufstellen – und die wird gewählt.

FAZ am 23. März 2008

9 Angst vor Veränderungen

Es wurde spätestens 2006 in Bodenmais klar und in vielen deutschen Ferienorten ist es ganz offensichtlich, dass Veränderungen her müssen, um im Wettbewerb um den Gast nicht gnadenlos unterzugehen.

Wenn die Not doch aber so groß ist, warum ist dann die Bereitschaft, vereint neue Wege zu gehen oft so niedrig? Es gilt oft das Motto: „Alles soll besser werden, aber alles soll bitte so bleiben wie es ist." Das kennen Sie doch bestimmt auch?

In Bodenmais und sicher auch in anderen Regionen ist eine Art Lethargie eingezogen, die darin begründet liegt, dass die Menschen nicht mehr daran glauben, dass es mit der touristischen Entwicklung wieder richtig bergauf gehen kann. Die Entwicklung, die seit der Gründung der Bodenmais Tourismus & Marketing GmbH hingelegt wurde, ist ein Beleg dafür, dass die Angst unbegründet ist. Es entstehen täglich neue Impulse im vertriebsorientierten Uhrwerk hier im Bayerischen Wald, die nachhaltig positiv wirken.

Zunächst sollte man aber einmal auf individuelle Tiefensuche nach den Gründen dieser Angst im jeweiligen Ort gehen. Haben wirklich *Persönlichkeiten* an der Spitze mit Mut und Risikobereitschaft versucht, sich Innovationen und Paradigmenwechseln hinzugeben, um ihre Region zurück in die oberen Ligen des Tourismus zu bringen? Haben diese Vorreiter auch als Motivatoren und Moderatoren die Aufgabe wahrgenommen, alle Mitspieler vor Ort dafür zu begeistern, an einem Strang zu ziehen – und zwar alle in eine Richtung?

Sicher denken Sie jetzt, dass der Lambeck gut reden hat, da in seinem Bodenmais ja glücklicherweise alles in die richtige Richtung lief und läuft und die Rahmenbedingungen so gut sind.

Sie irren! Mit Glück hat das nichts zu tun. Wir müssen aufhören nach Argumenten zu suchen, warum etwas nicht geht und so lange nach Lösungen forschen, bis sich der Erfolg einstellt. Wer „Italiener" werden will, weil er die Lebensart so toll findet, wird den Schweiß investieren müssen, mühsam die Sprache zu erlernen. Und wer weiß, vielleicht sind Erfolge im Tourismus, wenn man sich öffnet und andere Perspektiven zulässt, ja viel einfacher, als eine Fremdsprache zu erlernen.

Bei großen Versammlungen wurde über die Arbeit der BTM diskutiert.

In Bodenmais sollte seinerzeit in den Augen einiger Händler, Gastronomen, Hoteliers, Gewerbetreibender und Bürger auch am besten alles so bleiben wie es ist, ehe es durch Experimente noch schlechter wird. Und womöglich hätte mancher Bürgermeister und Tourismusgeschäftsführer resigniert und aufgegeben.

Aber das Aufzeigen klarer Visionen und Ziele und das stetige Bemühen, alle mitzureißen, sind im Tourismus eben nun mal Aufgaben, die zu bewältigen sind – gerade jetzt, wo sich der Fremdenverkehr allerorts im Wandel befindet.

Ist es nicht oft so, dass Volksvertreter am Anfang von geplanten Veränderungsprozessen aufgrund des Drucks aus der Bevölkerung einknicken? Und halten sie dem Gegenwind doch stand, sollte man ihnen hierfür Achtung zollen! Und den Aufsichtsräten der kommunalen Tourismus GmbHs muss klar sein, dass sie nicht nur eine Kontrollfunktion haben, sondern in ihrem jeweiligen Umfeld den Tourismuschefs starken Rückhalt geben müssen.

Wer sich nicht bewegt, der kann auch niemandem auf die Füße treten! Wer resigniert, wird seiner Aufgabe nicht gerecht! Wer keine Veränderungen will, wird seiner Aufgabe nicht gerecht! Oder noch radikaler formuliert: Wer sich nicht mit wandelt und Vorreiter ist, wird das Nachsehen haben und sollte lieber eine weniger anspruchsvolle Aufgabe übernehmen.

Ein Produkt – und in diesem Falle sogar das Produkt Ferienort/Region – zu vermarkten, ist ein Knochenjob, bei dem man sich viele blaue Flecken zuzieht und in dem das Risiko, persönlich zu scheitern, eine wichtige Kontrollfunktion hat. Wer aber mit dem nötigen Biss und ohne Angst agiert, wird vom Erfolg partizipieren.

Bodenmais ist heute in aller Munde und neben dem Steigen der Übernachtungszahlen steigt die Bekanntheit und Akzeptanz des Ortes Monat für Monat. Auch das ist ein Ergebnis vieler Maßnahmen und Veränderungen, die in diesem Buch beschrieben werden und animieren sollen, eigene Wege, aber auf jeden Fall neue Wege zu gehen. Es lohnt sich: Mut zu Veränderungen!

Schlagzeilen aus der Praxis zu diesem Thema

Die Bodenmaiser, ein „schwieriges Völkchen"

Zum „Moment mal" vom 26. April über die Probleme der Bodenmaiser Tourismus GmbH:

PNP am 28. April 2008

„Herr Lukaschik bringt es auf den Punkt. Endlich kommt jemand und versucht, den ewig jammernden Bodenmaisern mit einer Dynamik und Einsatzbereitschaft ohnegleichen den Karren wieder zum Fahren zu bringen und stößt bei vielen immer wieder auf Ablehnung.

Den Vorsichtigen und Zauderern kann man ihre Haltung nachsehen. Aber für die ewigen Miesmacher und Negativredner kann man kein Verständnis aufbringen. Sie verunsichern und spalten die Gemeinschaft und den Zusammenhalt einer Gemeinde (nur gemeinsam sind wir stark!).

Was die Finanzierung der GmbH betrifft, hätten die Gemeinderäte, der Bürgermeister und der dazu gezogene Anwalt wohl wissen müssen, ob eine Anschubfinanzierung und Bürgschaft für Kredite rechtens ist oder nicht. Man kann nicht nur GmbHs gründen, um selbst keine Entscheidungen treffen zu müssen.

Herrn Lambeck wünsche ich weiterhin so viel Elan und vor allem Durchhaltevermögen, was man bei uns Bodenmaisern wirklich braucht. Wie sagte schon einst Bürgermeister Siegfried Weikl: Die Bodenmaiser sind ein schwieriges Völkchen zum Regieren! Was ja nicht unbedingt schlecht .sein muss..."

Ilse Zintl-Straub
Bodenmais

Leserbriefe sind Äußerungen der jeweiligen Verfasser und brauchen mit der Meinung der Redaktion nicht übereinzustimmen. Die Redaktion behält sich aus Platzgründen Kürzungen vor.

Tourismus-GmbH: Auf Krise folgt Euphorie

In der gut besuchten Info-Versammlung am Montag beteuert Geschäftsführer Lambeck: Vorerst keine Insolvenz

Von Johannes Fuchs

Vor vollem Haus berichtete Tourismus-GmbH-Geschäftsführer Andreas Lambeck am Montag im Joska-Restaurant über derzeitige Lage. Mit am Podium (von vorne) Wirtschaftsprüfer Prof. Herbert Kittl, Peter Hübsch (BTM) und der künftige Bodenmaiser Bürgermeister Michael Adam. – Foto: Fuchs

Bodenmais. Ein demonstrativ gut gelaunter Andreas Lambeck auf dem Podium, immer wieder kräftiger Applaus: Wenn es Krisenstimmung gab am Montagabend bei der Info-Versammlung im Joska-Restaurant, dann war sie gut kaschiert. Wenige Tage nach der überraschenden Nachricht, dass die Marktgemeinde ihre Bodenmais Tourismus und Marketing GmbH in massive finanzielle Schwierigkeiten manövriert hat, strahlten Geschäftsführer Lambeck und seine Mitstreiter wieder Optimismus aus.

Auch wenn Dr. Manfred Schappler, der Vorsitzende des Tourismusvereins, gleich eingangs drastische Worte wählte für die politischen Vorgänge der letzten Tage: Der Gemeinderat habe sein eigenes Baby gemeuchelt. Vor allem den (nicht in der Versammlung anwesenden) Bürgermeister Fritz Wühr traf die harsche Kritik von Schappler und Lambeck. Nach seiner Abwahl habe er, wohl nach dem Motto „nach mir die Sintflut“, dem GmbH-Geschäftsführer kommentarlos das Schreiben zustellen lassen, in dem die lebensnotwendige Anschubfinanzierung zurückgefordert wurde.

„GmbH ist ohne Alternative“

Dieser Kritik schloss sich auch Michael Adam, der künftige Bürgermeister, an. „Wer jetzt so tut, als seien die Probleme bei der Finanzierung der GmbH neu, der lügt“, sagte er. Schon seit November habe man gewusst, dass die Anschubfinanzierung in der geplanten Form rechtswidrig ist – die Suche nach Alternativen aber unterblieb. Aus dem Prüfbericht des Bayerischen Kommunalen Prüfverbandes, der ihm am Montag ausgehändigt worden war, entnahm Adam allerdings, dass es in der Gemeindeführung noch ganz andere Versäumnisse gegeben hatte. Nicht zuletzt auch bei der früheren Kurverwaltung – für Adam ein weiterer Grund, der Tourismus GmbH ausdrücklich den Rücken zu stärken. „Sie ist in meinen Augen ohne Alternative“, sagte er, „die frühere Kurverwaltung hat den Bodenmaiser Tourismus an die Wand gefahren.“

Geschäftsführer Lambeck lockerte die angespannte Stimmung geschickt auf. „Wir wollen heute spätestens um halb zwölf fertig sein, denn dann kommt auf RTL ein Bericht über ‚Sylt trifft Bodenmais‘ vom vergangenen Wochenende“. Zu den GmbH-Geschäften konnte er wenig Neues sagen. Sie halte sich an ihren Finanzplan, gebe keinesfalls mehr Geld aus als die frühere Kurverwaltung, erledige mit geringfügig mehr Personal (zwölf statt früher neun Mitarbeiter) deutlich mehr Aufgaben als die Kurverwaltung. Lambeck verwies auch auch die vielen Marketing-Maßnahmen, für die die GmbH Gelder der EU an Land gezogen habe, und die vielen hundert neuen Medienkontakte. Allein heuer will Lambeck 80 000 zusätzliche Übernachtungen in den Ort holen.

Schützenhilfe gab Wirtschaftsprüfer Prof. Herbert Kittl, der für die GmbH die Buchhaltung führt – und von den ständigen Angriffen auf die GmbH sichtlich irritiert war. „Wir haben im ersten Quartal 2008 sogar weniger Minus als im Finanzplan vorgesehen, da kann es doch nicht sein, dass man der GmbH jetzt den Boden wegzieht.“

Den häufig attackierten Reiseveranstalter der GmbH verteidigte Lambecks Mitarbeiter Peter Hübsch. „Wir sind zentraler Ansprechpartner zwischen den örtlichen Vermietern und den großen Reiseveranstaltern wie etwa TUI oder Aldi“, erklärte Hübsch. Nur so könnten auch kleine Vermieter über diese Schiene Gäste gewinnen. Und Lambeck ergänzte: „Wir machen's uns nicht leicht und lassen Pensionen und Ferienwohnungen links liegen“. Bad Füssing habe durch die Zusammenarbeit mit den Reiseveranstaltern seine große Krise vor zehn Jahren eindrucksvoll überwunden.

Nicht mehr so gut war Lambecks Laune, als er auf die Entwicklung des Tourismus im Ort in den vergangenen 15 Jahren zu sprechen kam. „Bodenmais war 1993 ein erfolgreicher Ort, heute ist der Tourismus in desolatem Zustand“, meinte er. „Ohne die großen Hotels wäre Bodenmais heute nichts, und zu deren Erfolg hat die politische Führung rein gar nichts beigetragen.“ Statt dessen habe man im Gemeinderat stundenlang über das Titelfoto für den Ortsprospekt diskutiert.

Von dieser Kritik ließ sich Lambeck auch nicht von einem Verweis auf den allgemeinen Wandel im Tourismus abbringen. „Der Deutschland-Tourismus ist im Trend, Bayern hat seit Jahren ständig Zuwächse – warum war es in Bodenmais anders?“ Klagen, die Gäste kämen heute nur mehr zum Zweiturlaub in den Bayerwald, ließ Lambeck nicht gelten. „Dagegen können Sie nicht ankämpfen. Sie müssen sich darauf einstellen, dass die Leute zwei Wochen in die Türkei fahren, und sie zusätzlich für eine Woche Bodenmais begeistern.“

Sylt- Sonntag war nur ein Anfang

Obwohl die Unterstützer der GmbH-Arbeit hörbar in der Überzahl waren, kam zeitweise eine lebhafte Diskussion zustande. Vor allem über den verkaufsoffenen Sonntag: Manche Geschäftsleute hatte erbost, dass die Organisatoren bei ihnen um einen Beitrag von 50 Euro oder den Betritt zum Tourismusverein angefragt hatten. Lambeck punktete auch hier mit Offenheit: 10 000 Euro habe das „Sylt-Wochendende“ gekostet, 1100 Euro Defizit seien übriggeblieben. Den ersten verkaufsoffenen Sonntag in der Geschichte von Bodenmais sah Lambeck als „Beispielsobjekt“, und er leugnete auch nicht, dass nicht alles perfekt gelaufen war. „Wir hatten zunächst einen Fischmarkt ohne Fisch – und zwar deshalb, weil die Nachrichten von einer Insolvenz der GmbH einige Händler abgeschreckt hatten.“ Er stehe aber zu der Idee: Verkaufsoffene Sonntage mit Rahmenprogramm müssten künftig regelmäßig stattfinden, dann profitierten auch Geschäftsleute und Wirte immer mehr davon.

Das Gespenst der drohenden Insolvenz sieht Geschäftsführer Lambeck fürs erste gebannt, bis Mitte Mai könne der Betrieb auf jeden Fall laufen. Deshalb sei auch eine Bürgschaft durch Bürger der Gemeinde derzeit nicht aktuell. Und auch Marktrat Andreas Adam gab sich zuversichtlich, dass der neue Gemeinderat eine Lösung finden werde, die Finanzierung der GmbH sicherzustellen. „Ich habe ein gutes Gefühl“, meinte Lambeck zum Abschluss, „dass sich der neue Gemeinderat um Bodenmais kümmert und nicht um sich selbst.“ Sprach's und setzte sich zur Diskussion mit der heftigsten Kritikerin des Abends zusammen.

PNP am 30. April 2008

PNP am 11. Juli 2009

Lambeck will Fakten gegen das Unverständnis setzen

Reaktion auf Angriffe auf die Bodenmais Tourismus und Marketing GmbH – Spanien ist billiger als Bodenmais

Bodenmais. Heftig kritisiert worden ist die Bodenmais Tourismus und Marketing GmbH (BTM) in einem Leserbrief. Unter anderem ist ihr vorgeworfen worden, sie würde die Übernachtungen zu Billigpreisen verramschen. Als Reaktion erreichten den *Bayerwald-Boten* eine Reihe von Leserbriefen (siehe unten) sowie eine Stellungnahme von Andreas Lambeck, Geschäftsführer der BTM.

„Die Arbeit der BTM reduziert sich nicht nur auf den Abverkauf von kurzfristigem Last-Minute-Geschäft", so Lambeck, das stelle nur einen kleinen Baustein der BTM-Arbeit dar.

Er rechnet vor, dass die Vermieter für Last-Minute-Roulette-Übernachtungen zwischen 16 und 22 Euro erhalten würden. Und im Winter steige der unterste Preis auf 18 Euro an. Und der Unterschied zu den regulären Preisen sei gar nicht so groß, wie ein Blick in den Gästekatalog zeige.

Bei Ferienwohnungen, bei denen der Gastgeber zwischen 200 und 250 Euro für eine Woche erhält, bezahlt der Gast beim Reiseveranstalter dafür 299 Euro. „Was hat das in der Außenkommunikation mit Billigtourismus zu tun?", fragt Lambeck. Nichts, denn es gebe in Bodenmais Hunderte von Wohnungen in diesem Preisbereich. „Der Vertrieb kostet Geld und kein Vertriebspartner erledigt diese Vermarktung kostenlos", so der BTM-Geschäftsführer.

Die Last-Minute-Angebote seien auch nur als zusätzliches Geschäft und zur Auslastungssteuerung gedacht, sie seien kein Ersatz der traditionellen Vertriebswege.

Eine klare Absage erteilt Lambeck denjenigen, die erhoffen, dass die BTM die unternehmerische Verantwortung für jeden Vermieter übernehmen soll. „Die BTM hat unter anderem die Aufgabe, für eine erhöhte Gesamtnachfrage nach dem „Produkt Bodenmais" zu sorgen und mit weiteren Instrumenten, wie z.B. kurzfristigen Auslastungssteuerungen im Kurzfristgeschäft, zur Verfügung zu stellen", definiert Lambeck die BTM-Aufgabe, und: „Wenn nun ein Vermieter kaum selber unternehmerisch tätig ist, kann er nicht darauf hoffen, dass die BTM seine Pension oder Ferienwohnung zum regulären Zimmerpreis voll macht." Es gebe auch genug Vermieter, die beweisen, wie eigenes, unternehmerisches Handeln funktioniert, mit der BTM zusammenarbeiten und aus dieser Kombination einen guten, wirtschaftlichen Erfolg erzielen.

Leider, so Lambeck, bekomm kaum jemand in der Öffentlichkeit mit, wie vielen Hotels in Bodenmais die BTM zu neuen Partnerschaften und Vertriebswegen verholfen habe.

Kritik übt er am mangelnden Fortbildungswillen von Vermietern. Die BTM bietet in Zusammenarbeit mit der Volkshochschule ein umfassendes Schulungs- und Fortbildungsprogramm an, das komplett in Bodenmais stattfindet. „Wie kommt es, dass bisher nur eine handvoll Anmeldungen vorliegt? Wo ist der unternehmerische Beitrag der Vermieter? Muss sich nur die BTM weiterentwickeln oder jeder einzelne Leistungsträger im Ort auch?", fragt er.

Einen Ausflug in Richtung „Billig-Tourismus" unternimmt Bodenmais' oberster Tourismus-Vermarkter jetzt selbst. Er fliegt mit seiner Familie für 14 Tage in Urlaub nach Andalusien in ein 4 Sterne Hotel mit All-inclusive-Angebot. „Wir bezahlen für zwei Erwachsene und ein Kind (14 Jahre) den regulären Komplettpreis von 2697 Euro für Hotel (All inclusive), Flug, Reiseleitung, Transfer und Animation", ein vergleichbarer Urlaub samt all diesen Leistungen wäre in Bodenmais um ein Vielfaches teurer. „Ist es nicht traurig, dass wir immer noch von Billigtourismus im Bayerischen Wald reden?", meint er deshalb. – bb

MOMENT MAL,

er ist ein Dynamiker, ein Alpha-Tier, und er hat die Bodenmaiser Tourismus-Arbeit in den vergangenen Monaten in einer Weise umgekrempelt, die einen Beobachter staunen ließ. Der Bodenmaiser Tourismus-Chef Andreas Lambeck polarisiert. Die einen sind begeistert, weil er neue Wege der Vermarktung geht; weil er mit dem Well-Fit-Aktiv-Programm neue Angebote entwirft, von denen alle Vermieter profitieren können; weil er es geschafft hat, den Urlaubsort Bodenmais überregional ins Gespräch zu bringen. Andere waren skeptisch, weil ihnen die Rasanz der Neuerungen nicht ganz geheuer war. Oder weil sie die beliebte Haltung vertreten: Alles muss besser werden, aber ändern darf sich nichts.

Und jetzt gefährden Subventions-Vorschriften die Arbeit der Tourismus GmbH. Weil die Gemeinde weder eine Anschubfinanzierung für deren Geschäfte geben, noch eine Bürgschaft für Kredite, die die GmbH aufnimmt, übernehmen darf. Dass das Führungspersonal in der Gemeinde nicht ganz reibungsfrei zusammenarbeitet, dass die Gemeindeverwaltung wegen des Bürgermeisterwechsels auch nicht voll handlungsfähig ist, erleichtert die Bewältigung der Krise auch nicht gerade.

Die neue Tourismus GmbH jetzt aber in Bausch und Bogen zu verdammen, dazu ist es mit Sicherheit zu früh. Jetzt muss erst einmal deren Finanzierung gesichert werden, in der Höhe, wie es der Gemeinderat in einer 13:1-Entscheidung 2007 beschlossen hat. Und dann muss die GmbH weiterarbeiten. Zwei Jahre sollte sie Zeit haben, um zu beweisen, dass ihr Konzept trägt. Michael Lukaschik

PNP am 26. April 2008

MOMENT MAL,

bei manchen Beteiligten liegen wohl die Nerven blank. Anders können wir die eine oder andere Formulierung in den Mails nicht interpretieren, die in den vergangenen Tagen in Bodenmais zwischen Rathaus, der Bodenmais Tourismus und Marketing GmbH (BTM) und einigen Bodenmaisern zirkuliert sind. Wir können nachvollziehen, dass man von dem Tempo, das die Tourismus GmbH seit dem Amtsantritt von Geschäftsführer Andreas Lambeck vorlegt, leicht irritiert sein kann; und dass man ein bisschen die Stirne runzelt, wenn sich die BTM in ihren Pressemitteilungen wieder einmal über den Schellen König lobt, ist auch nachzuvollziehen. Aber die BTM in Bausch und Bogen ablehnen, wie es von einigen getan wird, das kann man nicht nachvollziehen.

Bodenmais ist fast zu 100 Prozent abhängig vom Tourismus. Eine so große Abhängigkeit ist unangenehm. Andere wirtschaftliche Standbeine, die die Abhängigkeit mildern, sind aber nicht in Sicht. Und so ist es logische Konsequenz, diesen Einkommenszweig so professionell wie möglich zu betreiben; Bodenmais als Urlaubsort zu vermarkten. Ein Bodenmaiser, der die Abhängigkeit von diesem einen Wirtschaftszweig kennt, stellt in der Diskussion über die gegenwärtige Tourismus-Strategie gerne die zwei Fragen: „Was wäre denn der Plan B? Was soll denn anders gemacht werden?" Die Antwort: Schweigen.

Zur Professionalisierung des Tourismus gibt es wohl keine Alternative. Dass sich die BTM parallel auch ums Ortsbild kümmert, ist lobenswert. Und jemand, der nicht täglich in Bodenmais ist, der muss feststellen, dass sich dieses Engagement schon auswirkt. Denn es hat Zeiten gegeben, da hat Bodenmais schon verrummelter und verramschter ausgesehen als jetzt. Michael Lukaschik

PNP am 11. Juli 2009

10 Tempo in Neuem – wenn dich keiner mehr versteht

Wie muss er denn sein, der ideale Tourismuschef, und wie kann er seine Erfahrungen und Fähigkeiten am besten einsetzen? Ohne jemandem zu nahe treten zu wollen und wohlwissend, dass auch in der Tourismusindustrie allerlei Menschen beschäftigt sind, die nicht in der Lage wären, einen ganzen Ferienort oder eine Region zu vermarkten, krankt der Fremdenverkehr vielerorts schon am falschen Kopf.

Sicher gibt es viele verschiedene Wege, um im Tourismus erfolgreich zu sein und auch die Impulse, Beispiele und Lösungsvorschläge in diesem Buch reißen lediglich an, was anzupacken ist und wie man den Wandel gestalten kann.

Aber alle Rezepte benötigen Menschen, die diese umsetzen können. Wie in jedem guten Unternehmen, nimmt der Kopf, beziehungsweise Chef, hier eine Schlüsselrolle ein.

Auch in Bodenmais, wo die Not und die Zukunftsangst zur GmbH-Gründung und der Verpflichtung von Andreas Lambeck als Geschäftsführer führten, ist die Spitzenposition ganz besonders gefordert. Die Überschrift dieses Kapitels suggeriert, dass, damit man verstanden wird, das Tempo der Veränderungen in einem Ferienort eher gedrosselt sein sollte. Dies ist nicht ganz richtig, geht es doch eher um die Frage, wie man es anstellt, verstanden zu werden.

In Bodenmais, und das ist durchaus als Kritik am Geschäftsführer der Tourismus & Marketing GmbH zu verstehen, fühlten sich die Einwohner und zum Teil auch die Gewerbetreibenden nicht ausreichend eingebunden. Verwundert könnten Insider meinen, wurde in unzähligen Bürgerversammlungen und Gesprächsrunden immer wieder erklärt, wann, wie und warum welcher Schritt der Veränderungen in Bodenmais gegangen werden soll. Und dennoch so wenig Verstehen und Verständnis?

Andreas Lambeck versucht in kleinen Gesprächskreisen Verständnis für die zahlreichen Veränderungen in Bodenmais zu gewinnen.

Für Menschen aus der Tourismusindustrie, die über Jahre und Jahrzehnte unter den Bedingungen des knallharten Wettbewerbs um den Kunden agierten, sind viele Dinge, die seit 2007 in und für Bodenmais geschehen, ganz normal und wenig erklärungsbedürftig.

Ganz anders sieht es für Menschen aus, die über eine sehr lange Zeit ein Teil einer Fremdenverkehrskultur waren, die von Verwaltungsstrukturen geprägt war, ohne einen klassischen unternehmerischen Ansatz.

Und nun kommt der springende Punkt: Hören – und die Bodenmaiser waren und sind bei jeder Versammlung und Gesprächsrunde sehr aufmerksam und neugierig – bedeutet *nicht* gleich verstehen. Die Leader der neuen Tourismuskultur einer Region müssen unbedingt beachten, die Mitmenschen *wirklich* mitzunehmen! Die pure Nachfrage, ob denn lückenlos verstanden wurde, was in einer Themenrunde kommuniziert und besprochen wurde, reicht da nicht aus!

Bürger, deren Familien seit Jahrzehnten vom Tourismus leben, sind bereit zu Veränderungen, wenn Sie sie nachvollziehen können. Nur wer fragt denn wirklich nach, wenn er etwas nicht verstanden hat? Kaum jemand, weil die Angst vor peinlichen Momenten einfach zu groß ist. Und so werden Wissens- und Verständnislücken durch Gerüchte und Falschinformationen ersetzt, die wie ein Lauffeuer durch den Ort gehen und verheerende Auswirkungen haben können, da sie in der Folge tatsächlich die Dynamik bremsen.

Welches Fazit ist aus diesem Umstand zu ziehen? Nicht jenes, dass jene, die einen nicht verstanden haben, die Dummen sind. Ganz im Gegenteil! Der Kopf der Veränderungen – und das ist eine signifikante Fähigkeit, die dieser mitbringen sollte – hat Zusammenhänge so zu erläutern, dass die Veränderungen von allen deshalb mitgetragen werden, weil sie dahinter stehen.

Wie geht das? Das geht so, dass man respektvoll begreift, dass andere einfach Zeit und simples Erklären benötigen, um mitgehen zu können. Simpel bedeutet hierbei, dass man bei der Vermittlung von Informationen davon ausgehen sollte, dass der andere „nichts" weiß, sondern auch vermeintlich einfachste Mechanismen erklärt bekommen muss. Auch eine Kultur des aktiven Zuhörens, die vereinbart werden sollte, trägt zum Verstehen und Feedback geben bei.

Touristikmanager sind nicht schlauer als andere, sondern haben andere Erfahrungen in anderen Umfeldern sammeln dürfen oder müssen. Die Aufgabe des Moderators und Mediators ist also eine ganz entscheidende, wenn wir den „perfekten" Tourismuschef suchen.

Was nützt denn sonst fundiertes Fachwissen und der Glaube, jetzt mit Vollgas den Ferienort und seine Außenwirkung zu revolutionieren, wenn die Menschen, um die es im Ergebnis geht, das Tempo nicht mithalten können, und die dann eine grundsätzliche Skepsis entwickeln, wie sie anfangs war und zum Teil auch heute noch in der Bodenmaiser Bevölkerung da ist?

Schlagzeilen aus der Praxis zu diesem Thema

Vermieter stehen hinter der Tourismus GmbH

Umfrage bei der Jahreshauptversammlung

Bodenmais. Im Rahmen der Bürgerversammlung zur Tourismusentwicklung in Bodenmais hatten die rund 300 anwesenden Vermieter, Hoteliers und Gewerbetreibenden die Möglichkeit, anonym zehn Fragen zur Arbeit der Bodenmais Tourismus & Marketing GmbH (T&M) zu beantworten. Die Bodenmaiser nutzten diese Gelegenheit.

81,3 Prozent finden, dass die Gründung der T&M durch Bürgermeister Fritz Wühr eine richtige Entscheidung war und 69,1 Prozent sind mit der bisherigen Arbeit sehr zufrieden bzw. zufrieden. Schon nach acht Monaten Arbeit können 52,2 Prozent der Gastgeber eine positive Trendwende feststellen. Erfreulicherweise sagen 90,5 Prozent alle Bodenmaiser, das die T&M, trotz alle kritischen Anmerkungen, auf dem richtigen Weg ist. Die Mehrheit, genau 65,6 Prozent, fühlen sich über die Arbeit der T&M ausreichend bzw. gut informiert.

Wichtig für die zukünftige Arbeit war T&M-Geschäftsführer Andreas Lambeck, ob die neue Ausrichtung des Gästekatalogs und des Wellness- und Badekonzepts „WellFitAktiv" von den Bodenmaiser angenommen wird: 80,5 Prozent sagen, dass das Thema „Urwald-Wald voller Wunder" ein gutes Gesamtkonzept darstellt. 65,9 Prozent stehen der Idee „WellFitAktiv" positiv gegenüber.

Dass sich die Stimmung in den vergangenen Wochen positiv entwickelt hat, bestätigen 72,3 Prozent der Bodenmaiser. 62,3 Prozent sind froh, dass sich jetzt schnell viel verändert. Aber trotzdem fühlen sich einige durch diese zahlreichen Veränderungen verunsichert.

Weiter verbessert werden muss, auch das hat die Umfrage ergeben, noch das Veranstaltungs- und Unterhaltungsprogramm der T&M: 56 Prozent finden das Angebot gut bzw. sehr gut. Wie der zukünftige Bürgermeister Michael Adam schon bei der Versammlung angedeutet hat, sollen in Zukunft die Aufsichtsratssitzungen der Tourismus GmbH öffentlich stattfinden. Insgesamt hätten 54 Prozent Interesse daran, an diesen Sitzungen teilzunehmen. Ein großer Informationsbedarf ist auch für die Zukunft klar vorhanden.

„Die T&M wird sich in den nächsten Wochen noch intensiv mit dem Ergebnis der Umfrage beschäftigen. Wir werden an unseren Fehlern arbeiten", so T&M-Geschäftsführer Andreas Lambeck.

Im Mittelpunkt der nächsten großen Versammlung der T&M, am 16.April,19.30 Uhr, steht das Thema des Gästekatalogs „Urwald-Wald voller Wunder". An diesem Abend wird noch einmal im Detail über „WellFitAktiv" und die einheitlichen Saisonzeiten diskutiert. An diesem Abend, der bei Joska, Werk I, im Kristall-Restaurant stattfindet, werden auch die vollständigen Unterlagen für den neuen Gästekatalog 2008/2009 ausgegeben. – bb

PNP am 7. April 2008

PNP am 20. Oktober 2007

Die Tourismus GmbH als Zuhörermagnet

Rund 300 Interessierte beim Info-Abend im Pfarrsaal – Tourismus-Verein bittet um Unterstützung

Bodenmais (kat). Andreas Lambeck, Geschäftsführer der Bodenmais Tourismus und Marketing GmbH, hatte zu einem Infoabend für Gastgeber und touristische Leistungsträger eingeladen. Und mit dem großen Saal des Pfarrzentrums richtig gelegen: Rund 300 Interessierte fanden sich dort ein.

Nach der Begrüßung durch Bürgermeister Fritz Wühr stellte Lambeck die Struktur der neuen Tourismus GmbH vor. Neben ihm selbst und seiner Stellvertreterin Katharina Hartl gibt es den Bereich Reiseveranstalter und Vertrieb, den Beate Schmitt leitet. Peter Hübsch ist für den Einkauf der Zimmer in Hotels, Pensionen und Ferienwohnungen zuständig. Veronika Saller komplettiert das Team. Den Bereich Tourist-Info leitet wie bisher Barbara Haller, ihr stehen Traudl Wenzl, Ulrike Mansouri und Otto Freimuth zur Seite. Der Veranstalter- und Eventbereich wird von Johanna Sauer und Eva Adam-Sterl betreut, die ihr Büro im Alten Rathaus haben. Timo Krause ist für die überörtliche Presse- und Öffentlichkeitsarbeit zuständig.

Ab Dezember wird an jedem Meldeschein (Gästekarte) eine BayerwaldCard-Bodenmais befestigt sein. Der Gast kann alle Vergünstigungen aller am BayerwaldCard-System beteiligten Gemeinden und Firmen in Anspruch nehmen. Die Card für den Gast für die Dauer seines Aufenthaltes in Bodenmais in Verbindung mit der Gästekarte gültig.

Mit dem Mahlzeiten-Gutscheinsystem wird dem Gast, der in einer Pension oder Ferienwohnung wohnt, eine Art Halbpension angeboten. Er kann die Gutscheine in den beteiligten Restaurants, Gasthäusern und Hotels für ein Mittag- oder Abendessen einlösen. Die ersten Restaurantbetreiber sicherten schon während der Veranstaltung ihre Teilnahme zu. Eva Adam-Sterl stellte die für das nächste Jahr geplanten Veranstaltungen vor. Vereins-Vorsitzender Dr. Manfred Schappler warb bei den Besuchern für einen Beitritt zum Verein.

11 Tourismus-Headquarter Rathaus

Wer in Bodenmais durch die Bahnhofstraße fährt, entdeckt ein Novum im deutschen Fremdenverkehr. Nicht nur, dass am neuen Rathaus von Bodenmais die Schriftzüge *Rathaus* und *Tourismus* sozusagen gleichberechtigt nebeneinander über dem Portal prangen, nein, richtig spannend und wirklich neu ist das, was der interessierte Gast im Inneren des Rathauses erlebt.

Quasi als Headquarter des touristischen Vertriebs, ist das Bodenmaiser Rathaus – einmalig in Deutschland – ein Gebäude voll mit modernster Reiseveranstaltertechnik, ohne die man mit Vertriebspartnern nicht kommunizieren und komplexe Massenprodukte vertreiben kann.

Als Geschäftsbereich der Bodenmais Tourismus & Marketing GmbH, ist der Reiseveranstalter, der sich als Vermarktungsdienstleister für Bodenmais, seiner Herbergen und Touristik affinen Leistungsträger sieht, der Kern der neuen Fremdenverkehrsstrategie seit 2007. Identisch mit den Technologien großer internationaler Reiseveranstalter und mit einer Mitarbeiterstruktur, die voll auf Verkauf und Dienstleistung setzt, wird im Rathaus zu Bodenmais neben Politik parallel Tourismusvertrieb gemacht.

Ohne zukunftsweisenden Tourismusvertrieb ist die Lebensader des Ferienortes in Gefahr, da der Wettbewerbsdruck größer wird. Kommt heute ein Hotelier mit Auslastungsproblemen in Bodenmais zur Tourismus GmbH, so weiß er, dass sein Haus zu den Terminen, die gefüllt werden müssen, drei Tage später beispielsweise bei Expedia buchbar ist.

Die Tatsache, dass hier in Bodenmais Tourismusvertrieb unter dem Dach des Rathauses stattfindet, ist daher auch symbolisch für das Hand-in-Hand-Gehen von Tourismusmachern und Gemeinderat. Für den Besucher des Rathauses durchaus wahrnehmbar, ist die Maschinerie, die sich hinter der Tourist-Information befindet, mehr als einfach nur eine Fremdenverkehrsverwaltung.

Wirtschaftsvertreter, politische Delegationen, Medienmacher und vor allem die Bodenmaiser selbst erkennen am bzw. im Reiseveranstaltergebäude Rathaus, dass neue Wege zum Wohle der einheimischen Wirtschaft, Gastronomie und des Einzelhandels gegangen werden. Im Grunde handelt es sich bei diesen Aktivitäten um klassische Wirtschaftsförderung. Nicht mehr und nicht weniger.

Nicht ohne Grund ist das Interesse daran, was da in Bodenmais passiert, weit über die Grenzen des Bayerischen Waldes hinaus groß, und manche Besucher aus anderen Ferienregionen, die sich in Bodenmais über das seit 2007 Geschehene informieren wollen, schauen interessiert auf den Bodenmaiser Weg.

Dabei ist es eine wichtige Voraussetzung für neue Wege im Fremdenverkehr, dass Politik und Tourismus gemeinsam die Rahmenbedingungen schaffen, dass effiziente Vermarktung und Markenbildung stattfinden kann. In Bodenmais sogar tatsächlich unter einem Dach.

BTM-Mitarbeiter Otto Freimuth erklärt einer Gästefamilie Wanderungen anhand der Bodenmaiser Wanderkarte. Auch das gehört weiterhin zu einem modernen Tourismus in einem Ferienort.

12 Ist die gute alte Kurverwaltung von gestern?

Da, wo Kurgäste sind, kann eine Kurverwaltung ja nicht von gestern sein, oder? Und da, wo Touristen sind, da braucht es eben ein Tourismusbüro, bzw. eine Tourist-Info, stimmt's?

Nun, wenn es um die Frage geht, ob die Gäste und Kunden Ansprechpartner in den einzelnen Regionen haben, dann ist die These, dass es entsprechende Einrichtungen braucht, schon korrekt. Aber stellen wir in diesem Buch und im täglichen Tourismusgeschäft nicht fest, dass sich alles im Wandel befindet? Dann gilt es auch, die Funktionen und Mechanismen von Kurverwaltungen und Tourist-Informationen auf den Prüfstand zu stellen.

Fast jeder noch so kleine Kurort hat seine Kurverwaltung, und ebenso gibt es fast genauso viele Tourist-Informationen in Deutschland, wie es Orte gibt – auch wenn sich in einigen nur selten Gäste befinden.

Und wie sehen die Leistungen in diesen Einrichtungen heute in der Regel aus? So, wie sie historisch gewachsen sind, ohne jeden unternehmerischen Ansatz und Hintergrund.

Die Kur- oder Fremdenverkehrsverwaltung hat die Aufgaben, die angeforderten Gastgeberverzeichnisse per Post an die Interessenten zu schicken, die eine oder andere Kurveranstaltung zu organisieren, die jährlich wiederkehrenden Messen zu besuchen und die Fragen der Gäste in der Tourist-Information zu beantworten.

Letzteres natürlich zu jenen Zeiten, in denen Ämter üblicherweise für die Bürger da sind. Von Montag bis Freitag von 10:00 bis 12:00 Uhr und von 14:00 bis 18:00 Uhr, außer an Feiertagen, Samstag und Sonntag, da ist geschlossen.

Selbstverständlich kann außerhalb dieser Öffnungszeiten auch keiner ans Telefon gehen, weil ja keiner da ist. Und wenn der elektronische Infocounter vor der Tourist-Info defekt ist, was auch modernste

Technik mit sich bringt, dann kann man ja anrufen – natürlich innerhalb der Geschäftszeiten.

Der Tourismus befindet sich im Wandel, und wie sollten sich die Kurverwaltungen und Tourist-Infos von heute mit wandeln, um den Ansprüchen gerecht zu werden? Auf jeden Fall mit dem Geist eines Unternehmens, welches ein unternehmerisches Ziel verfolgt. Eine Kurverwaltung soll etwas „unternehmen"!

In Bodenmais ist die Tourismus GmbH daher in vier Bereiche aufgeteilt – jeder hiervon ist zu Effizienz angehalten: Der Bereich Tourismusvertrieb und Produktentwicklung, die Abteilung Events und Veranstaltungen, die Tourist-Information, die auch für die Betreuung der Gäste verantwortlich ist, sowie der Bereich Neue Medien – Marketing und Public Relations.

Die Bodenmais Tourismus & Marketing GmbH hat hierbei nicht nur die Rechtsform eines privatwirtschaftlichen Unternehmens, sondern versteht sich auch in allen Strukturen und Prozessen als erfolgsorientierte Gesellschaft, die neben ihren Aufgaben im Tourismus stets auch als Ansprechpartner und Impulsgeber für die Unternehmen der Region agiert.

Mit maximaler Verkaufs- und Serviceorientierung wird die GmbH den hohen Ansprüchen der Marktmechanismen, Unternehmen und Gästen gerecht.

Und der Gast von heute ist sehr anspruchsvoll und verwöhnt durch die extreme Dienstleistungs- und Verkaufsorientierung der Touristikindustrie. Da kann man meistens rund um die Uhr online maßgeschneiderte Informationen einholen, in modernen Chatrooms mit anderen Interessenten einer Region in den verbalen Austausch treten, in Blogs die Einträge anderer Gäste lesen und interaktiv mit einem virtuellen Berater kommunizieren. Alles eine kalte, emotionslose Welt? Weit gefehlt!

Häufig befinden sich hinter den Onlineportalen, die ja sprichwörtlich der Eingang zu einem „Büro" im Internet sind, hochprofessionelle Customer Care Center, die jede noch so kleine Frage eines Kunden auch nachts um halb vier mit Empathie beantworten und vor allem immer zwei Ziele verfolgen: Höchste Kundenzufriedenheit und kommerziellen Erfolg.

Ob wir im Fremdenverkehr wollen oder nicht: Wir müssen unter allen relevanten Gesichtspunkten Kurverwaltungen und Tourist-Infos zu effizienten Dienstleistungs- und Servicezentralen umbauen.

Und wer entscheidet, wie viel Service nötig ist? Der Kunde! Nur der Kunde! Die Kurverwaltungen und Tourismusbüros müssen sich auf das Kundenverhalten einstellen und nicht umgekehrt.

Was heißt das? Analysieren Sie genau, was Ihre Gäste – und vor allem Ihre potentiellen Gäste – verlangen.

Das ist heute in der Regel eine permanente Erreichbarkeit per Telefon, was über moderne Callcenter-Strukturen kein Problem ist, und wo sich sogar mehrere Ferienorte zusammentun können, um Kosten zu sparen.

Das ist eine persönliche Erreichbarkeit zu den Zeiten, wo der Kunde es will und nicht umgekehrt.

Das sind berechenbare und wieder erkennbare Dienstleister in der Beratung und dem Verkauf am Telefon und von Angesicht zu Angesicht, die der Kunde heute erwartet.

Auch sind über ganz klare Qualitätsstandards, service- und verkaufsorientierte Personalentwicklung, permanente Performance-Messung und -Auswertung und regelmäßige Mystery Checks ähnliche Strukturen zu schaffen, wie sie in der Touristikindustrie oder anderen Dienstleistungsbranchen schon seit Jahren üblich sind.

Auch eine moderne Tourismus GmbH kann auf eine Tourist-Information nicht verzichten.

Unterschätzen Sie die Bedeutung dieser Dienstleistungsbüros, die meist als „Tourist-Info" fungieren, nicht. Sie sind Multiplikatoren und haben maßgeblich Einfluss auf Kundengewinnung und Kundentreue.

Die Servicezeiten, die Auswahl und der Einsatz der Mitarbeiter, die eingesetzte Technik, sowie die Führungskultur in Ihrer lokalen Tourismusstruktur – all das muss sich ebenso wie alle anderen relevanten Felder, wie Vermarktung, PR, Produktentwicklung usw. zwei Zielen unterordnen – wie sichern und steigern wir die Auslastungsquote im Tourismus und schaffen nachhaltig ein positives Image unserer Reisemarke?

Und auch wenn die Initiative „Servicequalität Deutschland" eine lobenswerte Idee ist – welcher Kunde lässt sich mit einem „Q"-Logo an der Wand hinter dem Ofen hervor locken? Die Kunden schielen doch heute viel mehr nach der HolidayCheck Weiterempfehlungsrate und anderen innovativen Gradmessern, die zur Entscheidungsfindung beitragen.

Ein Teil des deutschen Fremdenverkehrs hat hier verschlafen, den Markt zu beobachten und die richtigen Schlüsse daraus zu ziehen. Aber zu spät ist es ja bekanntlich nie – also beginnen Sie jetzt, die bestehenden Strukturen Ihrer Kurverwaltung zu hinterfragen und Veränderungen vorzunehmen, auch wenn diese auf den ersten Blick schmerzlich sind.

13 Ein Ort muss sich verändern – Bodenmais, die Reisemarke

In diesem Buch ist häufig zu lesen, dass aus austauschbaren Ferienorten Reisemarken werden müssen. Dies ist – man beachte nur mal starke, bekannte Marken aus dem touristischen Umfeld, wie TUI, Expedia, Sonnenklar.TV, oder auch Sylt als Destination – wichtig, um Nachhaltigkeit in das Vermarktungskonzept zu bekommen und über eine wirksame Marke bekannt und akzeptiert zu werden.

Auch in Bodenmais verfolgen wir stringent den Weg der Markenbildung von „bodenmais.de". Nur was ist bei der Bildung einer Marke wichtig?

Gehen Sie davon aus, dass folgende Faktoren die Basis des Aufbaus einer Marke, die nicht von allein und nicht über Nacht entsteht, ausmachen: Die Qualität der angebotenen Produkte, die Berechenbarkeit und Wiedererkennbarkeit der Leistung, das Leitbild des Unternehmens bzw. in unserem Falle des Ferienortes und vor allem die Menschen und Mitarbeiter, die hinter einer Marke stehen.

Stimmen diese Faktoren nicht, dann wird es schwer mit der Markenbildung. Vergessen Sie nicht, sich den Namen Ihres Ortes samt Logo beim Patentamt eintragen zu lassen und dann mit dem nunmehr geschützten Warenzeichen loszulegen.

Dieser erste Schritt macht aber noch lange keine „Marke" aus. Menschen sind es, die eine Marke entwickeln und prägen – denn auch für Menschen wird die Marke aufgebaut. Die *Markierung* ist es, von der der Begriff Marke kommt, und genau darum geht es. Wie gelingt es uns, eine Markierung im vielfältigen Tourismusmarkt zu setzen, eindeutig erkennbar zu machen, um vom potenziellen und treuen Kunden klar zugeordnet werden zu können?

Klar, der Markeneintrag und das vertraute ® sind ebenso ein Teil der Markenbildung, wie ein attraktives Logo, Geschäftsunterlagen und Onlinepräsenzen, die als Orientierung gelten. Das alleine ist aber nur der erste Schritt.

Schielen wir doch mal auf die bekannteste Marke der Welt. Ganz klein fing Coca Cola 1886 an. Das Logo ist seither unverändert und statt seinerzeit 13 Gläser, die für je fünf Cent in Atlanta über die Theke gingen, werden heute mit der Marke Milliarden verdient. Wir lernen also von Coca Cola schon mal, dass Beständigkeit in der Außendarstellung wichtig ist und ständige Änderungen hier ruinös wären.

Im Kern sind es zwei Dinge, die die Markenentstehung und Etablierung prägen – natürlich das Marketing und die PR, aber vor allem Verlässlichkeit in der Qualität der erbrachten Leistungen. Auf Letzteres wird in diesem Buch in einem extra Kapitel eingegangen, weil das Thema Qualitätsstandards und gelebte Qualität neben dem Ziel der Markenbildung auch für weitere Aspekte von besonderer Bedeutung ist.

Urwald mit allen Sinnen erleben

bodenmais.de®

Bayerischer Wald

Das neue Logo – Bodenmais wird in Zukunft konsequent als Internetadresse überall präsent sein. Eine Internetadresse hilft zur mordernen Markenbildung.

Kommen wir also ganz pragmatisch und am Beispiel Bodenmais zum Marketing und der PR, die eine Marke positionieren sollen. Zunächst müssen Sie wissen, wen Sie mit Ihren Produkten und deren Unterscheidungsmerkmalen erreichen wollen und mit welchem Markenimage Sie dies schaffen. Wir verstehen die Marke bodenmais.de als eine junge, dynamische Marke, wohl wissend, dass die meisten bislang bei Bodenmais und vor allem beim Bayerischen Wald eher an altbackene Dinge denken, als an Dynamik und Jugendlichkeit.

Bodenmais muss und will aber neue Zielgruppen erreichen und sieht die Positionierung der frischen Marke bodenmais.de als eine Grundvoraussetzung hierfür. Mit dem Relaunch des Bodenmais CI, welches sich in sämtlichen Unterlagen des Marktes Bodenmais wiederfindet, und dem *.de* hinter bodenmais, richten wir bodenmais.de auch als Internetmarke aus, da uns klar ist, dass auf absehbare Zeit die

Andreas Lambeck bedankt sich bei Daniel Küblböck für die Begleitung des Weihnachtsexpress. Ist Bodenmais genauso „verrückt" wie Daniel Küblböck? Auch das trägt zur Markenbildung bei.

Onlinewelt den Tourismus bestimmt.

Nun gilt es, über ein Werbekonzept, welches aus einer Mischung aus klassischen Marketingmaßnahmen, wie dem modernisierten Gastgeberverzeichnis, professioneller und besonders aktiver Öffentlichkeitsarbeit, aktivem Networking in der Touristik- und Medienwelt, aber vor allem durch neue, innovative Instrumente, die auch der Dynamik und Jugendlichkeit von bodenmais.de entsprechen, die Marke auf dem Markt zu positionieren.

Dies erreichen wir unter anderem mit Crossmarketingaktionen mit TV-Sendern wie SAT1, großen Verlagshäusern und Internetportalen, sowie Rundfunkkooperationen. Sie glauben gar nicht, welche Möglichkeiten Sie haben. Sie müssen sich „nur" trauen, mit Stolz und Professionalität Ihre Marke setzen und vertreten zu wollen.

Auch bei der Produktentwicklung – und wie Sie in diesem Buch erfahren, sehen wir in Bodenmais vor allem unseren Urwald als das Unterscheidungsmerkmal zu vergleichbaren Ferienorten – steht bodenmais.de im Mittelpunkt. Und wenn man dann das Glück hat, das Bodenmais hatte, dass ein TV-Star wie Daniel Küblböck ein Bodenmais-Lied komponiert und singt, dann ist die Medienwirksamkeit, die maßgeblich zur Markenbildung beiträgt, perfekt. Bodenmais soll anders sein, einfach etwas verrückt.

Diese „glücklichen Umstände" muss man sich aber erarbeiten, und da sind wir beim wichtigsten Aspekt der Markenbildung – den Menschen. Wenn die Leistungen hinter einer Marke nicht von Menschen erbracht werden, die eine hohe Identifikation, beziehungsweise Begeisterung für die Idee haben, die mit den Produkten verfolgt wird, dann wird die Marke nicht beim Empfänger als solche ankommen und Marketingaktivitäten werden verpuffen.

Kennen Sie Davidoff, eine der berühmtesten Zigarrenmarke der Welt? Deren Schöpfer, der Russe Zino Davidoff, formulierte sein Leitbild, das zur Markenbildung beitrug so: „Ich habe kein Marketing gemacht. Ich habe immer nur meine Kunden geliebt."

Ganz so einfach hat es Bodenmais nicht und muss weiter konsequent an der Markenetablierung arbeiten. Tun Sie dies auch. Mit Ihren Ideen, mit Ihrem Leitbild, mit Ihren Mitstreitern!

Schlagzeile aus der Praxis zu diesem Thema

Modernstes Marketing für echten Urwald

Nach sieben Monaten Tourismus-GmbH zieht Geschäftsführer Lambeck Bilanz – und stellt weiteres Programm vor

Von Johannes Fuchs

Bodenmais. „Das ist heute ein bedeutender Tag für Bodenmais." Andreas Lambeck lässt ein gewisses Pathos anklingen, als er im Joska-Restaurant vor sein Publikum tritt. Der Vortrag des Geschäftsführers der Bodenmais Tourismus und Marketing GmbH (T & M) ist der Schwerpunkt des Abends, daran hatte zuvor auch Dr. Manfred Schappler vom Tourismusverein keinen Zweifel gelassen.

Schapplers Part ist es, die erste Mitgliederversammlung des Vereins ein Jahr nach der Gründung über die Bühne zu bringen. Und er tut es flott. 151 Mitglieder kann er vermelden, 98 davon sind im Saal. Aus dem Vorstand sind Evi Adam-Sterl (sie arbeitet mittlerweile bei der GmbH) und Andreas Dimpfl (wegen Krankheit) ausgeschieden, nachgerückt ist Josef Kagerbauer jun. Und einem Gerücht tritt Schappler noch energisch entgegen: Kein Vereinsmitglied hafte mit persönlichem Vermögen bei einer eventuellen Insolvenz der GmbH (deren Gesellschafter der Verein und die Marktgemeinde sind).

Und dann kommt Lambecks großer Auftritt. Er startet mit einer Respektsbezeugung an den (nicht anwesenden) Bürgermeister Fritz Wühr – „dafür, dass er den Mut hatte, diese Neuerung zu wagen." Die Neuerung ist die Übertragung der kompletten Tourismusarbeit an die T & M im vergangenen Sommer. Und dieser Schritt zeigt Wirkung, wie Lambeck entgegen mancherlei Gerüchten im Ort erneut festhält. Übernachtungszahlen und Gästeankünfte sind im vergangenen halben Jahr gegenüber dem Vorjahr um mehr als 15 Prozent gestiegen, das

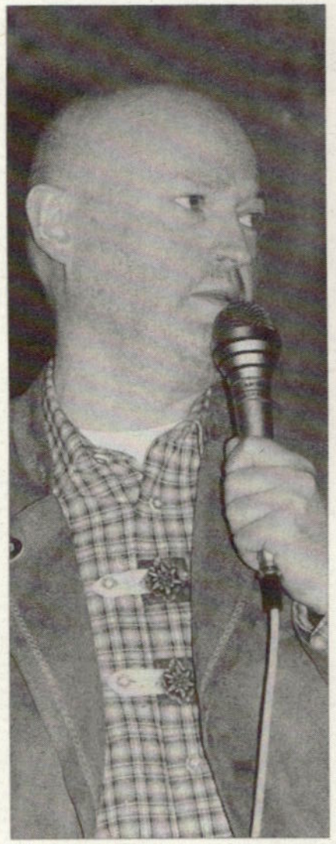

Wandlungsfähig gab sich GmbH-Geschäftsführer Andreas Lambeck: Statt im obigatorischen Anzug trat er am Dienstag erstmals im trachtlerischen Gewand ans Rednerpult.

rechnet der Geschäftsführer schwarz auf weiß vor. Nach 692 000 Übernachtungen 2007 rechnet Lambeck heuer mit 725 000. Wert legt er darauf, dass die T & M ihre Arbeit mit nicht mehr als zwölf Mitarbeitern erledigt – und nicht mit 40, wie ihm auch schon berichtet wurde. Vieles ist neu, vor allem die gewaltige, bundesweite Marketing-Kampagne, deren Wert Lambeck auf 2,6 Millionen Euro beziffert. Und der Aufbau des eigenen Reiseveranstalters, mit dem allein heuer 80 000 zusätzliche Übernachtungen gewonnen werden sollen. Gestrichen wurden defizitäre Veranstaltungen wie Heimatabende oder das Open-Air-Spektakel „A Musi & a Gaudi". Und es gab Pannen, wie der Geschäftsführer einräumt, etwa mit der neuen Gästekarte.

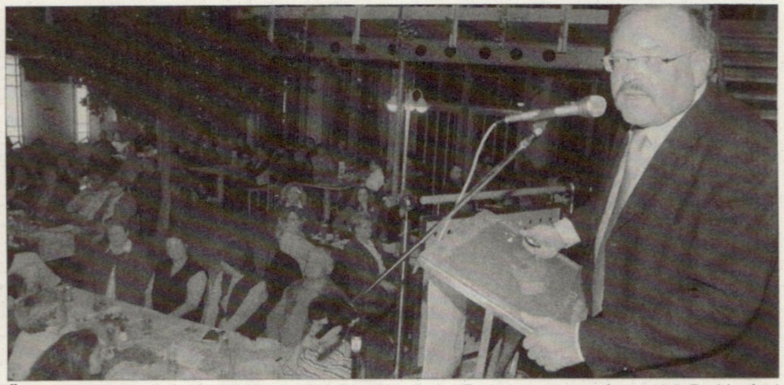

Über guten Besuch bei der Info-Veranstaltung im Joska-Erlebnisrestaurant freute sich Dr. Manfred Schappler, Vorsitzender des Tourismusvereins Bodenmais. – Fotos: Fuchs

Ganz stark ans Herz legte Lambeck den Vermietern seine Idee „WellFitAktiv". Damit könnten ab November die Gäste der teilnehmenden Hotels und Pensionen kostenlos in die Bäder, die Sauna und ins Bodenmaiser Fitnessstudio. Pro Gast und Nacht müsste der Vermieter dafür 1,20 Euro zahlen. „Damit würden wir uns von allen anderen Urlaubsorten abheben", meinte Lambeck. „Sie können mit diesem Angebot werben, ohne den Preis dramatisch erhöhen zu müssen." Ohnehin bietet sich der Saisonbeginn 2008/09 für eine Erhöhung an, denn ab November ist die Kurtaxe nicht mehr inklusive, die Preise werden nur mehr mit der Anmerkung „zuzüglich Kurtaxe" im Prospekt genannt. In Lambecks Augen ist „WellFitAktiv", sollte es denn der Gemeinderat billigen, erweiterungsfähig. Zum Beispiel um das Langlaufzentrum Bretterschachten, in dem er eine Loipengebühr für dringend geboten hält.

Ein neuer Slogan wird künftig das Gastgeberverzeichnis zieren: „Echter Urwald". Die Kombination aus Erholung und urtümlicher Natur will Lambeck zum Thema für zahlreiche Veranstaltungen machen: Wanderungen, Junior-Ranger-Ausbildungen, Zeltlager im Wald, Zusammenarbeit mit dem Nationalpark. Sogar einen Samstagabend-Fernsehfilm im ZDF wird es zu dem Thema geben. Gedreht wird ab Mai unter anderen mit Katharina Böhm und Mario Adorf in und um Bodenmais. Die T & M konnte sich hier gegen die (finanz-)starke Konkurrenz aus Tirol durchsetzen, wie Lambeck berichtet.

Er ist wohl selbst erstaunt, wie friedlich und konzentriert das Publikum lauschte – auch da hatte ihn die Gerüchteküche ganz anderes erwarten lassen. Die wenigen Detailfragen hat Lambeck schnell beantwortet. Nach Vorträgen von Evi Adam-Sterl (zum Schulungsangebot des Tourismusvereins) und von Uwe Weikl (zum neuen, per Internet zu pflegenden Gastgeberkatalog) trat schließlich der künftige Bürgermeister Michael Adam noch ans Rednerpult. Er lobte die großartige Arbeit von Verein und GmbH. Aber er stellte auch klar: „Ich werde als Bürgermeister der letzte sein, der sich ausklinkt und sagt, das ist jetzt nur mehr Sache der GmbH."

PNP am 3. April 2008

14 Wo bleibt der Sonderzug?

Wer heute am Bahnhof von Bodenmais steht, der kann in der Regel Stille genießen, da die Bahngleise im Kurpark enden, und der Gast nicht nur im Kurpark, sondern sogar am Rathaus aus- und zusteigt. Die meisten Gäste reisen mit dem Auto an und erkunden dann die Region auf eigene Faust.

Noch bis in die 90er Jahre hinein, sah das ganz anders aus. Gäste aus ganz Deutschland reisten seit dem Ende des zweiten Weltkrieges in Scharen aus ganz Westdeutschland an, um im Bayerischen Wald Urlaub zu machen.

In den siebziger Jahren wurde großes Geschäft mit Bahnfahrten sogar von Deutschlands größtem Reiserveranstalter unter der Marke „TUI Ferienexpress" betrieben, und der Bodenmaiser Fremdenverkehr boomte.

Tausenden von Bahngästen wurden bei ihrer Ankunft am Bahnhof Bodenmais erst einmal ihre Zimmer zugewiesen – so flexibel und genügsam war der Urlauber noch vor wenigen Jahrzehnten.

Und so kommt es, dass auch heute noch ältere Bodenmaiser wehmütig fragen, wo denn der Sonderzug bleibt. Klar, die Zeit der Sonderzüge ist eigentlich vorbei, aber ist das nicht ein Grund, an alte Traditionen anzuknüpfen?

Und so rollt seit dem letzten Jahr zur Winterzeit quer durch Deutschland wieder ein Sonderzug in Bodenmais ein, der Gäste in den Ferienort bringt: *Der Weihnachtsexpress*.

Er bringt Urlauber aus zahlreichen Regionen in den Bayerischen Wald. Und nicht nur die Tatsache, dass damit nach vielen Jahren ein Sonderzug in Bodenmais hält, was vielen Bodenmaisern, die sich noch gut an die alten Zeiten erinnern können, vor Glück die Tränen in die Augen treibt, macht die Weihnachtsexpresstouren nach Bodenmais zu einem besonderen Highlight. Eine alte Idee wird heute zu einem

Retro-Event mit großer öffentlicher Außenwirkung.

Schon im Zug beginnt bei der Anreise, die ab dem ersten Bahnhof rund elf Stunden dauert, das romantische Wintervergnügen mit zünftiger Blasmusik und einer Begrüßung durch den Bürgermeister an jedem Zustiegsbahnhof – so, wie dies in vielen Jahrzehnten auch schon einmal war.

In den 1970er Jahren brachten Sonderzüge Tausende von Urlaubern nach Bodenmais. Foto: © Archiv BTM

Und wer dann in Bodenmais ist, genießt die Freude an den Konzerten mit Volksmusikstars wie Margot Hellwig bei einem Glas Glühwein auf dem Bodenmaiser Weihnachtsmarkt.

Emotionaler kann eine Reise nach Bodenmais im Winter kaum sein und nicht nur die Gäste, sondern auch die Einwohner spüren den Geist der guten, alten Zeit, der noch einmal in Bodenmais einzieht.

Für die Identifikation mit den Veränderungen im Fremdenverkehr in Bodenmais ist solch ein Erfolg ein wichtiger Aspekt, damit auch Skeptiker sehen, dass man mit neuen Ideen alte Traditionen aufgreifen und auch heute begeisterte Gäste gewinnen kann. Zudem ist die Idee des Weihnachtsexpress eine nachhaltige Idee. Warum?

Weil die 2009 mit der WAZ Gruppe, einem der größten Zeitungsverlage Deutschlands, geschlossene Kooperation dazu führte, dass im WAZ Reisemagazin mehrfach auf der kompletten Titelseite über die originelle Zugreise und damit über Bodenmais im Vorfeld und im Nachhinein berichtet wurde. Mit einer Auflage von knapp einer Million und über zwei Millionen Lesern hatte diese *Bodenmais PR* den Gegenwert im sechsstelligen Bereich.

Der Retrozug weckte Erinnerungen bei alten Gästen und lockte, etwa mit dem TV-Star Daniel Küblböck, der für die Fahrgäste während der Fahrt Bier zapfte, auch neues Publikum an. Und so rollt auch 2010 der Weihnachtsexpress wieder in Bodenmais ein und dieses Mal sogar mit einer TV-Livesendung „Weihnachten in den Bergen“.

Schlagzeilen aus der Praxis zu diesem Thema

Blitztip im Herbst 2009

Leser-Aktion

In guter alter Bergmann-Manier

In vier Wochen rollt der Weihnachts-Express: In Bodenmais warten vier Tage Winterzauber mit tollem Programm

Märchenhafes Bodenmais: Der Ferienort im Bayerischen Wald zieht jährlich 900 000 Reisende an – aus Tradition viele aus dem Ruhrgebiet. Foto: TV

Zeiten ändern sich, Traditionen nicht. Und das ist doch auch gut so. Was schon vor 80 Jahren begann, führt das Reise Journal nun fort: eine Fahrt mit dem Sonderzug aus dem Ruhrgebiet ins bayerische Bodenmais. Vom 10. bis zum 14. Dezember macht sich der Weihnachts-Express auf den Weg, für viele ist es eine Reise in die Vergangenheit.

Die Tour nach Bodenmais „war wie eine Frischluftkur für uns und die Familien", erinnert sich Kumpel Alfons. Denn der Pott lag lange unter einem schmutzigen Schleier. Ab Dortmund ging es damals aus dem Ruhrgebiet mit dem TUI-Ferienexpress in den Süden – non-stop. Für Bodenmais bedeuteten die Sonderzüge damals rund 30 000 zusätzliche Übernachtungen. Alfons war einer der Gäste und er ist wieder mit dabei. Zusammen mit vielen Lesern, die jetzt schnell noch ihre Ticktes lösen sollten, denn es gibt noch einige Plätze für den Weihnachts-Express! Zum Beispiel vier Nächte in einer bayerischen Pension im Doppelzimmer ab 299 Euro. Oder in der gehobenen Kategorie im Vier-Sterne-Wellness-Hotel ab 399 Euro.

In guter alter Bergmanns-Tradition geht es mit dem Weihnachts-Express, einem exklusiven Sonderzug der WAZ Mediengruppe, in den winterlichen Bayerischen Wald. Selbstredend ist Dortmund wieder eine Station, aber auch in Olpe, Plettenberg, Werdohl, Hagen, Gelsenkirchen, Bochum, Essen, Mülheim, Duisburg und Düsseldorf kann zugestiegen werden. Endstation: Bodenmais, Bayerns inzwischen erfolgreichster Ferienort mit ständig wachsenden Besucherzahlen.

Die Vorfreude ist groß: Auf die Live-Musik im Zug, die den Express so richtig in Fahrt bringt. Auf urbayerische Gaudi mit Margot Hellwig und dem Duo Treibsand, die zusammen mit anderen Stars der Volksmusik für die so richtige Atmosphäre sorgen. Das adventlich geschmückte Bodenmais mit seinem Weihnachtsmarkt ist das i-Tüpfelchen einer Reise, bei der es viel zu erleben gibt und Geselligkeit eine große Rolle spielt. Denn wo könnte man schöner bei Glühwein und bayerischem Bier zusammen sitzen als in Bodenmais? Bei 70 urigen Kneipen und Gaststätten haben nicht nur die gut 3300 Einwohner des Örtchens die Qual der Wahl.

Vier erholsame Tage stehen an, die dem Brauch der Kumpel folgen: Raus aus den Alltag, hinein in den Urlaub mit Gleichgesinnten. Zwar bietet das Ruhrgebiet heute auch eine gute Luft – doch das bayerische Wintermärchen Bodenmais ist immer eine Reise wert.

VERLOSUNG: Das Reise Journal verlost 2 x 2 Tickets für den Weihnachts-Express vom 10. bis 14. Dezember inklusive Hotelübernachtungen in der höchsten Kategorie. Und so können Sie gewinnen: Rufen Sie bis zum 16. November unter ✆ 01378/78 76 07 an, Stichwort „Weihnachts-Express". Die Gewinner werden schriftlich benachrichtigt. Viel Glück!

Kostenlose Buchungs-Hotline: ✆ 0800/26 33 66 27. Veranstalter der exklusiven Reise Journal-Leserreise ist die Bodenmais Tourismus GmbH.

Leser-Aktion

Nostalgie und Winterzauber

Gehen Sie mit dem Reise Journal auf Tour und lösen Sie Ihr Ticket für den Weihnachtsexpress nach Bodenmais

Winterzauber und gesellige Stunden auf dem Weihnachtsmarkt erwarten unsere Leser, wenn es am 10. Dezember mit unserem exklusiven Sonderzug auf eine erlebnisreiche Kurzreise nach Bodenmais geht.

Alfons erinnert sich. Mit einem frischen Glas Export-Bier in der einen und der druckfrischen Broschüre für den Reise-Journal-Weihnachtsexpress in der anderen Hand, erzählt der ehemalige Zechenkumpel an der Theke der Gastwirtschaft „Zur Lohburg" von seinen sommerlichen Reisen nach Bodenmais. „Dort, im Bayerischen Wald, war die Luft so richtig rein und sauber." Ganz im Gegensatz zum Ruhrgebiet. Im Revier ärgerten sich nicht nur die Hausfrauen darüber, dass sie ihre Wäsche samt Grauschleier von der Trockenleine nehmen mussten.

Einmal im Jahr galt es daher, sich eine Frischluftkur zu gönnen. Und da gab es für die Menschen in Ruhrgebiet nur ein Ziel: Ab nach Bodenmais. Und zwar ganz bequem mit dem Sonderzug direkt von Dortmund aus. Bereits vor 80 Jahren rollten die ersten Züge mit Urlaubern in den Bahnhof von Bodenmais ein.

Die Tradition von Gestern kombiniert mit dem frischen Wind von Heute – dies ist der Leitgedankte für den Reise-Journal-Weihnachtsexpress, der die Ruhrgebietler jetzt wieder nach Bodenmais bringen wird. Gemeinsam mit Ihnen wollen wir an die gute alte Zeit anknüpfen und dabei viel Neues erleben und entdecken. Statt der Sommerfrische wie anno dazumal wird 2009 daher zünftiger Winterzauber und gute Stimmung geboten, wenn unsere Leser vom 10. bis zum 14. Dezember zu Sonderpreisen nach Bodenmais reisen. Wie in der Vergangenheit startet das Urlaubserlebnis direkt ab den Bahnhöfen des Verbreitungsgebiets der WAZ Mediengruppe. Nicht nur in Dortmund, sondern auch in Olpe, Plettenberg, Werdohl, Hagen, Gelsenkirchen, Bochum, Essen, Mülheim, Duisburg und Düsseldorf macht unser Sonderzug Station, ehe er nonstop Richtung Bayerischer Wald rollt.

Live-Musik und – im Trachten-Look – der jüngste Bürgermeister Deutschland, der 24-jährige Bodenmaiser Michael Adam, bringen den Weihnachtsexpress dabei so richtig in Fahrt. Am Urlaubsort geht es zünftig weiter, wenn Margot Hellwig, das Duo Treibsand und weitere Stars der volkstümlichen Schlagerzunft auf dem urgemütlichen Weihnachtsmarkt für echt bayerische Gaudi sorgen. Glühwein inklusive, „und", ergänzt Alfons, „natürlich bayerisches Bier." Insgesamt 70 Kneipen und Gaststätten stehen den 3338 Einwohner und den Urlaubsgästen zur Verfügung. Eine rekordverdächtige Quote.

Kein Wunder also, dass Alfons noch heute von seinen Reisen nach Bodenmais schwärmt, wo diesmal neben entspannten Wellnessnachmittagen im brandneuen Hallenbad Wanderungen durch verschneite Wälder auf dem Programm stehen.

Raus aus der lichtscheuen Arbeitswelt, rein in den Ferienexpress, und los in die sonnige Sommerfrische, das war schließlich gute alte Bergarbeiter-Tradition. „30 000 zusätzliche Übernachtungen brachten uns allein die Zuggäste aus dem Ruhrgebiet", weiß der pensionierte Kurdirektor von Bodenmais, Herbert Stadler, zu berichten. Er war von 1975 bis 1996 der Urlaubsmacher vom Fach und verhandelte mit der Ruhrkohle AG und den heimischen Pensionen und Hotels seiner Gemeinde über Gruppenkonditionen- und Preise.

Fürsorglich kümmerte sich der größte Arbeitgeber im Ruhrgebiet darum, dass die Kumpel mitsamt Familien zu fairen Preisen das Sonnenlicht und die Frischluft am Riesbach genießen konnten. Für die Mitarbeiter legte das Reisewerk der Ruhrkohle AG seinerzeit sogar ein eigenen Reisekatalog auf.

Ab den Siebziger Jahren wurde das Geschäft mit den Bahn-Fahrten nach Bayern sogar von Deutschlands größtem Reiseveranstalter unter der Marke „TUI Ferienexpress" betrieben. Er galt als komfortabel und schick, war innovativ und blieb bis Ende der Achtziger Jahre ein grandioser Erfolg. Nicht zuletzt deshalb, weil die Kumpel ihrer Ferienliebe Bodenmais über Jahrzehnte und Generationen hinweg die Treue halten.

Trotz attraktiven Nebenbuhlerinnen wie Rimini an der Adria oder Benidorm an der Costa Blanca, die in den Siebziger Jahren verstärkt in Erscheinung treten: Bodenmais bleibt bis heute ein Reisehit. Kommen also auch Sie mit und lösen Sie Ihr Ticket für den Reise-Journal-Weihnachtsexpress nach Bodenmais, Bayerns erfolgreichstem Ferienort!

Alfons jedenfalls freut sich schon auf seine Reise in die Vergangenheit, die diesmal unter ganz neuen Vorzeichen steht.

Reise Journal

JETZT DEN WEIHNACHTSEXPRESS NACH BODENMAIS BUCHEN!

Reisetermin
Hin- und Rückfahrt im Reise-Journal-Sonderzug ab Olpe, Plettenberg, Werdohl, Hagen, Dortmund, Gelsenkirchen, Bochum, Essen, Mühlheim, Duisburg und Düsseldorf und dann nonstop nach Bodenmais. Halt bei mind. 20 Gästen. Anreise am 10. Dezember, Rückreise am 14. Dezember.

Inklusivleistungen
Livemusik im Weihnachtsexpress, Transfer zu den Unterkünften, Begrüßung und Umtrunk mit Europas jüngstem Bürgermeister, 4 Übernachtungen in der gebuchten Kategorie inklusive 4 x erweitertes Frühstück im Hotel, jeden Abend Retro-Christmas-Party auf dem Weihnachtsmarkt mit Live-Musik (u.a. Margot Hellwig, Duo Treibsand, Walter Scholz), Besuch des Bodenmaiser Bauerntheaters, Gutscheine über drei Glühweine, zünftiges Schweinehaxenessen, Besichtigung der JOSKA-Waldglashütte, eine mundgeblasene und handbemalte Christbaumkugel, Teilnahme an einer geführten Themenwanderung, Bodenmais-Film als DVD, kostenlose Stornierung bis 30. September.

Reisepreise
Jetzt buchen und 50 Euro pro Person sparen. Bis zum 30. September bieten wir reduzierte Frühbucherpreise an: 4 Nächte im DZ (Bayerische Pensionen) für 299 Euro, in der Kategorie 3-Sterne-Komfort Hotel für 349 Euro, im 4-Sterne-Wellness-Hotels für 399 Euro. Günstige Dreibett-Zimmer verfügbar, Einzelzimmer verfügbar, Kind (2 bis 12 J.) im DZ zum halben Preis. Kurtaxe (1,90 Euro) vor Ort zu zahlen. Bei Übernachtung in Pensionen und 3-Sterne-Hotels ohne Hallenbad zzgl. 12 Euro WellFitAktiv Zuschlag, dafür freie Nutzung des neuen Hallenbads inkl. Sauna in Bodenmais.

Buchungs-Hotline
✆ 0800/26 33 66 27. Veranstalter der exklusiven Reise-Journal-Leserreise ist Bodenmais Tourismus GmbH.

WAZ am 12. August 2009

15 Emotionen – Urlaub mit allen Sinnen

Wovon lebt der Fremdenverkehr? Logisch, vom Gast. Und der Gast ist der Kunde, und der Kunde trifft Kaufentscheidungen. Im Supermarkt am Gemüseregal, im Autohaus bei der Auswahl eines neuen Wagens, bei McDonalds bei der Auswahl des Lieblingsburgers.

Dann ist es ja ganz einfach, den Gast für einen Ferienort zu gewinnen, oder? Ein vernünftiges Übernachtungsangebot, gegebenenfalls als Paket mit Zusatzleistungen, dazu ein marktfähiger Preis, Anzeigen schalten, und dann geht's los.

Geht's dann los? Wie trifft der Kunde seine Kaufentscheidung? Im Kopf?

Keineswegs ist die Auswahl des Reiseziels und des Hotels eine Kopfsache.

Jeder Verkaufstrainer weiß, dass Kaufentscheidungen zu über 80 Prozent auf der Gefühlsebene und nur zu einem geringen Teil auf der Sachebene getroffen werden – beim an sich schon emotionalen Produkt „Urlaub" erst recht.

Und wie erreicht man die Gefühlsebene des Kunden? Indem man seine Sinne anspricht. Wie wir „Hunger" auf eine Bratwurst bekommen, nur weil der Nachbar den Grill angeschmissen hat, entscheiden auch bei der Auswahl der Reise unsere Instinkte. Diese gilt es also anzusprechen und von der Entwicklung eines Produktes, über die Marketing- und PR-Strategie, bis zur Leistungserbringung den Kunden emotional anzusprechen.

Nicht umsonst hat Reise-TV einen so enormen Erfolg – gelingt es hier doch mit Ton und Film, Bilder im Kopf des potentiellen Käufers zu projizieren und ihn zum Telefonhörer greifen zu lassen, um sich das vermeintliche Reiseschnäppchen nicht entgehen zu lassen. Nicht

Auf den Wanderwegen durch den Urwald kann man beeindruckende Natur, wie hier einen riesigen Felsen, erleben. Emotionen werden geweckt!

umsonst schweifen unsere Augen im Supermarkt zuerst zu den Preisschildern, die in Signalfarben gehalten sind. Allesamt Methoden, um Kunden zu gewinnen.

Und wenn uns das im Fremdenverkehr nicht auch gelingt, mit welchem Produkt soll es dann funktionieren? Schließlich bleiben auch *nach* einem Urlaub nichts als Erinnerungen und daraus resultierende Emotionen übrig. Unterstellen wir, Sie wollen statt Ferien in Ihrer Region ergonomisch geformte Bürostühle verkaufen. Wie argumentieren Sie gegenüber dem Kunden? Damit, dass der Stuhl nach neuesten wissenschaftlichen Erkenntnissen entwickelt wurde und jetzt im Angebot nur 399,– Euro kostet?

Nein, der gute Verkäufer legt dem Kunden nahe, dass er mit diesem Kauf seinem Rücken etwas Gutes tut, dass er sich wohler fühlt und das Arbeiten mehr Spaß macht. Und so funktioniert das bei unserem emotionalen Produkt Urlaub erst recht. So gewinnt Bodenmais neue, zusätzliche Gäste mit einem „Partywochenende in den Bergen von Bodenmais" deshalb, weil die Zielgruppe, die mit diesem Produkt angesprochen wird, ein Bild im Kopf hat und sich emotional berührt fühlt.

Hinter dem Produkt stecken letztendlich klassische Leistungskombinationen aus Übernachtung, je nach Kategorie, mit Gastronomie- und Veranstaltungsangeboten, die es im Ort sowieso oft schon gibt. Aber die emotionale Zielgruppenansprache – quasi die Verpackung des Produktes – sorgt für den Erfolg. Das Ansprechen der Sinne geht aber weit über die Produktentwicklung hinaus und findet sich auch in der langfristigen Markenstrategie wieder.

So ist der „Urwald mit allen Sinnen" heute ein bekannter und ansprechender Claim der Marke Bodenmais und sorgt für den Aufbau eines Images, welches dem Gast suggeriert, dass Bodenmais mit dem Thema „Urwald" einfach anders und spannend ist. Neugierig zu machen, Gelüste zu wecken, die Gefühlsebene des Kunden ansprechen – das sind wichtige Aufgaben im Fremdenverkehr – auch in Ihrer Region.

16 Zielgruppen – definieren, erreichen und gewinnen

Es ist doch ganz klar, was die Zielgruppen in Ihrem Ort oder in Ihrer Region sind, oder? Eben jene Gäste, die die Landschaft, die Kultur und die Menschen bei Ihnen mögen und deshalb zu Ihnen kommen. Insofern erübrigen sich ja eine Zielgruppendefinition und ein Konzept, diese Zielgruppen zu erreichen und zu gewinnen. Reicht das aus?

Die Strukturen im deutschen Fremdenverkehr der Vergangenheit und der Gegenwart lassen den Akteuren oft gar keinen Spielraum, als genau so zu denken und sich entsprechend zu verhalten. Aber es ist eben so, dass die Gäste nicht mehr, oder zumindest nicht im nötigen Maße, von *allein* kommen. Insofern lohnt sich eine Auseinandersetzung mit der Frage der Zielgruppen sehr wohl.

Nein, es ist noch dramatischer: Wollen Sie einen effizienten Marketing- und Vertriebsmix für Ihre Region fahren, dann ist die Bestimmung der Zielgruppen, Produktentwicklung für diese Zielgruppen und die klare Zielgruppenansprache die zentrale Aufgabe. Das heißt, Ihre heutige Situation ist der Ist-Zustand und die Bestimmung nach den künftigen Zielgruppen stellt den Soll-Zustand dar.

Das ist eine der zentralen Aufgaben von kommunalen Touristikern. Man kommt nicht umhin, die derzeitige Situation zu analysieren und zu bestimmen, welche Kundengruppen denn *künftig* den Weg zu Ihnen finden sollen.

Apropos Weg: Die Beschreibung des Weges, wie die künftigen Kunden akquiriert werden sollen, ist natürlich ein entscheidender Aspekt und im Marketing der zweite Schritt, um eine Steigerung der Übernachtungszahlen zu erzielen.

Hier im größten Ferienort des Bayerischen Waldes sind alle erdenklichen Zielgruppen sehr gut aufgehoben, da für alle Kundensegmente ein attraktives Umfeld vorhanden ist. Und dennoch war und ist die klare Definition von Zielgruppen heute eine wichtige Aufgabe der Bodenmais Tourismus & Marketing GmbH.

Warum? Weil *echte* Vermarktung ohne *echte* Zielgruppenbestimmung und die Entwicklung darauf abgestimmter Produkte nicht funktionieren kann. Wird man der Aufgabe der Zielgruppendefinition aber professionell gerecht, eröffnen sich neue Chancen zur Gästeakquise.

So zeigt eine erfolgreiche Kooperation zwischen Bodenmais und dem größten deutschen Sportreiseveranstalter SportScheck, der im

Kinder von 4 bis 14 Jahren werden im „bärenstarken Natur-Erlebnisclub" des Dorfclub-Programms bestens betreut.

Ort sogar in Kooperation mit einem lokalen Leistungsträger eine Langlaufschule eröffnete, wie neue Kunden im Bereich Wintersport gewonnen und durch maßgeschneiderte Kurse und Angebotsformen gebunden werden können. SportScheck und Bodenmais gehen hier von der Vermarktung bis zur professionellen Umsetzung gemeinsam und zielorientiert vor, um den hohen Ansprüchen der SportScheck-Wintersportler gerecht zu werden."

Durch die Präsenz von Bodenmais, sowohl in den marktbedeutenden SportScheck-Häusern, als auch im SportScheck-Katalog, hat

Bodenmais eine völlig neue Akzeptanz als Wintersportort in dieser Zielgruppe erreicht. Diese kauft bei SportScheck ein und erfährt nun mit dem Erlebnis SportScheck auch das Erlebnis Bodenmais. Viele SportScheck-Kunden wussten vor der Kooperation mit Bodenmais gar nicht, wie schneesicher und kompetent in Sachen Skisport die Region um Bodenmais ist.

Ein weiteres Beispiel für die funktionierende Kette der Marketing- und Vertriebsmethodik, die in jedem Fall mit einer klaren Zielgruppenbestimmung beginnt, ist WellSportAktiv (bis November 2009: WellFitAktiv), ein Konzept, welches sich – wie der Name schon sagt – an Kunden richtet, die sich aktiv in ihren Ferien betätigen wollen und hier ein Angebot aus einer Hand suchen, dass sich von anderen Orten und Marktangeboten unterscheidet.

Im Rahmen des WellSportAktiv-Produktes, in Zusammenarbeit mit ca. 200 Bodenmaiser Hotels, Ferienwohnungen und Pensionen, können die Gäste das Hallenbad, die Saunalandschaft, das Freibad, das Fitnessstudio und ein Aktivprogramm kostenfrei nutzen. Ein Konzept, das erst durch den Einsatz der elektronischen Gästekarte möglich wurde und insbesondere den vielen austauschbaren Angeboten an Ferienwohnungen mit diesem Programm ein Unterscheidungsmerkmal bietet, welches sich hervorragend vermarkten lässt.

Die Bestimmung einer Zielgruppe ermöglicht die passgenaue Entwicklung maßgeschneiderter Produkte, die sich vom Wettbewerb unterscheiden, werblich besser dargestellt werden können und in diesem Fall sogar eine qualitative Verbesserung des Angebotsumfanges von Pensionen und Ferienwohnungen darstellen.

Zudem ist die Erzielung eines höheren Preises möglich, da der Kunde im Paket auch Leistungen mit zahlt, die für ihn gefühlt einen hohen Wert darstellen, er deshalb bucht, die Leistungen vollumfänglich oft dann aber gar nicht nutzt. Bucht nicht jeder von uns gerne ein Hotel mit Hallenbad? Und nutzen wir es oft wirklich?

Direkt an die Zielgruppe *Familien* richtet sich das Bodenmaiser Produkt „Familienspaß im bayerischen Urwald“, welches das Erlebnis des Familienurlaubs in einem der letzten Urwälder Europas propagiert. Neben den Übernachtungen in Ferienwohnungen oder Appartements, je nach gebuchter Kategorie, ist das eigens für Familien entwickelte Urwaldprogramm das Highlight dieses Produktes für Eltern und Kinder, die in den Ferien etwas erleben wollen.

Ob es die Urwaldwanderung oder die Teilnahme am bärenstarken Naturerlebnisclub für Kids zwischen vier und 14 ist – alles ist inklusive und auf die Familien zugeschnitten, die – auch im Preis inbegriffen – ebenso freien Eintritt ins Frei- und Hallenbad haben.

Ein Vermarktungsclou für die Zielgruppe: Alle, also Erwachsene ebenso wie bis zu vier Kinder, zahlen den gleichen Kinderfestpreis für eine Woche Urwaldspaß.

Nicht zu unterschätzen bei der Produktentwicklung ist neben der Wirtschaftlichkeit und des Verkaufserfolges dieses Produktes, der Promotiongedanke, der verfolgt wird, wenn ein Kunde auf diesem Weg das erste Mal nach Bodenmais kommt. Wie beim Kosten eines neuen Produktes im Supermarkt, welches einem schmeckt, so dass man es kauft und anderen vom Geschmackserlebnis erzählt, ist der zufriedene Neukunde im Tourismus ebenso ein Multiplikator für eine Ferienregion.

Schlagzeilen aus der Praxis zu diesem Thema

Bodenmais ist total auf Familien eingestellt

Jede in Bodenmais urlaubende Familie erhält einen Kinder-Swimmingpool geschenkt

Der Trend 2009 ist klar: Urlaub in Deutschland ist angesagt wie lange nicht mehr. Familien, die trotzdem nicht auf den großen Wasserspaß verzichten möchten, bietet der größte Ferienort im Bayerischen Wald jetzt eine witzige Alternative: Jede Familie, die ihren Sommerurlaub in Bodenmais verbringt, kann sich zwischen 1. Juni und 30. September ihren eigenen Pool im Rathaus abholen – kostenlos! In dieser Zeit stehen dort 10 000 Kinder-Swimmingpools bereit. Ganz Bodenmais ist voll auf Familienurlaub eingestellt.

Bodenmais im niederbayerischen Landkreis Regen ist bei rd. 3 300 Einwohnern mit 7 000 Betten größter Ferienort im Bayerischen Wald. Foto: BT&M

Aber nicht nur wegen der Swimmingpools ist Bodenmais eine echte Alternative zur Flugreise im Jahr der Wirtschaftskrise. Der Ort lockt noch mit einer anderen Attraktion: Urwald! Großes Staunen auf kleinen Gesichtern – für Kinder ist die Natur des Bayerischen Walds oft eine neue Welt, die sie jeden Tag zu neuem Entdeckergeist anspornt. Tiere wie Insekten und Vögel beobachten z.B. und Naturerfahrungen im Waldspielgelände des Nationalparks sammeln. Die Eltern können sich entspannt zurücklehnen, sich verwöhnen lassen oder einfach mitmachen und selbst wieder zu staunenden Kindern werden.

Passend zum Thema gibt es auch ein unglaublich attraktives Angebot der Bodenmais Tourismus & Marketing GmbH: Eine Woche für zwei Erwachsene und bis zu zwei Kindern mit „Urwald-Programm“ gibt es zum Familien-Komplettpreis von 299 Euro! Bereits enthalten ist eine Wildkräuter-Expedition, bei der die Urlauber Heilkräuter in der Wildnis sammeln und Tipps zur Verwendung von Profis erhalten. Die Teilnahme an „Bodenmaisern-Urwaldwanderungen“ ist ebenso im Preis enthalten wie eine Wanderung mit einem Förster der Staatsforsten. Bei den Wanderungen geht es in den Urwald direkt vor der Haustür. Ein besonderes Highlight ist der „Tag der Wildnis“: Hier geht es mit der Waldbahn zum Haus zur Wildnis mit einer anschließenden Führung durch das Tier-Freigelände. Im Haus der Wildnis gibt es einen 3D-Natur-Kino-Film zu sehen und das Essen wird hier eingenommen. Danach geht es wieder mit der Waldbahn zurück.

Für Kinder ist die Teilnahme am Natur-Erlebnis-Club kostenlos. Kinder und Eltern finden Erholung bei freiem Eintritt in Hallen- und Freibad, Saunawelt oder Fitness-Studio. Erlebniswanderungen unterm Silberberg, ein riesiges Sportangebot und weitere Programmhighlights runden den Familienurlaub in Bodenmais ab.

BM Michael Adam

Buchungen oder Katalogbestellunge in allen Reisebüros, bei der Bodenmais Tourist Info, T.: 09924 778135 oder www.bodenmais.de

DEMO im Mai 2009

Ein ganzer Ort wird zum Club

In Bodenmais: Viele zusätzliche Angebote zum Festpreis

Bodenmais. Ein Dorf goes all-inclusive: Was sonst nur in einzelnen Clubs geboten wird, gilt in Bodenmais jetzt für den ganzen Ort. Unter der Marke Dorfclub.de präsentiert sich die innovative Tourismusgemeinde im Bayerischen Wald als Ferienclub für die ganze Familie mit vielen attraktiven Inklusivleistungen. Von Tennis und Themenwanderungen bis hin zu Bogenschießen und Beachvolleyball reicht das Aktivprogramm, aber auch die Vollpension im Club-Restaurant ist für die Gäste ausgewählter Hotels, Ferienwohnungen und Pensionen bereits im Preis enthalten.

Mit diesem einzigartigen Konzept wird sich Bodenmais auch um den Bayerischen Innovationspreis bewerben. „Gerade für Familien ist Dorfclub.de ein echter Hit", sagt Andreas Lambeck, Geschäftsführer der Bodenmais Tourismus & Marketing GmbH. „Sie genießen beispielsweise die Großzügigkeit und Ungezwungenheit einer Ferienwohnung und werden trotzdem mit Vollpension, Kinderclub und großem Freizeitprogramm verwöhnt – das ist Clubpurlaub, aber voller Individualität und Freiheit." Das Dorfclub-Konzept basiert auf einer engen Kooperation der verschiedenen Einrichtungen des Ortes miteinander. So entstand ein engmaschiges Netz an Möglichkeiten, aus denen die Gäste ihr persönliches Ferienprogramm – weitgehend ohne zusätzliche Kosten – zusammenstellen können. Zu den verschiedenen Aktivitäten und Möglichkeiten zählen weiter: der „Bärenstarke Natur-Erlebnis-Club" für Kinder, das neue Bodenmaiser Hallenbad samt Saunalandschaft, Erlebnisfreibad, Fitness-Studio Well, Kulturveranstaltungen, Abendprogramme mit Musik und Tanz, Nordic Walking, Langlauf, Dorfclub.de-Disco, Bundesliga auf Großbild-Leinwand und nicht zuletzt ein umfangreiches Wander- und Sportprogramm. Mit dem Programm, alles im Rahmen eines Clubsurlaubes auf Ortsebene, sollen neue Maßstäbe in der Freizeitgestaltung gesetzt werden.

Bürgermeister Michael Adam (3. v. l.), der Geschäftsführer der Bodenmais Tourismus & Marketing GmbH, Andreas Lambeck (l.), seine Stellvertreterin Katharina Hartl (3. v. r.), Timo Krause von der BTM sowie Uwe Weikl (4. v. r.) und Max Baumann (2. v. r.), die Inhaber der Firma Aktivweb, mit dem Designer der Firma Robert Schneil (r.), der für die Gestaltung der Logos und die Erstellung der dorfclub.de-Broschüre zuständig war. Foto: Hartl

Viechtach Aktuell am 3. November 2008

* Seit November 2009 gibt es einen neuen Namen: WellSportAktiv.

PNP am 25. Februar 2008

WellFitAktiv* bringt Urlauber kostenlos ins neue Hallenbad

Tourismus-GmbH-Geschäftsführer Andreas Lambeck präsentiert Idee im Marktrat und drängt auf möglichst schnelle Entscheidung

Bodenmais. Komplett besetzt waren die Zuhörerplätze bei der letzten Bodenmaiser Gemeinderatssitzung vor der Kommunalwahl. Allerdings nur kurz. Denn Marktrat Fritz Hutterer (SPD) stellte gleich zu Beginn den Antrag, den Prüfbericht der örtlichen Rechnungsprüfung von der nichtöffentlichen in die öffentliche Sitzung zu verlegen. Über den Antrag musste abgestimmt werden – und zwar nichtöffentlich, wie Bürgermeister Fritz Wühr erklärte. Erst nach 15 Minuten durfte das Publikum wieder in den Saal.

Dort wurden zunächst zwei andere Punkte behandelt, die Wühr schon vor der Sitzung in die öffentliche Tagesordnung verlegt hatte. Zum einen ging es dabei um die Beziehungen zwischen Gemeinde und der Bodenmais Tourismus und Marketing GmbH – sie sind jetzt juristisch sauber geregelt. Der Gemeinderat segnete einen Grundlagenvertrag und sieben Einzelverträge ab, die Kämmerer Johann Saller ausgearbeitet hatte.

Die Marktgemeinde ist zum einen Mehrheitsgesellschafter der GmbH, zum anderen deren Hauptkunde, weil sie die GmbH mit der Förderung des Fremdenverkehrs beauftragt. Die Einzelverträge, die auf ein Jahr befristet sind, betreffen unter anderem den Betrieb der Tourist-Info im Rathaus, den Betrieb des Alten Rathauses, Veranstaltungen, Kinderbetreuung/Wandern und Tourismuswerbung. Kompliziert ist die Sache deshalb, weil die GmbH sowohl mit eigenem Personal als auch mit von der Gemeinde beigestelltem Personal arbeitet. Jeder Einzelvertrag enthält einen Anteil am Personal und dazu die Summe, die der Markt für ein Jahr zur Verfügung stellt. Der Grundlagenvertrag wurde mit 14 : 1 Stimmen gebilligt, gegen die sieben Einzelverträge stimmten Karl Strohmeier (CSU) und Willi Koller (Freie Wähler).

Was sich hinter seiner Idee „WellFitAktiv" verbirgt, das erklärte GmbH-Geschäftsführer Andreas Lambeck den Gemeinderäten und Zuhörern. Er plant schon für die Zeit ab Herbst, wenn das neue Hallenbad zur Verfügung steht, deshalb heißt sein Konzept auch „Sport- und Wasserspaß inklusive!" Lambeck will Vermietern, die kein Bad haben, ein Paket anbieten: Sie zahlen rund einen Euro pro Übernachtung an die GmbH, dafür haben ihre Gäste kostenlos Zutritt zu Frei- und Hallenbad, Sauna und Fitnessstudio.

„Ich möchte bei der Vermarktung der Bäder von den Kosten ausgehen und nicht von unsicheren Schätzungen der Besucherzahlen", betonte Lambeck. Die jährlichen Kosten der Bäder plus Kurpark und Fitnessstudio lägen bei rund 500 000 Euro. Und Bodenmais verzeichnet jährlich 450 000 Übernachtungen bei Vermietern ohne eigenes Bad. Wenn alle diese Vermieter bei „WellFitAktiv" mitmachen, wären laut Lambeck diese Kosten gedeckt. „Natürlich ist das zunächst unrealistisch", gab er zu, „aber ganz sicher steigt die Besucherzahl in den Bädern."

Die Sache dränge etwas, machte Lambeck deutlich, denn er möchte „WellFitAktiv", so es denn vom Gemeinderat gebilligt werde, schon im nächsten Katalog bewerben. Und der soll Anfang September erscheinen. Hier traten allerdings einige Räte etwas auf die Bremse. Man könne eine solche Entscheidung nicht sofort treffen, hieß es. Vor allem Willi Koller mahnte, nicht zu viele Neuerungen gleichzeitig einführen zu wollen.

Zuspruch bekam Lambeck vom Hotelier und Marktrat Oskar Weinfurtner. „Die Rechnung ist richtig, genau wie bei einem Hotelhallenbad – das im Übernachtungspreis inbegriffene Bad wird besser genutzt und Gäste, die es nicht nutzen, finanzieren es trotzdem mit."

Was aus Hutterers Antrag geworden ist? Das erfuhren die Zuhörer erst ganz zuletzt, auf Drängen des Antragstellers: Er wurde mehrheitlich abgelehnt. Aber laut Bürgermeister Fritz Wühr kommen Teile des Prüfberichtes in den kommenden öffentlichen Sitzungen noch zur Sprache. – jf

17 Regionen auf Profilsuche – wo das Gute doch so nah liegt

Von USPs ist in diesem Buch häufiger die Rede. USPs, „unique selling proposition“ sind Alleinstellungsmerkmale, beziehungsweise Leistungsmerkmale, die im Marketing und in der Verkaufspsychologie ganz entscheidend für Erfolg oder Misserfolg sind. USPs, die im englischen oft auch als „unique selling point“ bezeichnet werden, werden benötigt, um sich deutlich vom Wettbewerb abzuheben.

Eine Quintessenz dieses Buches ist ganz klar, dass es um *Wettbewerb* und vor allem um *Verkauf* geht. Hinken Sie also gefühlt oder tatsächlich in der Vermarktung Ihrer Ferienregion der Konkurrenz hinterher, so kann es daran liegen, dass Sie die USPs Ihres Ortes entweder nicht ausreichend kennen, oder nicht als verkäuferische Unterscheidungsmerkmale heraus gestellt haben. Ist dem so, dann wird es höchste Eisenbahn, hier aktiv zu werden.

Mit dem Urwald als verkäuferisches Unterscheidungsmerkmal, welches Bodenmais imageprägend in die gesamte PR- und Marketingstrategie integriert hat, hat der Ort sein Haupt-USP gefunden. Oder können Sie mit einem Urwald aufwarten? Ja? Tja, dann haben Sie es nicht rechtzeitig als USP definiert und heraus gestellt.

Überhaupt – kopieren Sie um Gottes Willen nicht die Verkaufsargumente anderer Ferienregionen, sondern finden Sie Ihre eigenen. Das ist nicht schwer, wenn Sie aus der Perspektive eines Verkäufers Ihre Region betrachten und sich zugleich auch in die Rolle des Kunden versetzen können.

Jede deutsche Ferienregion hat Merkmale, die prägend sind. Die Kunst ist, diese so heraus zu stellen und zu schärfen, dass Sie zur Steigerung der Bekanntheit und Akzeptanz als Urlaubsort beitragen. Denken Sie ruhig einmal um die Ecke und bemühen Sie sich, scheinbar unwichtige Aspekte einmal so zu betrachten, dass sie doch etwas ganz

Grenzlose Waldwildnis erleben unsere Gäste im Urwald bei Bodenmais und im ersten deutschen Nationalpark Bayerischer Wald, der in diesem Jahr sein 40-jähriges Bestehen feiert.

besonderes sind, da andere Orte, mit denen sie im Wettbewerb stehen, diese nicht zu bieten haben.

Nehmen wir die bayerische 1.600-Einwohner-Gemeinde Bayerisch Eisenstein. Welcher Ferienort im Bayerischen Wald ist so vom kalten Krieg beeinflusst worden wie dieser?

In Bayerisch Eisenstein war bis 1989 Endstation im wahrsten Sinne des Wortes, da die Grenze zur CSSR direkt durch den Bahnhof verlief. Diese spannende Geschichte unterscheidet den Ort etwa von Bodenmais, das dafür andere Aspekte heraus stellt, um Gäste zu akquirieren und sein Image zu prägen.

Es sind oft die ganz einfachen Dinge, die es zu finden gilt, und die dann die Vermarktungsstrategie prägen. Im thüringischen Oberhof können seit September 2009 Touristen und Freizeitsportler fast das ganze Jahr in einer hochmodernen Ski-Halle den Winter genießen, selbst wenn es draußen 30 Grad im Schatten sind. Das ist für diesen Ferien- und Sport-Ort ein Unterscheidungsmerkmal, den es zu nutzen gilt, auch um mit diesem Vorteil mögliche Nachteile gegenüber anderen Urlaubsgebieten zu kompensieren.

Suchen und finden Sie also Ihre USPs und nutzen Sie diese fortan, um Ihre Auslastungsziele zu erreichen. Entwickeln Sie Ihre eigenen

Unterscheidungsmerkmale, Ihre eigenen unverwechselbaren Produkte. Formen Sie unter dem Einsatz Ihrer USPs Marketing- und PR-Konzepte, die Ihren Ort im Wettbewerb wiedererkennbar machen, da es Dinge gibt, die es woanders nicht gibt, oder die in anderen Tourismusregionen nicht als Unterscheidungsmerkmal erkannt und heraus gestellt werden.

Warten Sie nicht! Markieren Sie mit Ihrem eigenen Profil Ihr Revier im Marktanteilskuchen, den es aufzuteilen gilt. Je stärker Ihr Profil ist, umso nachhaltiger ist Ihre Marktposition.

Hinterfragt noch jemand, ob das Happy Meal für die Kinder bei Mc-Donalds seinen Preis wert ist, gesund ist oder überhaupt schmeckt? Es ist in, dass die Familie ab und an zur Fast-Food-Kette fährt und den Kleinen ihr Happy Meal kauft. Käme jemand auf die Idee, woanders nach einem Happy Meal zu fragen? Nein, denn die Erfinder haben es geschafft, dass sie mit dieser Produktkreation ein Alleinstellungsmerkmal definiert haben. Das muss im Fremdenverkehr ebenso stattfinden.

18 Das Glück des Ganzjahrestourismus verstehen und nutzen

In Bodenmais behaupten die Hoteliers gerne, dass wir uns hier im Bayerischen Wald viel zu billig verkaufen und sie beispielsweise in Österreich bis zur Hälfte mehr für ihre Zimmer bekommen würden, in vielen anderen Orten gar die doppelten Preise pro Übernachtung zu erzielen seien wie in Bodenmais. Haben diese Unternehmer recht?

Auf den ersten Blick ja. Es gibt tatsächlich Ferienorte mit einem so hohen Stellenwert in der Wahrnehmung der Gäste, der die Höhe der Zimmerpreise zur Nebensache macht und beim Renommee, den der Ortsname und seine Geschichte mit sich bringen, eine untergeordnete Rolle spielen lässt. Als Beispiele seien hier nur St. Moritz, St. Anton, Arlberg oder Velden genannt. Ist das Fazit dann, dass man in Bodenmais einfach nur die Preise anheben muss, um den Ertrag zu erhöhen und in der obersten Liga mitzuspielen?

Nein, denn der zweite Blick eröffnet, dass all die genannten Ferienorte vereint, dass sie entweder vom Wintertourismus oder vom Sommertourismus leben und die Hoteliers hier in wenigen Monaten den Umsatz generieren müssen, den ein Bodenmaiser Übernachtungsbetrieb mit dem Ganzjahresgeschäft einfährt.

Betrachten wir die Differenzen in der Tiefe am Beispiel Velden am Wörthersee, zweifellos einem trendigen In-Ferienort, der von außen betrachtet einfach nur erfolgreich ist. Tiefer betrachtet muss man allerdings konstatieren, dass Velden nicht einmal die Hälfte der Übernachtungszahlen von Bodenmais verzeichnet und die einzige Feriensaison, die Sommersaison, im Mai beginnt und Anfang September schon wieder zu Ende ist und die Mehrzahl der Hotels dann auch schon wieder schließt.

Und viele Hoteliers haben dann noch ein zweites Hotel in den Bergen, um das Personal auch im Winter beschäftigen zu können, da es

Das Aktivzentrum am Bretterschachten ist im Winter Startpunkt für über 100 km gespurte Langlaufloipen und im Sommer Ausgangspunkt für Wandern, Nordic Walking, Trekking, Mountainbiken und von hier aus ist auch der Startplatz für die Gleitschirmflieger erreichbar.

sich in diesen Wintersportorten saisonal genau umgekehrt zu Velden verhält. Wie katastrophal dies für die ansässigen Hotelunternehmer ist, zeigt beispielsweise die Tatsache, dass es bei öffentlichen Förderungen von Hotels am Wörthersee zur Auflage gemacht wird, dass diese ungeachtet der Auslastungschance mitunter das gesamte Jahr auf Biegen und Brechen geöffnet sein müssen, obwohl es im Winter kaum Gäste an den Wörthersee zieht.

Und in Bodenmais? Hier haben die meisten Hotels 50 bis 52 Wochen im Jahr geöffnet und schließen – wenn überhaupt – lediglich Anfang Dezember für maximal zwei Wochen. Dies liegt schlicht daran, dass die Lage des Ortes Bodenmais für die Hoteliers einen Glücksfall darstellt, der einen Ganzjahresbetrieb ermöglicht.

Neben den ganzjährig anreisenden Wellnessgästen, kommen im Sommer die Familien nach Bodenmais, im Frühjahr und Herbst die wachsende Schar an Aktiv- und Wanderurlaubern und schließlich im Winter, mit dem Beginn der Skisaison, die Wintersportler, die am

Langlauf-Aktivzentrum Bodenmais am Bretterschachten und dem Weltcup-Alpinskigebiet Großer Arber ihrer Leidenschaft nachgehen.

Klar, auch in Bodenmais schwanken die Übernachtungszahlen in den einzelnen Monaten teilweise stark. Aber neben dem August, in dem wieder bis zu 130.000 Übernachtungen zu verzeichnen sind, generiert Bodenmais in neun von zwölf Monaten pro Jahr mindestens 60.000 Übernachtungen.

Und was bedeutet das für die Gewerbetreibenden und den Ort? Gastronomen, Händler und Dienstleister öffnen auch das ganze Jahr, partizipieren an ausgeglichenen Prozesskosten und beschäftigen ihre Mitarbeiter über das gesamte Jahr. Letztendlich profitieren vom Ganzjahrestourismus auch die Einheimischen, da sie das gesamte Jahr in einem lebendigen Ferienort leben, der ihnen Lebensqualität und Vielfalt beschert.

Bodenmais und alle anderen Orte, denen aufgrund der Lage die Möglichkeit gegeben ist, sich ganzjährig zu vermarkten, haben einen Vorteil gegenüber den saisonal eingeschränkten Ferienregionen. Diesen Vorteil gilt es zu nutzen und auch als Wettbewerbsvorteil herauszustellen.

Schlagzeile aus der Praxis zu diesem Thema

Schnee-Garantie in *Bodenmais*

Verträumt und verschneit: Hier fühlen sich Schneeliebhaber besonders wohl

Ab Januar bietet der größte Ferienort im Bayerischen Wald Winterspaß mit „Schnee-Garantie" – inklusive Schnupper-Skikurs und traumhaften Winter-Wanderungen.

Und das beste: der Ferienort bietet ab sofort eine „Schnee-Garantie". Das heißt: jeder Gast kann seinen Urlaub in Bodenmais bis drei Tag vor Anreise kostenlos stornieren, wenn im Langlauf-Aktivzentrum Bodenmais oder im alpinen Skigebiet am Großen Arber kein Schnee liegt. Dies gilt für alle Reisen des Bodenmaiser Reiseveranstalters BTM. Aber nicht nur das: Der Winterurlaub war auch noch nie so günstig, selbst für „Einsteiger". Mit einem speziellen Angebot bringt Bodenmais sogar Wintersport-Muffel auf die Bretter. Der Ferienort bietet ab dem 9. Januar 2010 bis Ostern Winterspaß zum Festpreis ab 99 Euro – für bis zu sechs Personen! Das Highlight des Angebots: Ein Schnupper-Skikurs (2,5 Stunden) ist für alle Gäste bei dem Angebot bereits inklusive. Mehr Infos unter Tel.: 01805 144 514 50 oder im Internet unter www.bodenmais.de.

BILD im Herbst 2009

19 Ich glaub, ich steh' im Urwald

Seit nunmehr zwei Jahren ist der Slogan des Ferienortes Nr. 1 im Bayerischen Wald, Bodenmais: „Urwald mit allen Sinnen erleben", was darauf zurück zu führen ist, dass die Beschreibung des Bayerischen Waldes um Bodenmais als Urwald – einen Wald voller Wunder – eine Erfolgsstory war und ist, obwohl viele Skeptiker dies anfangs nicht mittragen wollten und dies sogar von vielen Seiten belächelt worden ist.

Warum also Urwald? Das stimmt ja gar nicht, denn mit Urwald verbindet man ja zunächst einmal den subtropischen Regenwald und nicht den Bayerischen Wald, oder?

Neben dem Fakt, dass dies nicht stimmt, da die Definition des Begriffes „Urwald" nichts anderes besagt, als dass es sich um einen natürlich gewachsenen, ursprünglichen Wald handelt, in dessen Bestand und intakter Ökologie keine massiven menschlichen Eingriffe erfolgen, ist die Idee, Urwald und Bodenmais zu verbinden natürlich auf ein ganz anderes Ziel zurück zu führen, als falsche Definitionen zu korrigieren.

Bodenmais liegt im Bayerischen Wald, okay. Und der Bayerische Wald ist ganz sicher besonders schön, und tatsächlich ist die Region um Bodenmais eine von nur zwei verbliebenen Urwaldgebieten in Europa.

Aber im Wettbewerb um den zahlenden Gast mit anderen Wäldern und Regionen, benötigt es emotional ansprechende Formulierungen und Kommunikationsaussagen, die neugierig machen, innovativ sind, sich gut vermarkten lassen und schlicht im Trend liegen.

Damit zu werben, dass Bodenmais ein Teil der größten Waldlandschaft Europas, dem Bayerischen Wald ist, und dieser über einen Nationalpark, der vom Yahoo Reisemagazin zu den zehn schönsten der

Welt gewählt wurde, und zwei Naturparks verfügt, wäre zwar inhaltlich richtig, aber genügt nicht, um viele Gäste – auch und gerade Familien – anzulocken.

Mit dem Produkt *Urwald* um Bodenmais, spricht man Sinne an, polarisiert, unterscheidet man sich und weckt Lust, die Geschichte hinter dem Urwald zu erkunden. Es war eine richtige Entscheidung, den Urwald als Bodenmais-Marke zu positionieren, da Naturthemen absolut im Trend sind, die Kombination aus Erholung und urtümlicher Natur den Nerv der Zeit trifft und sich eine Vielzahl von Produkt- und Veranstaltungsvarianten um den Urwald entwickeln lassen.

Naturbelassener Urwald im Bayerischen Wald.

Zurück zur Natur – von der Biowelle bis zum Wandertrend ist die Begrifflichkeit „Urwald“ die ideale Klammer für ein klares Profil für Bodenmais.

Dass der Urwald um Bodenmais dann in letzter Zeit auch als Kulisse für Film- und Fernsehproduktionen, wie dem ZDF-Spielfilm „Bis an die Grenze“, dient, spricht für sich. Auch so wird Bodenmais, das 2008 von 3.500 Wanderexperten zu einer der beliebtesten deutschen Wanderregionen erkoren wurde, noch bekannter.

Solche Medien- und Filmkooperationen sind ideal für den Imagetransfer einer Ferienregion. Das Bodenmaiser Urwald-Konzept spiegelt die Einzigartigkeit der Region leicht und klar verständlich wider und dient zudem der Vermarktungsstrategie der Bodenmais Tourismus & Marketing GmbH.

Das war und ist das Ziel.

Jede deutsche Ferienregion bietet attraktive Natur- und Kulturangebote, eine ansprechende Hotellerie und touristische Infrastruktur. Nur reicht dies allein nicht mehr aus, um die Schlacht um den Kunden für sich zu entscheiden.

Klare Abgrenzungen – wie in diesem Fall mit dem Urwald – dienen der Schärfung des eigenen Profils und erleichtern dem Gast die Entscheidung bei der Wahl seines Urlaubsortes.

Haben Sie eine Ritterburg im Ort? Warum gibt es dann bei Ihnen nicht ganzjährig Abenteuerurlaub und Familienspaß in der Ritterburg? Urlaub wie ein Ritter erleben!

Schlagzeile aus der Praxis zu diesem Thema

Das Thema Urwald steht im Mittelpunkt aller Werbemaßnahmen – hier vom Gästekatalog bis zu Merchandising-Produkten im Adventure-Look.

Schlagzeile aus der Praxis zu diesem Thema

Familien-Spaß total in Bayern

Zum Kinderfestpreis für alle in den „Urwald" reisen

■ Bodenmais stellt 2010 alles auf den Kopf: Von März bis Ende Oktober gibt's den achttägigen Bodenmais-Urlaub zum einheitlichen Kinderfestpreis von 99 Euro – auch für Erwachsene. Das heißt, eine Woche Urlaubs-Spaß inklusive des kompletten Bodenmaiser Urwaldprogramms und umfangreiche Inklusivleistungen für Groß und Klein.

Es gibt auch keine unterschiedlichen Saisonzeiten – der „99-Euro-Preis" gilt für den gesamten Zeitraum, inklusive aller Ferientermine. Doch nicht nur der Preis ist eine Sensation: Der Ort lockt noch mit einer ganz anderen Attraktion: dem Urwald. Großes Staunen auf kleinen Gesichtern – für Kinder ist die Natur des Bayerischen Waldes oft eine neue Welt, die sie jeden Tag zu neuem Entdeckergeist anspornt. Tiere wie Insekten und Vögel beobachten, Naturerfahrungen im Waldspielgelände des Nationalparks sammeln – die Geheimnisse der Natur machen neugierig. Die Eltern können sich entspannt zurücklehnen, sich verwöhnen lassen oder einfach mitmachen und selbst wieder zu staunenden Kindern werden. Der „Bärenstarke Natur-Erlebnis-Club" erwartet die Jüngsten.

Im Einheitspreis enthalten ist eine Wild-Kräuter-Expedition, bei der die Urlauber Heilkräuter in der Wildnis sammeln und Tipps von Profis zur Verwendung erhalten. Die Teilnahme an den „Bodenmaisern-Waldwanderungen" ist ebenso inklusive wie eine Wanderung mit einem Förster der Bayerischen Staatsforsten. Bei den Urwaldwanderungen geht es in den Urwald direkt vor der Haustür zu den Rißlochwasserfällen. Für Kinder ist die Teilnahme am „Bärenstarken Natur-Erlebnis-Club" kostenlos.

Freier Eintritt in Hallenbad und Sauna

Die Kinder wie auch die Eltern finden Erholung und Entspannung bei freiem Eintritt ins nagelneue Silberberg-Hallen- und Freibad, in die Saunawelt oder ins Fitness-Studio. Erlebniswanderungen unterm Silberberg, ein riesiges Sportangebot und viele weitere Programm-Highlights sowie die Bayerwald-Card mit 500 Vergünstigungen runden den Familienurlaub in Bodenmais ab. Neben der Unterkunft in einer gemütlichen Ferienwohnung (Komfort-Ferienwohnung gegen Aufpreis von 33 Euro) mit Dusche oder Bad und WC, SAT-TV, Küche oder Kitchenette gibt es bei diesem Angebot noch ein ganz besondere Schmankerl: Jeder Gast bekommt jeden Morgen zwei Semmeln beim Dorfbäcker gratis und sogar ein täglicher Mittagssnack (zum Beispiel Leberkässemmel) ist für alle Gäste aus der örtlichen Schlemmermetzgerei inklusive. Als Andenken erhält jeder Gast einen original Bodenmaiser Bierkrug mit Namensgravur bei Besuch der JOSKA-Waldglashütte. Unberührte Natur, ohne menschliche Eingriffe, erwartet die Urlauber. Spannende Geschichten rund um eines der letzten Abenteuergebiete des Landes werden für unvergessliche Tage im Urwald sorgen. Der Clou zum Schluss: Alle, die ihren Urlaub jetzt buchen, können bis 60 Tage vor Anreise kostenlos stornieren. **PM**

Weitere Informationen, Buchungen oder Katalogbestellungen bei der Bodenmais Tourist Info Tel. 01805 / 14 45 14 51, im Internet unter www.bodenmais.de sowie in allen Reisebüros Postanschrift: Bodenmais Tourismus und Marketing GmbH, Bahnhofstraße 56 94249 Bodenmais

Interessante und lehrreiche Entdeckungstouren durch den Bayerischen Wald sind eine spannende Erfahrung für Groß und Klein. Foto: PM

Badespaß mit traumhaftem Ausblick bietet das neue Silberberg-Hallenbad. Foto: PM

Leipziger Rundschau am 24. Februar 2010

20 Bodenmais – der Aktiv- und Gesundheitsort

Bodenmais hat ambitionierte Ziele. Als größter Ferienort im Bayerischen Wald will Bodenmais in Zukunft ein derart klares Profil in der Außendarstellung entwickeln, dass deutlich erkennbare Unterscheidungsmerkmale dem Ort eine echte Alleinstellung im Wettbewerb auf dem Tourismusmarkt ermöglichen. Zur Zielerreichung wird Bodenmais künftig am wachsenden Aktiv- und Gesundheitsmarkt teilhaben und hierdurch nachhaltig neue, zusätzliche Zielgruppen gewinnen.

Die Angebote im Ort zur Entwicklung des Aktiv- und Gesundheitskonzepts aus einem Guss sind in Bodenmais in einer enormen Bandbreite bereits vorhanden und werden inhaltlich um das Bodenmaiser Kurhaus, welches mittelfristig zum „WellSportAktiv-Center" umgebaut wird, ergänzt. Dieses Haus soll das Herzstück für ein dezentrales Gesamtkonzept bilden.

Es ist geplant, das Bodenmaiser Kurhaus zum „WellSportAkiv-Center" umzubauen.

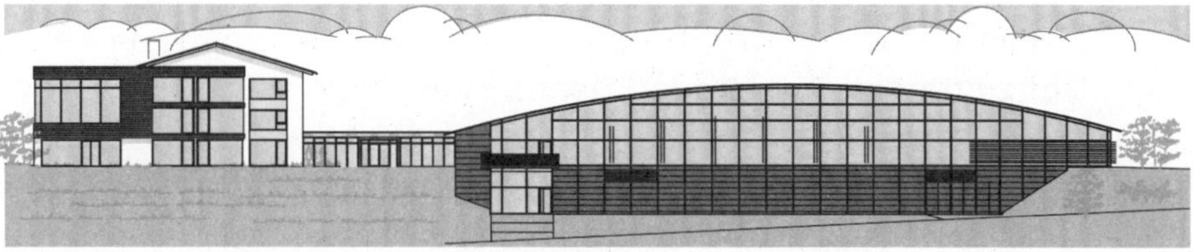

Die ersten Entwürfe stehen – so soll in Zukunft einmal das „WellSportAktiv-Center" in Kombination mit dem Silberberg-Hallenbad aussehen.

Die Herausforderung ist, das breite, professionelle Angebot so zu *vermarkten*, dass es zur aktiven Neukundenakquise dienen kann und die angesprochenen Zielgruppen nicht erst vor Ort, eher „zufällig" davon erfahren, was Bodenmais zu bieten hat. Dies ist aktuell zum größten Teil in Bodenmais der Fall und – noch schlimmer – man muss befürchten, dass potenzielle Gäste heute nicht erreicht werden, da ihnen die Kompetenz des Ortes in diesem speziellen Feld in der Außendarstellung nicht vermittelt werden kann.

Im Ergebnis wachsen zwar die Übernachtungszahlen quantitativ in Bodenmais, aber ein Teil der Zielgruppen nimmt die anspruchsvollen Leistungen im Aktiv- und Gesundheitsbereich gar nicht wahr, zum einen, weil sie andere Interessen haben und zum anderen, weil ihnen diese hochwertigen Angebote zu wenig bekannt sind.

Ergo wird Bodenmais künftig den Aktiv- und Gesundheitsort als Produktmarke in alle möglichen Vertriebskanäle bringen, so wie es bei der Akquise von Familien mit dem „Dorfclub" bereits gelingt. Bestehende touristische Angebote und Programme, wie der heilklimatische Kurort, das Aktivzentrum Bodenmais am Bretterschachten, die Silberberg-Erlebniswelt, der Heilstollen und die BKK-Aktivwochen, sowie zahlreiche Wellness- und Massageeinrichtungen werden um neue, thematisch passende Produkte ergänzt und zu einem *Gesamtprogramm aus einem Guss: „Bodenmais- der Aktiv- und Gesundheitsort"*, welches auch als solches vermarktet wird, zusammengeführt.

Die klassische Zielgruppe, die Bodenmais als Aktiv- und Gesundheitsort wahrnimmt, besteht aus Personen aller Altersgruppen, die etwas, auch vorbeugend, zur Erhaltung ihrer Gesundheit tun wollen. Es sind Urlauber, die sich einfach etwas Gutes für ihren Geist, ihren Körper oder ihre Seele gönnen möchten.

Die Kombination aus Urlaub und der Umstellung des eigenen Lebensstils unter professioneller Anleitung, stellt ein ideales Angebot zur Erschließung dieser Zielgruppe dar, da es auch einen Motivations- und nicht zu unterschätzenden Erlebnisfaktor enthält.

Dass ein derartiges Konzept auch auf bestehende Zielgruppen aufbauen kann, zeigt sich exemplarisch am Beispiel des Golfsports. Bodenmais baut derzeit die Golfregion Bayerischer Wald mit den in geringer Entfernung liegenden Golfplätzen auf. Hier bietet sich das Aktivzentrum Bodenmais am Bretterschachten an, um gezielt Erkrankungen im Zusammenhang mit der aufstrebenden Sportart, wie Golferhandgelenk, Ellenbogen- oder Rückenbeschwerden zu behandeln und in speziellen Seminaren den Umgang mit den Begleiterscheinungen des Golfsports, insbesondere für älteres Publikum, zu schulen.

In kleinen Gruppen können entsprechende Bewegungsabläufe und Entspannungsübungen erlernt – und der muskuläre Aufbau geschult werden. Im Rahmen der vorhandenen, extra eingerichteten Bodenmaiser Golfhomepage www.golf-by-bodenmais.de und gezielten Marketing- und PR-Aktionen, in Zusammenarbeit mit den teilnehmenden Hoteliers, soll so die Golfregion Bayerwald auch mit dem Zukunftsmarkt Gesundheitstourismus verknüpft und dadurch aufgewertet werden.

Es geht also um die Erschließung von neuen Zielgruppen, beziehungsweise um das Wecken des Bedürfnisses nach dem Gefühl, sich und seiner Gesundheit aktiv etwas Gutes zu tun.

Wussten Sie, dass 36 Prozent aller Urlauber in ihren Ferien etwas Gutes für ihre Gesundheit tun wollen?

Die Entwicklung am Gesundheitsmarkt zeigt, dass es sich bei diesem um einen der weltweit am stärksten wachsenden Wirtschaftszweige handelt. Um den Gesundheits- und Vorbeugegedanken in breiten Bevölkerungsschichten mit dem Begriff Urlaub zu verknüpfen, bietet sich der Bayerische Wald und damit vor allem auch der heilklimatische Kurort Bodenmais geradezu an.

Das sich verändernde Urlaubsverhalten der Menschen, die neben Massen- und Spaßtourismus zunehmend auch echte Erholung und „das Energietanken“ suchen, tut sein Übriges, um hierauf aufbauend die Strukturen und Angebote in diesem Wachstumsmarkt zu schaffen und hieran zu partizipieren. Die besten Einzelleistungen nützen aber nichts, wenn Sie nicht so verpackt und insgesamt schmackhaft gemacht werden, dass in Größenordnungen gezielt Gäste gewonnen werden können, die Bodenmais insgesamt als Aktiv- und Gesundheitsort wahrnehmen lassen.

Schlagzeilen aus der Praxis zu diesem Thema

Kurhaus: Ausbau statt Abriss?

BTM-Aufsichtsrat berät über Sanierungs-Konzept – GmbH braucht weniger Geld als geplant

Bodenmais. Über die Zukunft des sanierungsbedürftigen Kurhauses haben am Dienstagabend die Mitglieder des Aufsichtsrates der Bodenmais Tourismus- und Marketing-GmbH (BTM) in ihrer ersten öffentlichen Sitzung diskutiert. Geschäftsführer Andreas Lambeck sowie Aufsichtsratvorsitzender und Bürgermeister Michael Adam stellten das Konzept vor, nach dem das Kurhaus zu einem Gesundheits- und Präventiv-Zentrum ausgebaut werden soll.

„Der Gesundheitsmarkt ist ein Zukunftsmarkt", betonte Lambeck. Verschiedene Kurse zur Gesundheitsvorsorge und -erhaltung, die von den Krankenkassen subventioniert werden, könnten dort angeboten werden. Diese Gesundheitskurse finden derzeit in den Hotels statt. Mehr als 2000 Gäste wurden damit heuer betreut, im nächsten Jahr werden es doppelt so viele sein; „zu viele" für das, was der Markt derzeit anbietet, so der Rathauschef.

Die Pensionen und Ferienwohnungen wären in dieses Konzept eingebunden, weil die Gäste vor allem dort wohnen würden. Und zudem würden die Gäste wieder länger im Ort bleiben, weil die Programme meist eine Woche dauern. „Die Kurse können wir auch auf dem freien Markt anbieten", stellte Lambeck die Idee weiter vor, damit sei das Gesundheits- und Präventionszentrum auch wirtschaftlich tragbar. Außerdem können auch das Hallen- und Freibad sowie die Saunalandschaft darin einbezogen werden.

Ausbau kostet etwa 1,5 Millionen Euro

Zwischen 1,5 und 1,6 Millionen Euro würde der Ausbau kosten, hat ein Architekturbüro ermittelt. Dafür würde das Gebäude saniert und das Haus komplett mit der nötigen Einrichtung ausgestattet werden. Bis zu 70 Prozent Förderung könnte der Markt von der Regierung von Niederbayern erhalten, mit denen Adam und Lambeck das Konzept besprochen haben. Den Rest müsse die Gemeinde über Kredite finanzieren, erklärte Adam und stellte heraus, dass mit dem Kurhaus etwas passieren muss: „60 000 bis 70 000 Euro sind die laufenden Kosten jedes Jahr." Ein Abriss sei die Alternative zum Konzept. Der Aufsichtsrat beschloss daher einstimmig, dass sich der Gemeinderat mit diesem Thema beschäftigen wird. „Wohlwollend beschäftigen", das war dem Geschäftsführer der BTM wichtig. Denn er drängt darauf, die Umsetzung des Konzeptes bereits im nächsten Jahr anzugehen. Ob der Ort das finanziell stemmt, entscheidet der Gemeinderat.

Im Gegensatz zu Adam, der die Entwicklung der Übernachtungszahlen als „sehr erfreulich bezeichnete", war Lambeck damit nicht voll zufrieden. Knapp elf Prozent mehr Übernachtungen gab es heuer bereits im Vergleich zu 2007. 17 Prozent mehr Gäste kamen, die allerdings mit durchschnittlich 6,5 Tagen etwas weniger lang blieben. Mit 65 299 Übernachtungen verzeichnet der Oktober ein Plus um 3,4 Prozent zum Vorjahr, das besagen zumindest die vorläufigen Zahlen.

Zahlen legte Andreas Lambeck auch zur BTM vor. Laut einer Hochrechnung macht die GmbH heuer einen Verlust von 184 154 Euro. Dass das als Verlust gewertet wird, liegt daran, dass die Gemeinde aus kommunalrechtlichen Gründen der GmbH kein Geld überweisen konnte. „Wir liegen damit rund 40 000 Euro unter dem Wirtschaftlichkeitsplan für heuer", erklärte der Geschäftsführer. Die BTM hat also deutlich weniger ausgegeben als geplant. Sie wäre damit eigentlich im Plus, wenn die Gemeinde gezahlt hätte, so der Rathauschef. – kes

Zu einem Gesundheits- und Präventiv-Zentrum soll das sanierungsbedürftige Kurhaus nach einem Konzept der BTM ausgebaut werden. Ob Bodenmais die Finanzierung stemmt, entscheidet der Gemeinderat. – F.: Hartl

PNP am 20. November 2008

21 Wandern allein genügt nicht – „Verstaubtes" wird zum Trend

Die Region rund um Ihren Ferienort ist eine wunderbare Wanderregion? Prima, das behaupten wir in Bodenmais – zu Recht! – auch und befinden uns da in trauter Gesellschaft unzähliger weiterer deutscher Urlaubsorte. Wollen wir also Wanderer als Kunden gewinnen, so reicht das pure Angebot toller, mitunter sogar zertifizierter Wanderwege jetzt und in Zukunft nicht mehr.

Die cleveren Produkte um die Vermarktung sind ebenso wichtig wie das Nutzen von Trends und Innovationen im Segment der Wanderfreunde. Klingen heute Wanderer für den einen schon nach einer altbackenen Spezies, die so verstaubt ist, dass sie in Kürze ausstirbt, so bauen andere, wie Bodenmais, auf Trends um die Zielgruppe der Wanderer.

Bodenmais hat zum einen hierfür ein Produkt entwickelt, welches sich weniger in seinen Leistungen, sondern mehr in seiner Kundenansprache unterscheidet und punktet.

So wie Bodenmais schon einmal erfolgreich tausende Wellness-Tester in ganz Deutschland suchte, um die Qualität des Wellness-Ortes vom kritischen Auge des Kunden beurteilen zu lassen und „ganz nebenbei" Bodenmais medienwirksam in den Fokus des Wellness-Trends zu stellen und auch noch einige tausend Übernachtungen zu generieren, kreiert die Bodenmais Tourismus & Marketing GmbH ein adäquates Wanderprodukt- und PR-Konzept.

Bodenmais sucht also 3.000 Wander-Tester, die – natürlich zum „gefühlten" Vorzugspreis – einen Wanderurlaub in Bodenmais buchen können und – das ist die einzige „Bedingung" – danach zehn Minuten Zeit in die Beantwortung von Fragen eines Feedbackbogens investieren müssen.

Dass geführte Wanderungen und auch Leistungen örtlicher Anbieter Teil des Wanderproduktes sind, versteht sich von selbst. Der tiefe-

Wanderführerin Uschi Rankl erklärt den Gästen ein GPS-Gerät für Geocaching, das sich in letzter Zeit zunehmender Beliebtheit erfreut.

re Sinn ist aber gar nicht nur der Verkauf dieser Wanderreise, sondern die Positionierung von Bodenmais als eine der besten Wanderregionen in Deutschland und das frische Image eines „alten" Leistungspaketes, welches so dargestellt und gestaltet wird, dass es ansprechend ist, emotional berührt und neugierig macht.

Die Werbung ist daher auch für dieses Produkt nicht als klassische Anzeige aufgesetzt, sondern als „redaktioneller Text mit Foto", einem PR-Beitrag in Artikelform, so, als hätten die Redakteure für ihre Leser den absoluten Knüller gefunden, über den es zu informieren gilt. So wird – frisch aufpoliert – Wandern neu definiert.

Apropos Neudefinierung. Wer heute „nur noch" wandert, ist nicht mehr im Trend. Heute betreibt man Geocaching und auch da wird Bodenmais ganz vorne mit dabei sein. Sie wissen nicht was Geocaching ist? Geocaching ist eine Art elektronische Schnitzeljagd und der Trend unter interessierten Wanderfreunden – oder sollte man hier lieber Wanderfriends sagen?

Beim Geocaching werden die Verstecke, also Caches, anhand geografischer Daten im Internet veröffentlicht und können dann anhand eines GPS-Empfängers gesucht werden. Spannend, oder?

Finden wir in Bodenmais auch und gehen soweit, dass wir die Partnerschaft mit einem führenden Anbieter der benötigten GPS-Geräte eingehen. Eine Partnerschaft, von der beide Beteiligten profitieren, denn die Zusammenarbeit hat zum einen das Ziel, den Abverkauf der GPS-Geräte aktiv zu fördern und zu promoten, und zum anderen, für Bodenmais im Rahmen der Kooperation neue Zielgruppen zu erschließen und Wanderer für einen Urlaub in der Region zu gewinnen.

Eine Zusammenarbeit ist aber erst dann erfolgreich, wenn sie lebt. So werden gemeinsame PR-Kampagnen umgesetzt, die durch Kostensplitting für den einzelnen Partner günstiger, aber eben gerade in dieser Konstellation effizient sind. Das ist Cross-Marketing in Reinform und zeigt auf, wie Verstaubtes zum Trend wird und dieser Trend zum Wohle der Ferienregion genutzt werden kann.

Schlagzeilen aus der Praxis zu diesem Thema

Profitiert von der Markenbildung: Das 4-Sterne-Hotel Bodenmaiser Hof liegt direkt am Kurpark

Fotos: Ulrike Reschke

▸ **Bayern**

Natur allein genügt nicht

Aus dem Kurort Bodenmais wird eine beim Patentamt eingetragene Tourismus-Marke / Zahl der Gästeankünfte steigt

BODENMAIS. Alles hat eine Schmerzgrenze. Dem stetigen Abwärtstrend der Gästezahlen seit den 1990er Jahren wollte man im Bayerischen Wald nicht länger zusehen: Die Kommune und der Verein Wirtschaft & Tourismus Bodenmais e.V. gründeten im August 2007 die Bodenmais Tourismus GmbH, an der sie zu 60 beziehungsweise 40 Prozent beteiligt sind. Die Kurverwaltung des heilklimatischen Kurortes wurde aufgelöst. Erreicht wurden kürzere und damit effektivere Entscheidungswege sowie kontinuierlich steigende Zahlen. Neue Vertriebswege wurden erschlossen, ein griffiges Vermarktungskonzept entwickelt. Unter dem Motto „Bewährtes bewahren und Neues schaffen", wie Andreas Lambeck, der Geschäftsführer der GmbH sagt, geht der Bayerwald-Kurort neue Wege in der Vermarktung und Produktentwicklung (siehe Kasten).

Crossmarketing trägt Früchte

Im Zeitraum von Januar bis Juni 2009 verzeichneten die fünf First-Class-Häuser am Ort – Böhmhof, Bodenmaiser Hof, Bergknappenhof, Waldeck, Neue Post – ein Plus von mehr als 15 Prozent bei den Gästeankünften und mehr als 10 Prozent bei den Übernachtungen. In allen Betrieben zusammen stieg die Zahl der Gästeankünfte in diesem Zeitraum um 10,2 Prozent auf 64.842 die der Übernachtungen um 4,1 Prozent auf 380.056. Waren es 2008 noch 800.000 Übernachtungen in der 7000-Betten-Destination, werden für das gesamte Jahr 2009 bereits 850.000 erwartet. Nahezu der Stand, den Bodenmais Mitte der 1990er hatte. Den Ort zu der Reisemarke im Bayerischen Wald machen, ist das Ziel der GmbH. Erreichen will man dies durch ein breit aufgestelltes Crossmarketing, einem Mix aus 50 Prozent klassischem Direktvertrieb wie über den Gästekatalog (50 %), über renommierte Bus- und Reiseveranstalter (25 %) sowie alternative und innovative Vertriebskanäle wie Internet, TV-Shopping und andere (Plakatwerbung, zusammen 25 %). In den Bereich „andere" fallen beispielsweise eine bundesweite Print- und Großflächenkampagne und täglich zehn Werbespots auf 16 regionalen Radiosendern. Aktiv präsentiert sich der Urlaubsort auf großen Reisemessen wie der ITB oder der Reise & Camping Essen. Zudem will die Destination die Märkte Schweiz, Österreich und Niederlande erschließen. Wichtiges Marketinginstrument ist die beim Patentamt eingetragene Marke Bodenmais.

Beworben wird das Alleinstellungsmerkmal der Region: Natur. Dass dies allein nicht reicht, um Gästezahlen wie in den 1990er-Jahren zu erreichen, hat Bodenmais erkannt. So unterschiedlich wie die Zielgruppen – von Familien über Sporttouristen bis hin zu Wellnessgästen oder Wanderurlaubern – sind die Angebote, die in der Bayerwald-Kommune scheinbar wie Pilze aus dem Boden schießen. In Kooperation mit einem Münchener Sport-Reiseveranstalter entstand eine Langlaufschule, die künftig sogar im Sommer geöffnet sein soll.

Der Konkurrenz voraus sein

Das „Dorfclub-Konzept" beinhaltet Inklusiv-Angebote für den gastronomischen und Erholungsbereich und zielt vor allem auf Gäste von Pensionen ab. Mit dem Pfund Natur wuchert der Ort unter dem Slogan „Urwald – Wald voller Wunder". Ein Konzept, unter dem Programme für alle Altersklassen und Zielgruppen angeboten werden. „Das beste Produkt, welches immer dem Mitbewerber eine Nasenspitze voraus ist, ist die Basis der Gästeakquise", sagt Lambeck, und weiter: „aktives Akquirieren füllt Betten". Hoteliers, die sich dem „WellFitAktiv-Programm" anschließen, können ihren Gästen die kostenfreie Nutzung von Freibad, Fitnessstudio oder Kurpark bieten. Lambeck rechnet vor: Pro Gast kommt dies den Gastgeber auf 1,20 Euro. Dem steht die ab 1. November nicht mehr automatisch inkludierte Kurtaxe von täglich 1,80 Euro gegenüber. Selbst ohne Preiserhöhung nimmt der Vermieter damit 0,60 Euro mehr pro Gast und Nacht ein. *Ulrike Reschke*

▸ **www.bodenmais.de**

Doppelspitze: Touristiker Andreas Lambeck (links) und Bürgermeister Michael Adam

Service-Terminals

Elektronische Tageskurkarte: In Bodenmais ist sie Wirklichkeit geworden. Sie ist an acht Service-Terminals erhältlich, an denen sich Urlauber über Unterkünfte, Veranstaltungen oder Öffnungszeiten informieren kann. Über die Stationen kann an sieben Tagen der Woche von 7 bis 22 Uhr ein Ansprechpartner erreicht werden. Ebenfalls neu ist, dass die Kurtaxe auf diese Weise auch von Tagesgästen erhoben wird.

Allgemeine Hotel- und Gastronomie-Zeitung am 8. August 2009

22 Mein Gott, ist das hier langweilig!

Obwohl Deutschland nach wie vor der Deutschen liebstes Reiseziel ist, strömen alljährlich Millionen von Menschen in die Urlaubsregionen rund ums Mittelmeer.

Häufig sind das genau jene Kundengruppen, die wir so gern im Lande halten würden, da es sich um Familien handelt, die eine oder sogar zwei Wochen bleiben und der Auslastung unserer Bettenkapazitäten und touristischen Leistungsträger gut zu Gesicht stehen würden.

Und wie kann es sein, dass die Leute nach Mallorca oder in die Türkei fliegen, wenn Sie doch exzellentes Marketing für Ihren Ort betreiben und die Hotellerie sich auch auf höchstem Niveau befindet?

Es liegt an einem vermeintlich banalen Grund, der aber für die fremdgehende Klientel ein K.O.-Kriterium darstellt und der der Supergau für jeden Ferienort ist: Die tote Hose. Langeweile in einem Ferienort ist so ziemlich das Letzte, wonach der Gast sucht.

Und wir müssen ernst nehmen, dass eine tolle Natur im Umfeld und ein wöchentliches Kurkonzert einfach nicht ausreichen, um den Gast von heute zu unterhalten, der aus den Mittelmeerferien anderes gewöhnt ist: vielfältige Animationsangebote für Jung und Alt im Hotel, emotional ansprechende Wochen-, Handwerks- und Kunstmärkte in den Orten, umfassende Ausflugsprogramme seitens der örtlichen Incoming-Agenturen, kulinarische und kulturelle Events, attraktive Konzerte und Feste für die ganze Familie.

All das sind heute touristische Standards, deren Erfüllung ein Urlauber einfach erwartet. Haben Sie sich schon einmal gefragt, ob sich Ihr Urlauber in Ihrem Ferienort „gut“ unterhalten fühlt und was Sie ihm für die „Kurtaxe“ anbieten? Würden Sie sich in Ihrem Ort bei Regenwetter nicht langweilen? Was passiert am Abend in Ihrem Ort?

Es muss ja nicht immer *das* große Event sein. Auch eine Wirtshaus-

„Der König von Mallorca" Jürgen Drews begeisterte in Bodenmais die Gäste und Einheimischen.

kultur gehört zur Unterhaltung. Was wäre mit einer Wirtshauswanderung mit Musik von Wirtshaus zu Wirtshaus? In Bodenmais haben wir ein umfassendes Unterhaltungsprogramm mit rund 1.000 Veranstaltungen pro Jahr.

Täglich gibt es den Naturerlebnisclub für Kinder, geführte Wanderungen und ein Urwaldprogramm für die ganze Familie. Im Sommer werden mehrere Veranstaltungen pro Woche im Marktplatz-Biergarten angeboten und Konzerte zu jeder Jahreszeit mit großen und kleinen Stars, wie Jürgen Drews, DJ Ötzi, Hot Chocolate und Abba Show veranstaltet. Attraktiv für die Gäste sind zudem die Wirtshaus- und Sagenwanderungen in Bodenmais, der jährliche Weihnachtsmarkt, spannende Vorträge, Kleinkunstveranstaltungen, Sportevents, die stark frequentierte Shopping- und Kulturnacht, und natürlich das Ski-Opening.

Wir – und das ist auch Ihnen zu empfehlen – binden die Angebote der örtlichen Anbieter stets mit ein. Und es geht nicht darum, dass der Gast alles nutzt – es ist das umfassende und vielfältige Angebot, das die Kunden zu schätzen wissen.

Es ist so ähnlich wie der Wellness-Bereich in einem Hotel. Wie wichtig ist dieser doch heute, um Gäste zu gewinnen und wie wenige nutzen ihn letztlich wirklich.

Das kulturelle Anti-Langeweile-Konzept ist finanzierbar! Wir in Bodenmais geben pro Urlaubsgast für dieses Gesamtprogramm rund 1,50 Euro aus. Daran sieht man, dass man mit moderaten Mitteln ein umfassendes Angebot auf die Beine stellen kann. Binden Sie, wie wir, die örtlichen Leistungsträger und Gastronomen mit ein. Ein Zuschuss für ein Konzert eines Gastronomen ist oft viel billiger, als selbst ein Konzert auf die Beine zu stellen.

Und auch Sportanbieter sind oft ein idealer Partner für ein attraktives Angebot. Es geht alles in allem nicht darum, dass die Urlauber Unmögliches erwarten. Aber Sie sind als Ferienort klar mit verantwortlich, dass der Gast die Möglichkeit hat – wenn er will – Angebote in Anspruch nehmen zu können. Eben so, wie es der Mittelmeerurlauber kennt und genießt. Das können wir in Deutschland auch – vielleicht sogar noch besser.

Schlagzeilen aus der Praxis zu diesem Thema

DJ Ötzi kommt zur Skiparty auf den Bodenmaiser Marktplatz

Bodenmaiser Tourismus und Marketing GmbH verpflichtet den Star

Bodenmais (kat). Die „Brettlrutscher-Party" der vergangenen Jahre wird in diesem Dezember zur „Skiparty" - und DJ Ötzi, allseits bekannter und berühmter österreichischer „Gute-Laune-Künstler" wird den Bodenmaiser Marktplatz am 29. Dezember zum Brodeln bringen. Die Bodenmais Tourismus und Marketing GmbH holt DJ Ötzi nach Bodenmais. Mit Hits wie „Anton aus Tirol", „Hey Baby" und „Ein Stern" hat DJ Ötzi die Herzen seiner Fans erobert.

Vom Obdachlosen zum Popstar: DJ Ötzi hat gelernt zu kämpfen und freut sich über seine Erfolge.
(Foto: Universal Music)

Das Leben von DJ Ötzi ist ohnehin eine Story, mit der jeder Hollywood-Autor scheitern müsste, weil sie viel zu konstruiert erscheint und ihre Glaubwürdigkeit oft angezweifelt wird. Aber die Tatsachen sprechen für sich: Als kleiner Junge von der Mutter nach der Geburt weggegeben zu Zieheltern, dann zu seiner Großmutter Ella, wurde er schon als Kind hin- und hergeschubst. Er verliert jegliche soziale Bindung, stürzt ab und landet als Obdachloser auf der Straße. Doch das Schicksal meint es doch auch gut mit ihm, er lernt ein Mädchen kennen, das ihm sagt: „Gerry, du kannst alles schaffen, was du willst. Du musst nur daran glauben." Und so versucht er sich in mehreren Clubs im „Karaoke-Singen". Alles weitere wurde ein Stück Popmusik-Geschichte. Er trat auf, wo immer er Gelegenheit hatte, zunächst ohne Gage, aber mit dem Wissen, auf dem richtigen Weg zu sein.

Er bekam mehr und mehr Angebote als DJ in Österreich, vor allem der Großdiskothekenbesitzer Andreas Schutti engagierte ihn. Aber DJ Ötzi arbeitete nebenher immer noch in seinem Beruf als Koch. Der nächste Schritt war der entscheidende zur Weltkarriere. Als 15. Interpret wagte er sich an den Song „Anton aus Tirol" - und landete einen Verkaufsschlager. Über Nacht wurde aus Gerry Friedle der Star „DJ Ötzi", der international Erfolge feiert.

Am 29. Dezember 2007 wird er auf dem Bodenmaiser Marktplatz gastieren. Karten für die Veranstaltung gibt es ab Anfang Oktober bei der Bodenmais Tourismus und Marketing GmbH und weiteren Vorverkaufsstellen, die noch bekannt gegeben werden.

PNP am 25. September 2007

800 Partygäste feiern mit „Waterloo“

Bodenmais. Es ist ein großer Druck, der auf einer Coverband lastet – der Vergleich mit einer berühmten Vorlage ist immer schwierig. Das gilt vor allem für die Kult-Band ABBA. Am Faschingssonntag trat die ABBA-Cover Band „Waterloo“ an, um sich mit dem Original zu messen. Aber bei geschlossenen Augen wurden aus Jasmin, Alex, Thomas und Anja – Agnetha, Björn, Benny und Anifried. Natürlich taten die Wolkengitarre von Björn (alias Thomas Götze) und die hautengen Glitzerkostüme der stimmgewaltigen Damen ihr Übriges. Die insgesamt siebenköpfige Band aus Hamburg bot alles, was das Fan-Herz begehrt. Die Klassiker „Honey, Honey“, „Super Trouper“, „Waterloo“ und natürlich „Dancing Queen“ verwandelten den Marktplatz in eine riesige Tanzfläche, und kein Partygast konnte mehr still stehen. Bei Minusgraden waren Glühwein und Hot Dogs sehr begehrt, somit hatte der Jugendkulturverein alle Hände voll zu tun, um Durst und Hunger des Publikums zu stillen. Das Fazit für die Bodenmais Tourismus GmbH: eine gelungene Veranstaltung, die sicher im nächsten Jahr wiederholt wird. – bb

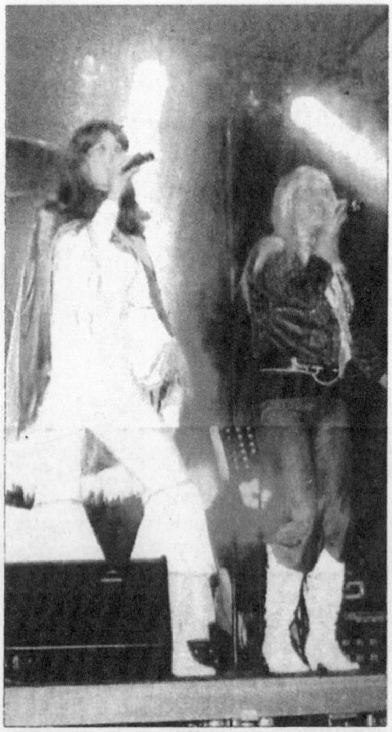

Sieht aus wie ABBA, ist aber Waterloo: Jasmin und Anja sorgen im Bodenmaiser Fasching für Stimmung. – Foto: Adam-Sterl

PNP am 16. Februar 2010

Trotz der frostigen Kälte: Mallorca-Stimmung pur

Jürgen Drews zeigte sich in Bodenmais als Star zum Anfassen

Er kam und überzeugte die Bodenmaiser und die Feriengäste nicht nur durch seinen Gesang, sondern auch durch seine Natürlichkeit. Bei der MountainFreak-Faschingsparty in Bodenmais suchte Jürgen Drews schon bei seinem Eintreffen das Bad in der Menge der rund 2500 Fans. Ein Schlagerstar zum Anfassen also.

Unermüdlich schrieb er schon vor seinem Auftritt Autogramme, nicht nur auf Karten und T-Shirts, sondern auf Wunsch gleich auf die Jacken und Anoraks. Auch ließ er die mittlere Bühnenabsperrung öffnen, so dass seine großen wie kleinen Fans direkt bis zu ihm nach vorne kommen konnten, was sich diese nicht zweimal sagen ließen.

Und dann gab er schon mal vorab einige Kostproben seiner Gesangeskunst und überzeugte dabei alle, Fans wie Kritiker. Er nahm von Anfang an das Publikum mit und ging darauf ein.

Natürlich wollten alle den „König von Mallorca" hören, zu dem er sich auch seinen „Königsmantel" umhängte, und wie er sagte, habe er auch seine rotglänzenden „Mallorca-Hosen" extra für den Auftritt in Bodenmais angezogen und dazu passend rot-weiße Westernstiefel.

Weitere seiner großen Hits folgten, aber er gab auch viele neue Songs zum Besten und die Begeisterung kannte keine Grenzen. Als bei dem „Verhüterli-Song" (der übrigens in Kooperation mit der Deutschen Aids-Hilfe entstand) alle die Hände hoben und klatschen, holte der Star auch einige der verpackten Schutzhüllen hervor und verteilte sie an jungendliche Fans.

Trotz der frostigen Temperaturen stand Drews schließlich im kurzärmeligen T-Shirt auf der Bühne, so verausgabte er sich. Ein junger Mann tat es ihm gleich, zog sogar noch sein T-Shirt aus und diesen holte er auch gleich zum Duett auf die Bühne. Der Besuch des Schlagerstars in Bodenmais war insgesamt kurz, aber überzeugend: Er reiste kurz vor dem Auftritt an – und danach ging es gleich weiter zum Flughafen. - bw -

Ein Star zum Anfassen: So präsentierte sich Jürgen Drews seinem Publikum. *Foto: Hartl*

Wochenblatt am 6. Februar 2008

23 Produkte, Produkte, Produkte

Die Produktpolitik ist im Zusammenhang mit einem erfolgreichen Marketing- und Vertriebsmix eine tragende Säule, die über Wachstum oder Rückgang der Übernachtungszahlen in einer Ferienregion entscheidet.

Mit Gründung des eigenen Reiseveranstalters und Vertriebsbereiches hat die Bodenmais Tourismus & Marketing GmbH die Aufgabe übernommen, mit der zielgruppenorientierten Produktentwicklung neue Gäste in den Bayerischen Wald zu holen.

Erst diese Produkte machen die Zusammenarbeit mit Vertriebspartnern möglich und erreichen die Ausbreitung des Bodenmais-Sortiments in allen Vertriebskanälen. Hierbei zählt, dass hinter jedem neuen Produkt eine emotionale Story stehen muss, die nicht nur für möglichst hohe Auslastungszahlen für dieses Produkt sorgt, sondern darüber hinaus nachhaltig die Bekanntheit und Akzeptanz der Ferienregion fördert und das Image prägen soll.

So haben die Überlegungen zur Auslastungssteigerung in der Herbstzeit unter anderem zur Entwicklung des erfolgreichen Produktes eines *Herbst-Aktivurlaubs inklusive Bodenmaiser Knödel-Diplom* geführt, welches über den Reiseveranstalter Bodenmais unter anderem in mehr als 12.000 Reisebüros buchbar ist.

Umfassende Inklusivleistungen machen dem potentiellen Gast dieses Produkt, welches je nach Übernachtungskategorie für fünf Nächte ab einem aggressiven Eckpreis von 126,– Euro pro Person verfügbar ist, sprichwörtlich schmackhaft: Drei Stunden Knödelkochkurs mit anschließender Übergabe des Knödeldiploms durch den Bodenmaiser Bürgermeister Michael Adam, geführte Themenwanderungen, Besuch der JOSKA Glashütte, freier Eintritt ins Silberberg-Hallenbad und viele weitere Vorteile werten das Produkt massiv auf und sorgen für

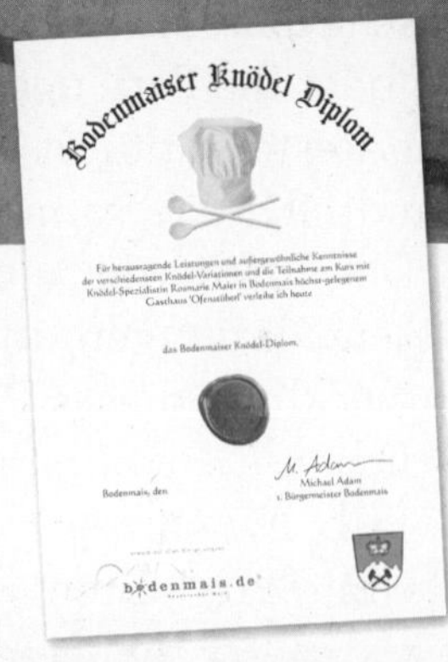

Der Knödel-Kurs mit Knödel-Diplom ist ein Beispiel für eine erfolgreiche, aber nicht aufwendige Produktentwicklung. Foto: © Gerald Wenzl

Nachfrage und Buchungsvolumen.

Das schafft Bodenmais auch mit der großen Lust der Deutschen an der Promiwelt. Auf die Spuren der TV-Stars, die 2008 in Bodenmais eine der erfolgreichsten ZDF-Produktionen des Jahres drehten, können sich Gäste hier ebenfalls begeben. Dafür wurde als Produkt ein Wellness- und Wanderurlaub rund um den Filmschauplatz Bodenmais entwickelt.

Bodenmais entwickelt Produkte, die sich hervorragend vermarkten lassen. Ein besonders nachhaltiges Beispiel für eine positive Produktentwicklung ist zweifellos der Dorfclub, der für den bayerischen Innovationspreis nominiert war und ein ganzes Dorf zum Club macht. Mit der Zielgruppe Familie im Fokus, die sich zuletzt von Bodenmais als Jahresziel verabschiedete und den All-Inklusive-Cluburlaub auf Mallorca oder in der Türkei bevorzugte, entstand ein Trendprodukt, welches Bodenmais weiter bekannt macht.

Dorfclub, selbstverständlich auch über die passende Onlinedomain Dorfclub.de erreichbar, bedeutet, dass zahlreiche Leistungen des Ortes miteinander verknüpft werden und die Gäste umfassende Inklusivleistungen in Anspruch nehmen können. Je nach Preisvorstellungen des Gastes sind einfache Unterbringungen in Pensionen, Ferienwohnungen und Hotelappartements, die über ganz Bodenmais verteilt sind, Leistungsbestandteil des Produktes.

Hinzu kommt, dass für die anreisenden Familien ihre Brötchen zum Frühstück aus den örtlichen Bäckereien sowie ein täglicher Mittagsimbiss aus der Schlemmermetzgerei bereits inklusive sind.

Besonderes Dorfclub-Highlight ist ganz klar, dass das Bodenmaiser WellSportAktiv-Programm inklusive ist, welches je nach Jahreszeit zahlreiche Freizeiteinrichtungen umfasst. So können die Urlauber so oft schwimmen, saunieren oder ihre Fitness trainieren, wie sie wollen. Für Familien sind Zauber- und Geisterwanderungen, sowie Goldwaschevents inkludiert. Ob es der Besuch in der Dorfclub-Diskothek ist, oder die Feriengäste am regelmäßigen Abendprogramm im Dorfclub-Restaurant mit Tanz und Musik teilnehmen wollen – alles ist Bestandteil des Gesamtproduktes.

Der Effekt der Auslastungssteigerung gerade für Betreiber von Ferienwohnungen und Pensionen ist hierbei ebenso Absicht bei der Entwicklung dieses Produktes gewesen, wie es die Einbeziehung der örtlichen Gastronomie und des Einzelhandels verfolgt. Schlicht und einfach: Ein ganzes Dorf wird zum Club.

Ohne Produktentwicklungen haben Ferienwohnungen und Pensionen langfristig keine Chance, da sie – wenn sie sich nicht gerade auf Sylt befinden – immer schwerer verkaufbar sind.

Eine reine Übernachtungsleistung lässt sich nur schwer vermarkten und die Verknüpfung mit Leistungen anderer Leistungsträger bietet sogar noch weitere Vorteile für einen Ferienort: Die inkludierte Leberkässemmel beim Metzger, die der Gast einer Ferienwohnung dort als Mittagssnack abholen darf, zeigt, wie man mit kleinen Mitteln die Verwertungskette eines Ortes ausschöpfen kann. Denn natürlich holt sich der Gast nicht nur eine Semmel, sondern kauft weitere Produkte ein, um die Versorgung seiner Familie mit Fleisch und Wurst sicherzustellen.

Der Dorfclub verleiht Bodenmais also einmal mehr ein klares Unterscheidungsmerkmal und verschafft dem Ort Wettbewerbsvorteile, die sich vergleichsweise einfach in Marketing und Vertrieb umsetzen lassen. Dabei sind die Leistungen im Rahmen des Dorfclubs keine Neuerfindung, sondern dahinter steckt lediglich die Idee, durch eine besondere Bündelung vorhandener Leistungsangebote ein Erlebnisprodukt zu kreieren, welches sich einerseits gut vermarkten lässt und andererseits das Image des Ortes weiter mit prägt.

Ebenso verhält es sich beim *Familienurlaub im Goldgräberdorf Bodenmais*. Das „goldige“ Produkt, welches eine bis dahin austauschbare Ferienwohnung, die hier die Übernachtungsleistung ist, unter anderem mit dem Erlebnis des organisierten Goldwaschens und der Faszination des örtlichen, historischen Besucherbergwerks im Silberberg kombiniert, lässt eine neue Produktkreation entstehen, die emotional anspricht und klar auf Familien mit Kindern abzielt.

Dass man herkömmliche Angebote neu verpackt hervorragend vermarkten kann, zeigt auch die „Suche nach 5.000 Wellness-Testern“, die Bodenmais bundesweit als lohnenswertes Reiseziel für Wellness-Suchende „aggressiv“ positioniert.

Mit der Story hinter dem Produkt konnten in einem Jahr bereits 7.000 zusätzliche Gäste generiert werden, was zeigt, dass das Produkt funktioniert und daher nun jährlich aufgelegt wird. Fünf Übernachtungen verbringen die Tester, die ein inkludiertes „Erlebnispaket“ erwartet, in einer WellSportAktiv-Pension.

Neben freiem Eintritt in viele Wellness-Einrichtungen des Ortes, gehört auch eine „Schnuppermassage“ zum sogenannten Testprogramm, sowie ein zweistündiger „Schnupperaufenthalt“ im Heilstollen des Silberbergwerkes.

Mit der WellSportAktiv-Card, die erst durch eine elektronische Gästekarte die Abrechnung der Leistungen möglich macht, können die Gäste kostenlos das Silberberg-Hallenbad, die Saunalandschaft, das Sport-Studio und im Sommer das Freibad nutzen.

Also: Sowieso vorhandene Angebote werden neu zusammengestellt, mit einer Story versehen und neu verpackt. Das ist das ganze Geheimnis um die meisten Produkte, die neben dem kurzfristigen Erfolg auch Langzeitwirkung haben, weil die Gäste und die Medien darüber berichten.

Schlagzeilen aus der Praxis zu diesem Thema

Bodenmais sucht wieder 5000 Wellness-Tester

Nach dem überragenden Erfolg im Vorjahr steht in diesem Jahr der „Wohlfühlfaktor" auf dem Prüfstand. Sechs Tage Wellness-Test im Bayerischen Wald gibt's zum Schnupperpreis ab 111 Euro.

Volks-Wellness für die ganze Familie – das neue Silberberg-Hallenbad mit Saunalandschaft und Freibad im Sommer.

Im vergangenen Jahr hat Bodenmais 5000 Wellness-Tester gesucht und rasend schnell gefunden. Nun ist es endlich wieder soweit: Bodenmais ist wieder auf der Suche. In diesem Jahr soll die Aktion anhand eines neuen Fragebogens aufklären, wie hoch der „Wohlfühlfaktor" im Ort und bei den Unterbringungen ist. Ab 111 Euro gibt es den Wellness- und Aktivurlaub mit Komplettprogramm und fünf Übernachtungen, die Tester sparen knapp 120 Euro. Einzige Bedingung: Sie investieren 10 Minuten ihrer Zeit und füllen den angesprochenen Fragebogen aus. Bei der Aktion 2009 waren die 5000 Plätze innerhalb kürzester Zeit vergeben und die Bodenmais Tourismus & Marketing GmbH (kurz: BTM) hatte noch einmal 2000 Plätze nachgelegt. In diesem Jahr gilt das Angebot nur so lange die Plätze verfügbar sind, denn 5000 Tester reichen für ein repräsentatives Umfrageergebnis. Die Möglichkeiten an Wellness-Einrichtungen haben sich in Bodenmais noch einmal weiter entwickelt. „Wir haben letztes Jahr ein tolles Feedback von unseren Gästen bekommen und viel dadurch gelernt. Nun wollen wir sehen, ob und wo wir uns verbessert haben", sagt Andreas Lambeck, der Geschäftsführer der BTM. Sechs Tage (fünf Nächte) verbringen die Tester in einer WellSportAktiv-Pension oder, gegen einen geringen Aufpreis, in einem 3-Sterne-BTM-Select-Ferienhotel inklusive Frühstück. Alle Zimmer sind komfortabel mit Bad oder Dusche und WC und SAT-TV ausgestattet. Die Tester erwartet ein umfangreiches Erlebnispaket. Neben freiem Eintritt in viele Wellness-Einrichtungen des Ortes (WellSportAktiv im Wert von 20 Euro/Tag und Person inklusive) gehört auch eine „Wohlfühlmassage" in einem Massage & Beautystudio für jeden Gast zum Testprogramm. Mit dem WellSportAktiv-Paket können Sie täglich kostenlos das nagelneue Silberberg-Hallenbad, die Saunalandschaft, das Sport-Studio und im Sommer das Freibad nutzen. Und das ist längst nicht alles: Ebenfalls inklusive ist das Bodenmaiser Urwaldprogramm, mit Vorträgen und Erlebnistouren, ein großes Wander- und Aktivprogramm, die BayerwaldCard mit 450 Ermäßigungen, die Teilnahme am Kinderprogramm für den Nachwuchs und vieles mehr. Getestet werden kann Bodenmais ab sofort bis Ende November 2010. Anreisen können die Urlaubstester jeweils am Freitag, Samstag und Sonntag. Dieses Angebot gilt auch an allen Ferienterminen in Deutschland. Sichern Sie sich Ihren Platz über unsere Hotline 01805/144 514 53 (0,14 €/Min. aus dem dt. Festnetz, andere Mobilfunkpreise möglich) oder per Email an veranstalter@bodenmais.de.

Katalog kostenlos bestellen!
Kennziffer 4319
Hotline: 0 18 05 / 70 80 55
oder
www.derWesten.de/kataloge

Über Bodenmais

Bodenmais ist mit 7000 Gästebetten der größte Ferienort im Bayerischen Wald und liegt an einem der letzten Urwald-Gebiete Europas. Der Ort verfügt über die höchste Dichte an FirstClass-Hotels aller Urlaubsorte in Bayern. Zahlreiche Hotels sind mit begehrten Preisen, wie dem HolidayCheck-Award und TUIHolly, ausgezeichnet worden, dies bestätigt auch das Magazin Focus. Im Winter bietet der Ort 110 Kilometer schneesichere Loipen und am Großen Arber das modernste Weltcup-Alpin-Skigebiet Deutschlands. Im Sommer locken u.a. fünf Spitzengolfplätze. Dies und über 600 Veranstaltugen im Jahr machen Bodenmais zu einem modernen Urlaubsort.

Info

Bodenmais Tourismus
Hotline: 01805 / 144 514 53
(14 Ct./Min. dt. Festnetz, Mobilfunk abweichend)
veranstalter@bodenmais.de
www.bodenmais.de

WAZ am 9. Februar 2010

Familienurlaub im ehemaligen Goldgräberdorf Bodenmais

Schatzsuche im Urwald und Goldschmiede-Kurs inklusive / Ferien zum Familien-Komplettpreis nur 399 Euro in einem der letzten deutschen Abenteuergebiete

Gleich ganze Familien werden in diesem Sommer dem Goldfieber verfallen – und zwar in Bodenmais, dem Ferienparadies Nr. 1 des Bayerischen Waldes. Das „goldige" Angebot von Mai bis Oktober ist ein Urlaubs-Erlebnis der besonderen Art: Im ehemaligen Goldgräberdorf Bodenmais geraten brave Familien aus ganz Deutschland in den Goldrausch. Spannung und Abenteuer verspricht das Angebot der Bodenmais Tourismus & Marketing GmbH und den Goldrausch in den Ferien können Familien zum Komplettpreis von nur 399 Euro buchen.

Im Familien-Komplettpreis enthalten ist – für bis zu vier Personen – neben sieben Übernachtungen in einer Bodenmaiser Ferienwohnung natürlich auch die Lizenz zum Goldgraben. Die Faszination des Silberbergwerks, einem Jahrhunderte alten Stollensystem, ist ein Erlebnis für die ganze Familie. Außerdem dürfen die Gäste selber nach Gold schürfen – an den bekannten Rissloch Wasserfällen. Und zum krönenden Abschluss gibt es einen Familien-Crash-Kurs im Goldschmiede-Handwerk. Am Ende bekommt jeder sein eigens gefertigtes Schmuckstück.

Bodenmaiser Goldgräber-Familien sind längst nicht so rustikal untergebracht wie die Kollegen im wilden Westen, sondern in ausgewählten BTM-Select-Ferienwohnungen. Goldwaschen, ein Goldschmiede-Schnupperkurs, die Schatzsuche im Urwald und die Führung im historischen Silberbergwerk sind für die ganze Familie ebenfalls inklusive. Für Kinder gibt es auch noch die Edelstein-Schatzsuche bei JOSKA. Und auch für Entspannung nach der anstrengenden Goldsuche ist gesorgt: Beim täglichen freiem Eintritt in Freibad, Hallenbad und die Saunalandschaft finden Eltern wie Kinder Erholung.

Außerdem sind noch zahlreiche geführte Themen-Wanderungen, wie die „Bodenmaiser-Waldwanderungen" oder eine Wanderung mit einem Förster der Bayerischen Staatsforsten, im Komplettpreis enthalten. Bei den Urwaldwanderungen geht es in den Urwald direkt vor der Haustür. Für Kinder ist außerdem die Teilnahme am bärenstarken Natur-Erlebnis-Club kostenlos. Ein riesiges Sportangebot und viele weitere Programmhighlights, sowie die BayerwaldCard mit 500 Vergünstigungen runden den Goldrausch in Bodenmais ab. Als Erinnerung gibt es einen Bierkrug mit Namensgravur und den Bodenmais-Film auf DVD.

Mit dem Urlaubserlebnis „Echter Urwald – Wald voller Wunder" eröffnet Bodenmais seinen Gästen eine neue Erlebniswelt. Rund um den Ferienort im Bayerischen Wald liegt eines von nur noch zwei verbliebenen Urwaldgebieten in Europa – faszinierend vielfältig zu jeder Jahreszeit. Spannende Geschichten rund um eines der letzten Abenteuergebiete in Deutschland, werden für unvergessliche Tage sorgen. Das ist einmalig in Deutschland: Die Familien-Schatzsuche im Urwald!

Buchungen, Informationen oder Katalogbestellungen gibt es in allen Reisebüros in Deutschland, bei der Bodenmais Tourist Info, Tel. 01805 / 144 514 50 (0,14 €/Min. aus dem dt. Festnetz, andere Mobilfunkpreise möglich), im Internet unter www.bodenmais.de.

Postanschrift: Bodenmais Tourismus und Marketing GmbH, Bahnhofstraße 56, 94249 Bodenmais.

Südthüringer Zeitung am 6. März 2010

Neu in Bodenmais – Ein ganzer Ferienort wird zum Club

Der neue Dorfclub Bodenmais feiert Premiere: eine Woche Urlaubsspaß für alle ab 99 Euro. Herbstferien am besten schon jetzt buchen.

Dorfclub-Gäste sind im ganzen Ort in komfortablen Ferienwohnungen untergebracht.

Neuer Dorfclub – ideal für aktive Paare und die ganze Familie

Ein ganzer Ort wird zum Club – das ist das Motto des neuen Dorfclubs in Bodenmais. Genießen Sie im Ferienort Nr. 1 den ersten Familien-, Sport- und Aktivclub im Bayerischen Wald, made by Bodenmais. Schon jetzt können Sie zum absoluten Premierenpreis eine Woche „Dorfclub Bodenmais" ab dem 4. September 2010 bis Ende 2011 buchen. Auch die Sommerferien 2011 sind schon buchbar!

Das Konzept „Ein ganzer Ferienort wird zum Club" ist neu und einzigartig in Deutschland: Im neuen Dorfclub Bodenmais sind umfangreiche Leistungen inklusive. Neben der Unterkunft – wahlweise in einer gut ausgestatteten, komfortablen Ferienwohnung oder einem Appartement – können Sie sich auf sportliche, aktive und kulinarische Inklusivleistungen – egal ob für Paare oder die ganze Familie – freuen. Egal ob im Sommer oder Winter. Über 350 Tage im Jahr. Das ganzjährige Basisprogramm umfasst viele wöchentliche Veranstaltungen, Erlebnis- und Themenwanderungen, freien Eintritt in das Hallen- und Freibad (Sommer), in die Saunalandschaft und das Sportstudio, das Urwaldprogramm, den Natur-Erlebnis-Club für Kinder, freien Eintritt in die Disco und Bundesliga auf Großbild-Leinwand. Am Abend klingt der Tag dann im Dorfstadl aus. Jeden Tag gibt es frische Brötchen, und auch ein kleiner Mittagssnack (6 x pro Woche) aus der Schlemmermetzgerei ist schon inklusive. Mit der BayerwaldCard haben Sie noch weitere 500 Vorteile für spannende Urlaubstage. Während der Sommersaison bietet der Dorfclub noch viele weitere Aktivitäten auf der Sport-Alm, eine Edelstein-Schatzsuche für Kinder in der JOSKA-Erlebniswelt und ein Sportprogramm, damit Sie in Bewegung bleiben. Im Winter können Gäste an einem eintägigen Schnupperskikurs – wahlweise Alpin, Langlauf oder Snowboard – teilnehmen. Mit Wirtshaus- und Sagenwanderungen werden Sie bei Glühwein unvergessliche Urlaubstage in Bodenmais verbringen. Bodenmais ist im Sommer und Winter der ideale Ferienort für die ganze Familie, egal ob jung oder alt. Mit einem überwältigenden Angebot auch für Wanderer und Wintersportler bietet Bodenmais Urlaubspaß für jeden: Der Ort liegt am Fuße des Großen Arbers und nicht weit weg vom letzten Urwald Europas. Mehr Urlaub geht nicht – Dorfclub Bodenmais.

Sport- und Wasserspaß ist beim Dorfclub schon inklusive.

Katalog kostenlos bestellen!
Kennziffer 4556
Hotline: 01805/70 80 55
oder
www.derWesten.de/kataloge

Angebot

Reisezeitraum & Preis 2010/11:
4. Sept. 2010 bis 11.Dez. 2011
Reisepreis für Familien:
1 Woche inkl. aller Leistungen und Programm ab 99 €
Preis für Paare:
1 Woche inkl. alle Leistungen und Programm ab 139 €
Unterbringung jeweils in Ferienwohnungen oder Appartments

Bodenmais Tourismus GmbH
Bahnhofstraße 56
94249 Bodenmais
Hotline: 01805/14 45 14 52
(14 Ct./Min. dt. Festnetz, Mobilfunk bis zu 0,42 Ct./Min.)
www.bodenmais.de
www.dorfclub.de
veranstalter@bodenmais.de

Über Bodenmais

Bodenmais ist der größte Ferienort im Bayerischen Wald und liegt an einem der letzten Urwaldgebiete Europas. Der Ort verfügt über die höchste Dichte an First Class-Hotels aller Urlaubsorte in Bayern. Viele Hotels sind mit Preisen, wie dem HolidayCheck-Award oder TUI Holly, ausgezeichnet worden. Im Winter bietet der Ort 110 Kilometer schneesichere Loipen und das modernste deutsche Weltcup-Alpin-Skigebiet. Im Sommer locken unter anderem 5 Top-Golfplätze.

WAZ am 22. Juni 2010

24 Vermarktung innovativ – Vertriebsmix statt Monokultur

Marketing & Verkauf – das sind zwei Hauptaufgaben, die eine moderne Tourismus GmbH, die Verantwortung für die Gästezahlentwicklung übernimmt, wahrnehmen muss und darum ein Unternehmensumfeld schafft, dass sich dieser Aufgabe unterordnet. Eine neue, häufig beängstigende Situation im Fremdenverkehr. Aber eine lösbare Herausforderung, wenn man bereit ist, sich den Veränderungen im Tourismusmarkt zu stellen und mutig neue Wege zu gehen.

Wie funktioniert eine solche Vermarktung nun? Fest steht, dass der Gästekatalog allein nicht mehr ausreicht. In den letzten Jahrzehnten buchte die Mehrzahl der Gäste entweder direkt im Beherbergungsbetrieb oder unter Umständen bei einem der klassischen Reiseveranstalter. Verlassen wir uns auch künftig hierauf, haben wir das Nachsehen. Wir benötigen passgenaue Produkte für die jeweilige Zielgruppe und müssen diese entsprechend vermarkten. Ein Produkt, das nicht zielgruppengerecht vermarktet wird, wird niemand kennen und keiner buchen.

Am Anfang stehen also die *richtigen* Produkte. Ehrlich, die Zeiten, in denen Familien einmal im Jahr für drei Wochen in den Urlaub fahren, sind endgültig vorbei. Mit der erhöhten Mobilität über günstige Flugverbindungen und beste Erreichbarkeit von Nahzielen, sind unzählige neue Urlaubsdestinationen hinzu gekommen und neue Urlaubsformen entstanden.

Bodenmais steht nicht nur im Wettbewerb mit den Nachbargemeinden, nein, Bodenmais steht im Wettbewerb mit der ganzen Welt! Warum fliegen heute Familien nach Mallorca und fahren weniger in den Bayerischen Wald? Das Produkt, der Preis und das Angebot stimmen teilweise nicht mehr. Mallorca bietet eben vermeintlich mehr als der Bayerische Wald. Richtig? Zum Glück nur vermeintlich!

War die Gästeaufteilung in Familien, Einzelreisende, Wanderer oder Sportler früher noch ganz einfach, sind heute neben Wellness- und Kurzurlaub, Eventreisen und All-Inklusive-Reisen zahlreiche weitere Formen, den Urlaub zu suchen und zu buchen, hinzugekommen. Mallorca bekam es eben in den letzten Jahren besser hin, die richtigen Urlaubsformen für Familien anzubieten.

Die Bodenmais Tourismus & Marketing GmbH arbeitet direkt mit über 40 Reiseveranstaltern zusammen und es werden gemeinsame Marketing-Aktionen durchgeführt.

Der Anspruch der Gäste steigt, wobei das Problem besteht, dass die Schere zwischen Kunden mit geringem Budget und Gästen mit hohem Reisebudget weiter auseinander geht. Dem Wandel in der Produktentwicklung muss entsprochen werden und darauf ein Vermarktungs- und Vertriebskonzept aufgesetzt werden, welches glasklar die Abgrenzungen zu Wettbewerbern, sowie die Vorteile des jeweiligen Produktes herausstellt und massenhaft verbreitet.

Genau darauf kommt es an: massenhaft Produkte zu verbreiten! Der Bayerische Wald ist ein Massenzielgebiet und war jahrzehntelang sehr erfolgreich im Massentourismus. Wir sollten uns davon lösen, dass Massentourismus etwas Schlechtes ist. Massentourismus heißt nichts anderes, als dass sich die breite Masse Urlaub erlauben und leisten kann.

Der Bayerische Wald ist mit Familien groß geworden und hat diese an die Türkei und Spanien verloren. Schuld daran ist nicht der böse Gast, sondern dies ist ein rein hausgemachtes Problem. Das Angebot ging an der Zielgruppe Familie vorbei. Es passte einfach nicht mehr.

Zum guten Schluss wollten nicht einmal mehr die „Ossis" Ende der 90er Jahre mit ihren Familien in den Bayerischen Wald fahren.

Das Medium Gästekatalog kann hier als einzige Lösung nicht mehr dienen, die breite Masse an potenziellen Interessenten und Zielgruppen anzusprechen. Bodenmais ging mit der Gründung der Tourismus & Marketing GmbH den Weg, einen eigenen Reiseveranstalter und Tourismusvertrieb zur effizienten Nutzung aller Vertriebsoptionen aufzubauen.

Zur Gründung eines Reiseveranstalters gehören viele rechtliche und technische Voraussetzungen. Eine der wichtigsten rechtlichen Voraussetzungen ist der Abschluss einer Insolvenzversicherung, die dem Urlauber zu jedem Zeitpunkt die Sicherheit gibt, auch im Insolvenzfall des Reiseveranstalters sein überwiesenes Geld nicht zu verlieren. Idealer Partner für Bodenmais war und ist hier Travelsafe in Passau, der uns von Anfang an sehr kulant bei der Gründung geholfen hat.

Das konsequente Setzen auf einen Vertriebsmix aus Direktvertrieb, Buchungen über neue Vertriebswege und Medien, sowie die verschiedenste Art von Reiseveranstaltern, hat sich als klarer Vorteil für die Gästezahlen-Entwicklung herausgestellt. Wenn die Gäste nicht mehr von selbst kommen, dann muss man den Hunger auf Urlaub in der Region wecken und dies über alle Kanäle.

So wie heute etwa Bücher schon lange nicht mehr nur im Stammbuchladen gekauft werden, ist die Vielfalt an Informations- und Buchungsmöglichkeiten auch im Tourismus stark gestiegen. Neue Vertriebskanäle, Lebensmitteldiscounter, wie LIDL, ALDI oder PENNY, Kaffee- oder Kleidungsanbieter, wie TCHIBO oder ERNSTINGS FAMILY entstanden.

TV-Shopping verzeichnet jährliche Zuwachsraten von bis zu 30 Prozent, wovon ein Großteil der Buchungen im Eigenanreisebereich generiert werden. Letztlich hat das Internet das Buchungsverhalten so stark beeinflusst, dass der Anteil der online generierten Buchungen über die Internet-Reiseanbieter wie Expedia, ferienfabrik.de, Opodo oder billigweg.de in den nächsten Jahren weiter stark zunehmen wird. Es muss eine Aufgabe des Fremdenverkehrs werden, durch die Befriedigung der Bedürfnisse und Wünsche der Konsumenten, erfolgreiche Gästezahlentwicklungen zu beeinflussen, indem die richtigen Produkte mit den richtigen Preisen auf dem richtigen Markt mit den richtigen Absatzförderungsmaßnahmen platziert werden.

Schlagzeilen aus der Praxis zu diesem Thema

Bodenmais Tourismus zieht mit Glück TV erste Buchungen an Land

Geschäftsführer Lambeck will schon im nächsten Jahr die Übernachtungszahlen steigern

Beim Vermieterstammtisch erläuterte Tourismusmanager Andreas Lambeck (3. v. l.) seine Pläne für die kommenden Jahre. (Foto: Hartl)

Bodenmais (kat/jf). Die Bodenmais Tourismus und Marketing GmbH wird künftig auch als Reiseveranstalter auftreten und hat in dieser Woche die ersten Buchungen selber abgewickelt. Die Buchungen kamen aus dem Tele-Shopping bei Glück TV. Dort läuft seit einigen Tagen ein zehnminütiger Film über Bodenmais, mit der Möglichkeit, telefonisch zu buchen. In den nächsten Tagen und Wochen folgt dann auch der Abverkauf über Sonnenklar TV, sowie über die Handelsketten „Plus" und „Netto".

Einen Rede-Marathon bewältigte Andreas Lambeck, der Geschäftsführer der Tourismus und Marketing GmbH, am vergangenen Mittwoch: Er pendelte zwischen dem zweiten Gastgeber-Stammtisch der GmbH im Hotel Waldesruh und der Gemeinderatssitzung. Und erläuterte jeweils, welche Maßnahmen bereits umgesetzt wurden. Neben dem Teleshopping sind dies vor allem Rahmenverträge und Abverkaufsmaßnahmen mit zahlreichen Veranstaltern, wie zum Beispiel Mediplus, Wolters, Thomas Cook, Berge und Meer, Falk Autoreisen oder FTI. „Der bisherige Vertriebs-Mix ist ungesund", sagte Lambeck im Marktrat, „zu viele Buchungen laufen direkt über das Hotel". Diesen Anteil will Lambeck auf 50 Prozent drücken.

Außerdem wurde ein neues Gastgeber-Verzeichnis und ein neues Konzept für die Internetseite entwickelt. Andreas Lambeck hat auch die Marke „bodenmais.de" beim Patentamt schützen lassen und zudem die Internet-Domains „www.bodenmais.cz" und „www.langlauf.de" gesichert.

Für Aufsehen unter den Vermietern sorgte die Maßnahme, ein Kontrollverfahren für die Abführung der Kurtaxe einzuleiten. Statt die Kurtaxe zu erhöhen, sollen zunächst einmal so die Einnahmen der GmbH erhöht werden. In den nächsten Wochen soll außerdem die Kurkarte weiterentwickelt werden. „Wir sind dabei, eine Menge Dinge zu bewegen und zu verändern. Ich hoffe nur, dass das Tempo der Veränderungen niemanden überfordert", sagte Andreas Lambeck.

Auch im Gemeinderat nahm Lambeck kein Blatt vor den Mund. Es fehle vor allem an der EDV-technischen und personellen Ausstattung in der „Tourismus GmbH", auch das Marketingbudget sei zu niedrig. „Wenn unsere ersten Maßnahmen greifen, haben wir im Moment Probleme, die zusätzlichen Buchungen abzuwickeln." Trotzdem ist Lambeck zuversichtlich, das machte er nicht zuletzt mit einer Prognose zu den Gästezahlen deutlich. Schon 2008 will er den Rückgang der Übernachtungszahlen (heuer rund 670 000) stoppen, bis 2014 wieder auf eine Zahl von 940 000 kommen. „An diesen Zahlen lasse ich mich messen", sagte Lambeck. Erreichen will Lambeck diesen Erfolg auch über eine weitere Bereinigung beim Bettenangebot. Hier rechnet er mit einem Rückgang von derzeit 6840 Betten auf rund 5700 Betten im Jahr 2014.

Bodenmais wird im März 2008 mit einem eigenen „Counter" auf der ITB in Berlin vertreten sein und hier auch entsprechende Kontakte knüpfen. Am 22. September dieses Jahres werden 18 000 Reisebüros in Deutschland über Bodenmais-Angebote für ihre Mitarbeiter informiert. Diese können dann kostengünstig den Urlaubsort kennen lernen und damit auch ihre Kunden besser über Bodenmais informieren. Denn wo ein Reisebüromitarbeiter selbst schon einmal einen tollen Urlaub erlebt hat, das wird er gerne seinen Kunden anbieten, so Andreas Lambeck. Der nächste Gastgeber-Stammtisch findet am morgigen Mittwoch ab 20 Uhr im Hotel Waldesruh statt.

PNP am 18. September 2007

Bodenmais sucht noch 1.000 Wander-Tester

Erlebnisurlaub am Nationalpark zum Schnupperpreis ab 111 Euro

Bodenmais hat eine traumhafte Lage am Rande des Bayerischen Urwaldes.

Bodenmais (eb). Es ist unglaublich! Bisher haben sich 2.000 Wander-Tester für den absoluten Sommer- und Herbstknüller gemeldet - 1.000 Testplätze sind noch frei. / Sechs Tage als Wander-Tester rund um den bayerischen Urwald inklusiv großes Wander- und Aktivpaket gibt's zum einmaligen Schnupperpreis ab 111 Euro

In den vergangenen Wochen hat Bodenmais bundesweit Wander-Tester gesucht und rasend schnell 2000 Tester gefunden. Nun geht es in den Endspurt: Bodenmais sucht noch die letzten 1.000 Wander-Tester! Diese Aktion soll anhand eines neuen Fragebogens aufklären, wie hoch der „Wander- und Erlebnisfaktor" im Ort und Unterbringungen für unsere Gäste ist. Ab 111 Euro gibt es den Wander- und Wellnessurlaub mit Komplettprogramm und fünf Übernachtungen. Das komplette Leistungspaket dieses „Wandererlebnis" hat einen Gesamtwert von über 200 Euro – nur der Testurlauber kann es zum Schnupperpreis von 111 Euro buchen! Einzige Bedingung für die Ersparnis: Der Tester investiert einfach 10 Minuten seiner Zeit und füllt den angesprochenen Fragebogen aus. Einmalig ist bei dieser Aktion auch, dass der Tester seinen Urlaub von 5 auf 10 Nächte verlängern kann. Auch Singles sind herzlich willkommen.

Einer der besten Wanderregionen im Lande - genau das ist Bodenmais. Der Ferienort Nr. 1 im Bayerischen Wald ist nachweislich einer der schönsten Wanderregionen in ganz Deutschland. Bei der Wahl der Wanderziele im Jahre 2008 landet Bodenmais unter den beiden Besten aller Feriennorte und Regionen. An der Abstimmung nahmen mehr als 3.500 Wanderexperten aus ganz Deutschland teil. Das Votum zeigte noch etwas anderes ganz deutlich: Wandern ist ein Volkssport geworden und ist auch bei der jüngeren Generation längst angekommen. Bodenmais bietet mit gut 400 km gepflegten Wanderwegen, einer deutlichen Beschilderung, traumhaften Aussichten, zahlreichen urigen Einkehrmöglichkeiten und viel Spaß am Abend die besten Voraussetzungen. Bodenmais liegt nicht weit vom Nationalpark entfernt, der laut yahoo – Reisemagazin zu den TOP 10 der schönsten Nationalparks der Welt gehört.

Jeder Wander-Tester kann an den geführten Erlebniswanderungen kostenlos teilnehmen. Dieses umfangreiche Wander- und Erlebnispaket ist schon im Testpreis enthalten.

Sechs Tage (fünf Nächte) verbringen die Tester in einer WellSportAktiv-Pension mit erweitertem Frühstück oder, gegen einen geringen Aufpreis, in einem 3-Sterne-BTM-Select-Ferienhotel inklusive Frühstücksbüfett. Alle Zimmer sind komfortabel mit Bad oder Dusche und WC und SAT-TV ausgestattet. Die Tester erwartet ein umfangreiches Erlebnispaket. Nach einem erlebnisreichen Wandertrag haben Sie freien Eintritt in viele Wellness-Einrichtungen des Ortes (WellSportAktiv-Paket im Wert von 20 Euro/Tag und Person inklusive), es gehört auch eine „Schnuppermassage" in unseren Massage- & Beautystudios für jeden erwachsenen Gast zum Testprogramm. Mit WellSportAktiv können Gäste täglich kostenlos das nagelneue Silberberg-Hallenbad, die Saunalandschaft, das Sport-Studio und im Sommer das Freibad nutzen. Und das ist längst nicht alles: Ebenfalls inklusive ist das Bodenmaiser Urwaldprogramm, mit Vorträgen und Events, natürlich das großes Wander- und Aktivprogramm, eine DVD mit dem Bodenmais Film, ein Bierkrug pro Buchung mit persönlicher Namensgravur von JOSKA, die Bayerwald-Card Bodenmais (Ermäßigungen in 500 Freizeiteinrichtungen, Geschäften und Restaurants) und sogar die Teilnahme am Kinderprogramm für den Nachwuchs.

Getestet werden kann Bodenmais ab sofort - das ganze Jahr lang - bis Ende November 2010. Anreisen können die Urlaubstester jeweils am Samstag und Sonntag. Dieses Angebot gilt auch an allen Ferienterminen in Deutschland.

Wer Tester in Bodenmais werden möchte, kann sich seinen Platz über die Hotline 01805/ 144 514 52 (0,14 Euro/Min. dt. Festnetz, Mobilfunk bis 0,42 Euro) oder per Email an veranstalter@bodenmais.de sichern. Weitere Informationen oder Katalogbestellungen gibt es bei Bodenmais Tourismus, im Internet unter www.bodenmais.de oder unter der Anschrift Bodenmais Tourismus und Marketing GmbH • Bahnhofstraße 56 • 94249 Bodenmais.

Der Preußenspiegel am 16. Juni 2010

25 Mundraub – wenn ein Reiseveranstalter auch noch Provision verlangt

Die Gründung des eigenen Reiseveranstalters war eine der ersten und eine der wichtigsten Maßnahmen, die die Bodenmais Tourismus & Marketing GmbH im Jahr 2007 vorgenommen hat. Sie stellte auch eine nicht unerhebliche Investition in Technologie und in ein Reservierungssystem dar.

Die Veranstaltergründung verfolgte im Wesentlichen den Zweck, alle Vertriebskanäle zu erschließen, um beispielsweise in den mehr als 12.000 stationären Reisebüros in Deutschland und immer wichtiger werdenden Online-Reiseportalen buchbar zu werden.

Wie soll ein Call-Center Produkte von einem Ferienort massenhaft verkaufen können, wenn nicht einmal eine elektronische Abwicklung vorhanden ist? Dies alles ist Grundvoraussetzung für den Zugang in die Welt der industriellen, touristischen Vermarktung, um seine Produkte in den sogenannten CRS-Systemen und Internet-Buchungsmaschinen wiederfinden zu können.

Das beste Produkt – und nicht nur Bodenmais verfügt über die Voraussetzungen und das Potenzial zahlreiche attraktive Reiseangebote aufzulegen – nützt nichts, wenn es nicht auf elektronischem Weg buchbar und zu verarbeiten ist. Wie wollen Sie Massenprodukte mit zahlreichen Leistungsträgern in einem Ferienort abwickeln können, wenn Sie nicht über eine passende Technologie verfügen? Über handgeschriebene Voucher oder Exceltabellen?

Der Verbraucher ist aufgrund der rasant angestiegenen Informations- und Buchungsmöglichkeiten bequem geworden und will heute zu jeder Zeit und in jeder Form Zugang zu jenen Produkten erhalten, auf die er gerade Lust hat.

Die Schaffung der rechtlichen und technischen Voraussetzungen der Reiseveranstaltergründung stellen aber selbstverständlich nur die Basis dafür dar, nun aktiv Produkte auf den Markt zu bringen, die Nachfrage und Buchungsvolumen erzeugen.

Dies geschieht über den beschriebenen Vertriebsmix, der stets aber voraussetzt, dass attraktive Produkte auch jederzeit buchbar sind. Die Nachfrageerzeugung geschieht hier also über Präsenz in den Vertriebskanälen, wie Reisebüro und TV, über Vertriebspartner, wie LIDL und Online-Reiseportale. Begleitet wird dies über eine konsequente Marketing- und PR-Strategie, die kurz- und mittelfristig Gästezahlen produziert und langfristig den Markenaufbau der Dachmarke – in diesem Falle bodenmais.de – verfolgt.

Auch in allen guten Reisebüros in Deutschland, wie hier im Reisebüro Nominacher, wird Bodenmais angeboten und kann direkt über Reservierungssysteme gebucht werden.

Selbstverständlich ist die Vermarktung von Produkten nicht zum Nulltarif zu erhalten. Jeden Tag schalten hunderte Hoteliers für ihre Häuser tausende von Anzeigen in diversen Printmedien, ohne im Vorfeld zu wissen, ob diese Anzeigenschaltungen zur gewünschten Response führen. Auch der Reiseveranstalter benötigt eine Marge, um seine Aktivitäten, die einzig die angesprochenen Ziele verfolgen, finanzieren zu können.

Hierbei bietet sich den Hoteliers der Region allerdings eine Möglichkeit, die für jeden cleveren Unternehmer hoch attraktiv ist: Erfolgsabhängiges Marketing – also statt Werbegeld mit hohem Risiko zu verpulvern, wirklich nur dann über Provisionen an den Marketingkosten beteiligt zu werden, wenn auch analog entsprechende Buchungseingänge erfolgen.

Das Unverständnis vieler Beherbergungsbetriebe, an den Reiseveranstalter auch noch Provision zahlen zu müssen, ist absolut nicht nachvollziehbar, wenn man bedenkt, dass hier nachhaltig Zugänge zu Vertriebs- und Marketingkanälen geschaffen werden, die die einzelnen Hoteliers alleine nicht leisten können, so dass hier wichtige Tore zum Markt verschlossen bleiben würden.

Zwischen 20 und 25 Prozent Provision vom Reisepreis benötigt ein Veranstalter, um sein Geschäft und *seine* Risiken finanzieren zu können. Jede zusätzlich generierte Buchung, die zur Auslastungssteigerung beiträgt, ist hierbei ein Gewinn für ein Hotel – trotz der anfallenden Provision.

Bodenmais hat mittlerweile unzählige Beispiele dafür, wie Hotels von der aktiven Zusammenarbeit mit dem „eigenen" Reiseveranstalter profitieren, und sich dies maßgeblich im Betriebsergebnis des Unternehmers niederschlägt.

Nicht zu unterschätzen sind hierbei die Effekte, die sich für den Ort ergeben, wenn es gelingt, die Auslastung deutlich zu steigern und die Übernachtungszahlen signifikant zu erhöhen. In vielen Ferienorten Deutschlands ist der Einzelhandel aufgrund des Gästeschwunds im Ort verödet, die Qualität der Gastronomie hat wegen der nötigen Kosteneinsparungen nachgelassen und die Gemeinschaft der örtlichen Unternehmer hat das Vertrauen in die Fähigkeiten der Politiker, hier im Sinne der wählenden Bürger agieren zu können, verloren.

Der Trend, dass Übernachtungszahlen sinken, muss und kann aufgehalten werden. Das Verständnis, dem Reiseveranstalter dann über Provision das effiziente Handeln zu ermöglichen, steigt mit der Generierung kurz- und mittelfristiger Erfolge. Diese Schritte müssen aber zunächst gegangen werden, um die Abwärtsspirale zu stoppen.

Eines muss jedem klar sein: Ohne Einsatz von Marketing kann heute kaum noch ein Betrieb im Tourismus auskommen. Das kostet Geld. Provisionszahlungen sind nichts anderes als erfolgsabhängiges Marketing. Hier zahlt ein Hotelier nur bei Erfolg. Gibt es etwas Besseres?

Schlagzeilen aus der Praxis zu diesem Thema

TUI-Auszeichnung für Hotel Hammerhof

Gratulation zur Auszeichnung: Der Geschäftsführer der Bodenmais Tourismus & Marketing GmbH, Andreas Lambeck (l.), gratulierte Maria (2.v.r.) und Eckard Baumgartner (2.v.l.) vom Hotel Hammerhof zusammen mit seiner Stellvertreterin Katharina Hartl (m.) und Vertriebsleiter Peter Hübsch (r.) zum TUI Holly 2008. – Foto: BTM

Bodenmais. Eine der begehrtesten Auszeichnungen der Tourismusbranche haben Maria und Eckard Baumgartner vom Hotel Hammerhof in Bodenmais bereits zum zweiten Mal innerhalb drei Jahren erhalten: den „TUI Holly 2008“. Jedes Jahr wetteifern weltweit rund 10 000 Hotels um diese begehrte Auszeichnung, die vom Reiseveranstalter TUI nur 100 mal vergeben wird. In ganz Deutschland dürfen sich nur sechs Hotels mit dem TUI Holly schmücken.

Der Geschäftsführer der Bodenmais Tourismus & Marketing GmbH Andreas Lambeck gratulierte mit seiner Stellvertreterin Katharina Hartl und Vertriebsleiter Peter Hübsch Maria und Eckard Baumgartner mit einer Torte zum TUI Holly: „Auch wir von der BTM sind stolz, dass ein Bodenmaiser Hotel den TUI Holly erhalten hat und empfinden das auch als Bestätigung, mit Bodenmais auf dem richtigen Weg zu sein“, sagte Lambeck.

PNP am 25. September 2008

26 Zwischen Billigtourismus und Golfplatz

Gibt es schlechte Kunden? Ja, werden Sie jetzt vielleicht sagen und gehören zu jenen, denen sich die Nackenhaare aufstellen, wenn sie an sogenannte „Billigtouristen" denken.

In Deutschland will man meist diese preissensiblen Kunden nicht, sondern nur die *guten* Kunden. Jene, die sonst nur diese Discountferien an der türkischen Riviera machen oder auf den Ballermann abfahren, die sind in Deutschland häufig nicht gern gesehen. Ist das nicht reichlich arrogant und an der Realität vorbei?

Es gibt keine guten oder schlechten Kunden. Entweder Sie haben Gäste, oder Sie haben keine. Nicht der Gast ist falsch, sondern das Angebot!

Wäre dem nicht so, so müssten ja angesichts der demographischen Veränderungen in den nächsten Jahrzehnten Zielgebiete, die heute mehrheitlich von Menschen zwischen 14 und 29 Jahren besucht werden, reihenweise Pleite gehen.

Die Realität ist, dass wir, im öffentlichen Tourismus, orientiert am Bedarf aller Kunden die passenden Produkte entwickeln und darauf abgestimmte Vermarktungsstrategien umsetzen müssen. Die Familie, die sonst mit ihren zwei Kindern in den Sommerferien zwei Wochen All-Inklusive-Ferien in Antalya macht, passt nicht in Ihre Region, weil das ja Billigtouristen sind?

Haben Sie sich wirklich einmal mit den Tatsachen beschäftigt, statt diese Klischees ungeprüft für bare Münze zu nehmen?

Wer aus der Touristikindustrie kommt, weiß, dass das alles andere als Billigtouristen sind. Wer heute zwei Wochen Türkei für eine Familie mit zwei Kindern in den Ferien buchen will, kommt kaum unter 2.500,– Euro zu seiner Wunschreise. Warum sollte diese Familie nicht auch einmal Urlaub in Bodenmais oder in Ihrer Region machen?

Bodenmais präsentiert sich auch als Golfregion, denn es liegt inmitten von Golfplätzen und verfügt dazu über die meisten Wellness-Hotels des Bayerischen Waldes.

Gelingt es, diese Zielgruppe mit adäquaten Produkten über moderne Vertriebswege anzusprechen, können hier *massenhaft* Gäste akquiriert werden!

Und wenn Sie jetzt wieder Schweißperlen bei dem Begriff Massentourismus bekommen, so ist auch dies falsch. Entweder reduzieren Sie die Bettenkapazität in Ihrer Region um die Hälfte und werden so trotz sinkender Übernachtungszahlen der Auslastungskönig, oder Sie müssen sich wohl oder übel auch dem Markt des sogenannten Massentourismus zuwenden. Eine Million Übernachtungen für Bodenmais sind allein mit Stammkunden und ausgewählten Gästegruppen nicht zu machen.

Maßgeschneiderte Produkte für preisbewusste Familien haben hierbei ebenso ihre Daseinsberechtigung wie das Premiumsegment für Golfurlauber.

Zurück zu unserer „Türkeifamilie". Zwei Wochen in den Sommerferien in einem 4-Sterne-Hotel mit All-Inklusive-Versorgung kosten pro Erwachsenem gut und gerne 800,– Euro, und selbst wenn die Kinder noch 50 Prozent Ermäßigung erhalten, ist diese Familie mit einem Reisepreis von 2.400,– Euro dabei. Und mit diesen Gästen wollen Sie die Pensionen und Ferienwohnungen Ihrer Region nicht füllen?

Warum nicht? Es ist eine exzellente Zielgruppe für den gesamten Ferienort!

Wenn pro Übernachtung und Familie in der Komfort-Ferienwohnung 70,– Euro zu Buche schlagen, und diese Familie pro Tag noch einmal 110,– Euro für Verpflegung, Kultur, Aktivitäten und Anreise ausgibt, kostet ein Deutschlandurlaub mehr als Ferien in der Türkei, und auch der vergleichbare 4-Sterne-Urlaub in unserem Türkeibeispiel ist etwa in Bodenmais deutlich teurer als die Flugreise ans Mittelmeer.

Nur partizipiert in der Türkei nur das Hotel und in Deutschland die gesamte touristische Verwertungskette vor Ort: Handel, Gastronomie und Freizeiteinrichtungen.

Was wir brauchen, sind also nicht die richtigen Kunden, sondern die *richtigen* Produkte.

Das Erlebnis Familienurlaub in Bodenmais ist für Eltern und Kinder deutlich intensiver, wenn sie erlebnisreiche Tage im Urwald verbringen, als die Kleinen bei türkischen 40 Grad im Schatten im Kinderpool zu parken.

Hier gilt es, durch die richtige Kundenansprache zu überzeugen. Wer den Wettbewerb mit den vermeintlichen Gewinnerregionen auf der ganzen Welt scheut, kann einpacken. Der Kunde muss „nur" die Vorteile und Unterscheidungsmerkmale erkennen und als sexy empfinden, dann werden aus verloren gegangenen Zielgruppen wieder Gäste in Ihrer Region.

Schlagzeilen aus der Praxis zu diesem Thema

Bodenmais will die Golf-Urlauber haben

Bodenmais. Fünf Golfplätze in unmittelbarer Nähe, das ist für die Bodenmaiser Touristiker Motiv, intensiv um Golf-Urlauber zu werben. Ab sofort ist die neue Internetseite www.golf-by-bodenmais.de online. Mit der neuen Seite und unter dem Namen golf-by-bodenmais will die Bodenmais Tourismus & Marketing GmbH (BTM) eine neue Zielgruppe und ein hochwertiges Produkt zu vermarkten. Zu der Vermarktung gehören neben der neuen Internetseite auch eine Darstellung im neuen Gästekatalog, der Vertrieb über einen Golf-Reiseveranstalter und zahlreiche Golfclubs. Außerdem wird es 2010 das erste Bodenmaiser Golfturnier geben. Die ganzen Maßnahmen werden ab 2010 durch eine bundesweite Werbekampagne unterstützt. Was Bodenmais noch fehlt, das ist ein eigener Golfplatz.

Die fünf Golfplätze in der Nähe: Golfpark Oberzwieselau; Deggendorfer Golfclub auf der Rusel, Golf-Club Furth im Wald e. V., Panorama-Golfplatz Lam, Golfclub am Nationalpark Bayerischer Wald e. V.. Sie sind nur zwischen 23 und 52 Kilometer von Bodenmais entfernt „Ein Traum für jeden Golfer", ist sich Andreas Lambeck, der Geschäftsführer der Bodenmais Tourismus und Marketing GmbH sicher, und weiter: „dazu kommen noch unsere erstklassigen Hotels, die es in dieser Anzahl nur in Bodenmais, sonst nirgendwo in Bayern gibt." Fachlich begleitet wird das Projekt vom Vorsitzenden des Vereins Wirtschaft und Tourismus, Dr. Manfred Schappler, Joska-Geschäftsführer Josef Kagerbauer jun. und Franz Austen vom Golf-Reiseranstalter First-Class Golf.

Acht von den Bodenmaiser Hotels, Kristall- und Vitalhotel Bergknappenhof, Wellness- und Vitalhotel Böhmhof, Hotel Residenz Bodenmaiser Hof, Wellnesshotel Neue Post, Ferienhotel Hubertus, Hotel Kronberg, Hotel Dolce Vita, Hotel Waldesruh wollen sich des Themas Golf annehmen und bieten ab Ende August die Kurse der Anlagen in kompletten Hotelpauschalen auch im neuen Gästekatalog 2009/2010 an. – bb

PNP am 3. August 2009

Viechtach Aktuell am 24. Juli 2008

Ein Mindestpreis soll kommen

Bereits ab 2009 will die BTM Mindestpreise vorschreiben

Bodenmais. Die Bodenmais Tourismus und Marketing GmbH macht 2009 ernst und zieht Konsequenzen aus der Endlos-Diskussion im Bayerischen Wald und in Bodenmais über die billigen Übernachtungspreise in der gesamten Region. Ab dem Gästekatalog 2009/2010 wird es in Bodenmais Mindest-Übernachtungspreise geben. Das heißt konkret, dass in den einzelnen Kategorien ein Mindest-Übernachtungspreis im Gästekatalog beziehungsweise Gästeverzeichnis nicht mehr unterschritten werden darf. Pensionen, Ferienwohnungen und Hotels, die die betriebswirtschaftlich sinnvolle Untergrenze unterschreiten, bekommen keine Möglichkeiten mehr, im neuen Gästekatalog vertreten zu sein.

Diese einschneidenden Konsequenzen seien aus zwei Gründen dringend notwendig geworden. Erstens kalkulieren einige Gastgeber ihre steigenden Betriebskosten zum Beispiel Energie oder Lebensmittelpreise überhaupt nicht mit ein. Zweitens müsse die Bodenmais Tourismus und Marketing GmbH in Zukunft genügend Spielraum haben, dass sie auch über andere Vertriebskanäle wie beispielsweise Reiseveranstalter, Reisebüros oder Internetplattformen verkaufen kann. Diese Kanäle benötigen jedoch jeweils eine Provision in Höhe von 15 bis 25 Prozent. Die Provision geht zu Lasten des Vermieters und der Marge.

„Da eine Endkunden-Preisgleichheit in allen Vertriebskanälen von Nöten ist, müssen wir nun innerhalb der nächsten zwölf bis 18 Monate die Preise so anpassen, dass wir Spielräume für die verschiedenen Vertriebskanäle haben“, sagt Geschäftsführer Andreas Lambeck.

Wenn ein Vermieter für seine Pension selbst im Gästekatalog zum Beispiel nur 18 Euro nimmt, so kann niemand erwarten, dass ein Reiseveranstalter dafür mehr bezahlt. Im Gegenteil: Bei 18 Euro abzüglich 25 Prozent würde der Vermieter über einen Veranstalter wie beispielsweise die TUI oder Neckermann nur noch 13,50 Euro erhalten. „Diese Veranstalter und Vertriebspartner sind selbstverständlich nur bereit, zum gleichen oder besseren Endkundenpreis Bodenmais in den Vertrieb aufzunehmen. Das ist nachvollziehbar und entspricht den normalen Regeln im Tourismusvertrieb“, erklärt Bodenmais Tourismuschef Lambeck.

Schuld an dieser Preis- und Marktentwicklung seien nicht die Reiseveranstalter, die Tourismus GmbH oder die Kunden, sondern die Region selbst, so Lambeck weiter. „Die negative Preisentwicklung nach unten werde nur mit guten Worten aber ohne Taten kein Ende nehmen“, prophezeit Lambeck. Bisher galt, dass bei immer weniger Gästen der Druck die Preise zu senken immer höher wurde. „Wir haben den negativen Gästetrend für Bodenmais zwar gestoppt, aber das Preisproblem bleibt weiterhin bestehen“, so Lambeck. „Ich lasse die Kritik nicht gelten, dass die Tourismus GmbH Billigurlauber nach Bodenmais holt. Den billigen Preis haben wir hier vorgefunden. Richtig ist aber, dass wir zusätzlich noch die Vertriebskosten für unsere Partner berücksichtigen müssen“, sagt Lambeck weiter.

Die Bodenmais Tourismus hat sich nun sehr klar vorgenommen, dass ab Winter 2009/2010 gewisse Mindest-Übernachtungspreise nicht mehr im Gästekatalog unterschritten werden. Pensionen unter 20 Euro oder Ferienwohnungen unter 30 Euro werde man dann im Katalog nicht mehr vorfinden. Außerdem wird es gleichzeitig für alle Mitglieder des Vereins Wirtschaft und Tourismus eine Selbstverpflichtung geben, dass gewisse Mindestpreise an Endkunden nicht mehr unterschritten werden. Der Vorsitzende des Vereins Dr. Manfred Schappler, der Bürgermeister Michael Adam und der Geschäftsführer der BTM gehen diesen steinigen Weg in absoluter Übereinstimmung, versichern die Verantwortlichen der BTM.

27 Fünf First-Class-Hotels auf dem Weg zu einer gemeinsamen Premium-Marke

Über die Innovations- und Wirtschaftskraft der Bodenmaiser Hoteliers ist in diesem Buch bereits vielfach zu lesen. Ein weiterer Beweis hierfür ist, dass aus den Reihen der besten Häuser im Ort der Wunsch kam, unter der Moderation der Bodenmais Tourismus & Marketing GmbH eine gemeinsame, lokale Premiummarke zu entwickeln, diese aktiv auf den Markt zu bringen und eindeutig im oberen Segment zu positionieren.

Ziel dieser neuen Marke ist es nicht, sich von den anderen zahlreichen Vertriebsaktivitäten der Bodenmais Tourismus & Marketing GmbH abzugrenzen, sondern die hohen Ansprüche einer Zielgruppe zu befriedigen, die auch bereit ist, einen adäquaten Preis für hochwertigste Leistungen zu bezahlen. Diese neue Produktmarke stellt eine ideale Ergänzung der bisherigen Vertriebsaktivitäten in Bodenmais dar, um zusätzliche Urlauber für Bodenmais zu gewinnen.

Bodenmais hat natürlich mehr als nur jene fünf 4-Sterne-Hotels, die sich unter der neuen Luxusdachmarke derzeit ansiedeln. Jedes Hotel muss jedoch seinen individuellen Weg finden, um damit seine Zielgruppe zu erreichen. Aus diesem Grund passt diese Premium-Idee nicht zu jedem Bodenmaiser First-Class-Haus. Es gibt viele gute weitere Beispiele für eine klare Zielgruppen-Positionierung im First-Class-Bereich von Bodenmaiser Hotels.

Häuser, wie beispielsweise das „Hotel Dolce Vita" oder das „Hotel Waldesruh" sind ihren eigenen Weg gegangen und haben ihre Zielgruppe erreicht und gefunden. Beide Hotels bekommen bei HolidayCheck höchste Weiterempfehlungsraten. Das „Hotel Waldesruh" gehört laut FOCUS sogar zu den besten Häusern in Bayern und das „Hotel Dolce Vita" hat 2008 den HolidayCheck-Award gewonnen.

Zurück zu unserer Premium-Marke: Richtigerweise sind die teil-

Die bisher fünf Bodenmaiser Premium Hotels präsentieren sich in Zukunft auch gemeinsam auf einer Internetseite: www.bodenmais-premium-hotels.de – hier der erste Entwurf.

nehmenden fünf Hoteliers der Überzeugung, dass die gemeinsame Vermarktung ihrer hochwertigen Bodenmaiser Hotelangebote erfolgversprechender sind, als ausschließlich nur auf die jeweils eigenen Marketing- und Vertriebsaktivitäten zu setzen. Die Entwicklung einer gemeinsamen Premium-Marke ist der richtige Weg. Solch eine Marke gibt der anspruchsvollen Kundenklientel ein hohes Maß an Vertrauen, dass in diesen Häusern ihre besonderen Wünsche auch erfüllt werden.

Die „bodenmais.de Premium Hotels“, zu denen zunächst das Hotel „Bergknappenhof“, der „Hammerhof“, der „Böhmhof, die „Neue Post“ und der „Bodenmaiser Hof“ gehören, haben sich ambitionierte Ziele für die Zukunft gesetzt. Diese fünf Mitglieder der neuen Hotelgemeinschaft unterwerfen sich jeweils im Rahmen einer Selbstverpflichtung einheitlichen Qualitäts-, Service- und Marketingstandards.

Neben der einheitlichen Außendarstellung auf Messen, in Katalogen und Anzeigen, welche die Hochwertigkeit der Marke impliziert, soll beim führenden Bewertungsportal HolidayCheck eine durchschnittliche Weiterempfehlungsrate von mindestens 90 Prozent erreicht werden. Die teilnehmenden Häuser sollen ständig qualitativ überprüft und weiterentwickelt werden. Dazu gehört genauso, dass kein Investitionstau vorliegen darf und offiziell das Haus als First-Class-Hotel klassifiziert sein muss.

Die privat geführten Hotels verpflichten sich, dass ihre Mitarbeiter permanent geschult und fortgebildet werden und insbesondere beim Thema Golfsport kompetent und fit sein müssen. Die Küche muss höchsten Ansprüchen genügen und der verwöhnte Gast bekommt eine Preisgarantie für ein außergewöhnliches Preis-/Leistungsverhältnis, womit verbunden ist, dass diese Häuser nicht im Last-Minute-Bereich oder in preisaggressiven Abverkaufsaktionen zu finden sind.

Das neue Logo für die neue Hotelgemeinschaft.

Die Entwicklung eines gemeinsamen Onlineportals zur Vermarktung und ein Überblick über das Gesamtangebot der „bodenmais.de Premium Hotels" ist ebenso Teil des Konzepts wie die gemeinsame Präsentation in einem Spezialkatalog. Zu der Angebotspalette dieser Hotels wird die Organisation von exklusiven Events und Veranstaltungen gehören, die ausschließlich den Gästen der teilnehmenden Hotels vorbehalten sind, wie etwa Golfturniere und Oldtimer-Rallyes.

Auch die Zielgruppendefinition- und Ansprache ist mit der gezielten Akquise spezieller Gästeklientel, wie Lionsclubs und VIP-Verbindungen, ein Vorteil der gemeinsamen Vermarktungsidee. Zudem ist geplant, dass jeder Gast bei einem Aufenthalt ab vier Tagen nach Voranmeldung und Verfügbarkeit in einem der anderen Premium Hotels am Gourmet-Abendessen teilnehmen, sowie einmalig die Wellness-Einrichtungen der anderen Hotels nutzen kann.

Die Bodenmais Tourismus & Marketing GmbH wird den Hoteliers als Dienstleister bei der Umsetzung, Koordination und Moderation des Konzeptes zur Seite stehen und das Knowhow ihres professionellen Teams und seine Verbindungen innerhalb des Tourismusmarktes einbringen.

Dieses Kapitel ist ein weiteres Beispiel, wie Vertrieb für eine bestimmte Zielgruppe aussehen kann und wie Hotels, Kommunen und Touristiker gemeinsam eine Idee entwickeln und umsetzen können.

28 Qualität entscheidet in allen Bereichen – nicht nur beim Hotel

Vielleicht neigen Sie beim Lesen der Überschrift dieses Kapitels zum Weiterblättern, da Ihnen ja klar ist, dass Qualität entscheidet. Und deshalb machen Sie ja auch bei allen erdenklichen Qualitätsinitiativen, wie „Servicequalität Deutschland" mit. Es geht aber – und das ist entscheidend – beim Thema Qualität um weit mehr als Hotelstandards und Klassifizierungen.

Es geht sogar um mehr als um die aktive Nutzung moderner, webbasierender Verbraucherplattformen, wie beispielsweise HolidayCheck. Es geht um die Beantwortung der Frage, wie der gewonnene Gast einer Ferienregion nicht nur seine geweckten Erwartungen vor Ort bestätigt bekommt, sondern wie er nach der Rückkehr begeistert von seinem Urlaub erzählt.

Die Definition, das Einhalten und das Monitoring von Qualitätsstandards in der Hotellerie und auch die Servicequalität der Tourist-Information stellen ganz sicher wichtige Bausteine dar, die letztlich zu einem positiven Gesamteindruck beim Gast führen. Aber dies allein reicht nicht!

Jeder Urlauber möchte Urlaubsflair während des *gesamten* Aufenthalts erfahren und genießen. Natürlich im Hotel oder in der Ferienwohnung, aber auch auf den Straßen, in den Fußgängerzonen, beim Blick auf die Gebäude im Ort – eben einfach überall.

Bodenmais hat dies erkannt und Maßnahmen ergriffen, die zum Wohle des Tourismus, der Lebensader des Ortes, umgesetzt werden. Die Verkehrsberuhigungen, die einstige Rennstrecken durch den Ort sicherer machen, sind nur ein erster Schritt. Für einen positiven Gesamteindruck gehört Sauberkeit im Ferienort ebenso, wie Blumenschmuck, auf den der flanierende Gast viel lieber schaut als auf einen unkontrollierten Werbeschilderwald, dem zukünftig mit einer neuen Werbeanlagensatzung in Bodenmais begegnet wird.

Mit wenig Aufwand kann man Atmosphäre im Ort schaffen, wie hier das „Zucchero".

Die Tourismusorganisation eines Ortes hat ganz klar die Aufgabe, aus der Sicht des Gastes ein Umfeld zu schaffen, dass attraktiv und emotional ansprechend ist. Sie können sicher nicht alles selbst umsetzen, aber Sie haben die Aufgabe, den Gewerbetreibenden Impulse zu geben.

Wer sitzt nicht viel lieber in einem Lokal, in dem angenehme Musik läuft und in dem durch dezente Beleuchtung eine Stimmung erzeugt wird, die zu Speis` und Trank einlädt?

Und die Stimmung in einem Ferienort wird außerdem noch durch viele kleine Dinge beeinflusst, für die die Tourismus GmbH als Initiator dienen kann. Ob es Fackeln vor den Wirtshäusern sind, die Flair geben, oder gar ein Duft im ganzen Ort, der anspricht.

Woran erinnern Sie sich, wenn Sie an Ihren letzten Urlaub denken? Meist sind es jene Dinge, die positiv oder negativ unsere Sinne angesprochen haben, die uns im Gedächtnis bleiben. Ein Ferienort ist nicht ein Ort mit Hotels und Ferienwohnungen. Diese gehören dazu, ja. Aber das Erscheinungsbild des *ganzen* Ortes ist es, was diesen prägt.

Schlagzeilen aus der Praxis zu diesem Thema

Bahnhofstraße: Flaniermeile auf Widerruf

Markt plant mit Pflanztrögen und Markierungen versuchsweise Verkehrsberuhigung

Bodenmais. Die Bahnhofstraße als Bodenmaiser Boulevard, mit schmälerer Fahrbahn, Bäumen und reichlich Platz zum Flanieren – dieser hochfliegende Plan ist vor vier Jahren gescheitert. Anlieger und Geschäftsleute sahen sich damals von den Planungen überrollt und zogen die Notbremse. Zufrieden ist aber im Ort auch heute niemand mit dem Erscheinungsbild und der Aufenthaltsqualität der Straße, weder Urlauber noch Einheimische. Und deshalb hat der Gemeinderat in seiner Sitzung am Montag die Sache wieder in Bewegung gebracht. Auf Anregung von Bürgermeister Michael Adam und Planer Georg Oswald wird es demnächst eine probeweise Umgestaltung mit Pflanzentrögen und Farbmarkierungen geben. Ende des Jahres soll dann ein erstes Fazit gezogen werden.

Umbau liegt seit 2005 auf Eis

Bei der Regierung von Niederbayern sei man 2005 über den abrupten Planungsstopp befremdet gewesen, wie Bürgermeister Adam zu berichten wusste. Deshalb ist der Markt auch aus der Städtebauförderung geflogen. „Mittlerweile sind wir dank guter Begründung wieder aufgenommen worden", sagte Adam. Planer Oswald (Architekturschmiede Kirchdorf) erläuterte das komplizierte Gefüge aus Städtebauförderungs-Grundprogramm und diversen Zusätzen, wie etwa „Stadtumbau". Er konnte die Regierung mit seiner Analyse der Ortsentwicklung überzeugen, Bodenmais in dieses Programm aufzunehmen. Die Zahl der Bevölkerung gehe zurück, Bodenmais ist zunehmend überaltert, auch die Gäste-Übernachtungszahlen seien (zumindest bis vor zwei Jahren) kräftig gesunken. Es gibt leerstehende Geschäfte, die Grundstückspreise sind gefallen – all das spricht für das Förderprogramm „Stadtumbau". Hier muss der gesamte Innerortsbereich einbezogen werden, wie Oswald erklärte. Die Nutzung von Brachflächen, gestaltete Grünbereiche im Ort, Fußwegverbindungen, das alles soll sich in einem städtebaulichen Entwicklungskonzept (SEK) finden. Und als „Impulsprojekt" könne die Umgestaltung der Bahnhofstraße dienen. Immer wieder nannte Oswald den Begriff „Dialogplanung", den Adam so deutete: „Wir dürfen nicht wie vor vier Jahren den Fehler machen, dass wir hier herin planen und dann mit dem Ergebnis von Haus zu Haus gehen." Oswald hatte damals den Eindruck gewonnen, dass alle Anlieger die Umbaupläne gut fanden – nur bei ihnen vor dem Geschäft gehe es leider nicht. Deshalb müssten die Anlieger von Anfang an bei der Planung mit von der Partie sein.

Die einzige Richtung, in die es nach Oswalds Ansicht gehen kann, ist die gleiche wie vor vier Jahren. Gefordert und gefördert werde eine Verbesserung der Aufenthaltsqualität in der Bahnhofstraße, ein Kompromiss zwischen den Forderungen des fließenden, des ruhenden Verkehrs und der Fußgänger. Und das funktioniere nur über eine deutliche Verschmälerung der Fahrbahn, über breitere Gehwege und über Längsparkplätze entlang der Fahrbahn anstelle der jetzigen Stellplätze vor den einzelnen Geschäften. Ganz wichtig findet der Planer das Pflanzen von größeren Bäumen – gerade in der Bahnhofstraße, die ein wildes, eher unschönes Durcheinander von Baustilen und Gebäudeformen bietet. Dazu hatte die Bodenmaiser Reisegruppe unlängst in Velden am Wörthersee schöne Beispiele gesehen, wie BTM-Geschäftsführer Andreas Lambeck sagte. „Die Veldener schaffen es so, in einer eher banalen Straße Stimmung zu schaffen."

Trotzdem wollte der Bürgermeister nicht gleich zu weit in die Zukunft hineindiskutieren. „Wir testen jetzt erst einmal eine Übergangslösung, die man auch wieder rückgängig machen kann", gab er als Parole aus. Der Bereich zwischen Joska-Gelände und dem Hotel Adam soll mit Baum-Toren deutlich abgetrennt werden, innerhalb der Tore soll Tempo 30 gelten. Tröge mit Pflanzen oder Bäumen sollen die Autofahrer zum Langsamfahren bewegen, die Gehwege werden über Markierungen optisch verbreitert. „Aber man kann natürlich einen echten Umbau nur teilweise simulieren", betonte Oswald.

Kein Tempo 30 ohne Umbauten

Marktrat Fritz Hutterer (SPD) gab sich skeptisch, ob sich die Bodenmaiser in der Hauptdurchgangsstraße des Ortes wirklich zum Langsamfahren bewegen lassen – „aber ich lasse mich gern eines besseren belehren". Und sein Kollege Josef Brem (CSU) fand auch, dass man nicht einfach nur Tempo 30 verfügen und dann den Blitzer aufstellen dürfe. Das lasse allerdings auch das Landratsamt nicht zu, wie Bürgermeister Adam erklärte. Die Tempo-30-Zone verlange auch deutliche „bauliche" Veränderungen, zumindest durch Tröge und Markierungen. Marktrat Otto Freimuth (CSU) befürwortete die Versuchsphase aus Sicht des Tourist-Info-Mitarbeiters vehement. „Wir müssen jetzt endlich was ausprobieren", meinte er, „seit vielen Jahren beschweren sich die Gäste über die Situation und ärgern sich, dass überhaupt nichts passiert". Willy Andres (CSU) warnte vor Problemen mit dem Durchfahrtsverkehr und mit den Anliegern; er stimmte auch als einziger gegen den versuchsweisen Umbau der Bahnhofstraße bis zum Jahresende. Bürgermeister Adam will das Thema in der Bürgerversammlung am 27. Mai zur Sprache bringen, außerdem will er auch die jugendlichen Autofahrer in eine eigene Info-Veranstaltung holen. – jf

PNP am 29. April 2009

Jetzt wird bei den Schildern Hand angelegt & abgeräumt

Bodenmais zieht es durch: Schilderwald wird abgeholzt. Angefangen wurde bei Firma JOSKA

Von Lothar Wandtner

Die Kleinen wird es wieder treffen, aber an den großen JOSKA trauen die sich bestimmt nicht dran!" So hörte man es in Bodenmais rumoren, seit die Diskussion um den Schilderwald entfacht wurde. Bürgermeister Michael Adam sprach von konsequenten „Aufräumarbeiten", die notwendig seien – wenn auch zunächst auf freiwilliger Basis. Nun: Vergangene Woche wurde der Anfang gemacht. Ausgerechnet da, wo keiner damit gerechnet hat: Im JOSKA Werk II mitten im Ort wurde der erste Wegweiser abmontiert.

Bürgermeister Michael Adam und JOSKA-Chef Josef Kagerbauer jun. legen gemeinsam Hand am ersten Wegweiser an, der vergangene Woche abmontiert wurde. Foto: Wandtner

„Ich bin wirklich dankbar, dass wir genau hier starten können", sagte deshalb Michael Adam der eigens eingeladenen Presse. Neben ihm Firmenchef Josef Kagerbauer jun., der deutlich machte: „Wir wollen eine Initialzündung in Bodenmais setzen." Er stehe voll hinter dem Vorhaben der Marktgemeinde, das Straßenbild im Ort insgesamt zu verbessern.

Offenen Auges durch den Ort gehen

„Wir müssen doch nur offenen Auges durch den Ort gehen", so Kagerbauer. „Wenn jeder Gastronom nur ein oder zwei Schilder entfernt, würde das schon sehr viel bringen." Im Nu würde das Ortsbild deutlich gewinnen. Worte, die dem Bürgermeister freilich gefielen: „Ich bin froh, dass Josef Kagerbauer hier mit gutem Beispiel vorangeht", sagt er. Ohnehin sei das Echo in Bodenmais weitestgehend positiv: „Manche haben uns schon gesagt, sie hätten sich wahnsinnig über uns geärgert", berichtet Tourismus-Chef Andreas Lambeck. „Einer sagte mir, inzwischen habe er sich seine Werbetafeln einmal genauer angeschaut: Jetzt gibt er uns recht und will auch mit gutem Beispiel voran gehen."

„Eigentlich muss man ja da nicht lange überlegen", so Kagerbauer über seine Bereitschaft zur Abrüstung. „Was zählt ist das Ergebnis: Und wie es aussieht, ist das besser, als wir uns jetzt darstellen." Deshalb rät er jedem Bodenmaiser, einmal selbst ganz bewusst durch den Ort zu gehen und genau hinzuschauen. „Vieles fällt uns nicht auf, weil wir es täglich sehen und weil wir uns daran gewöhnt haben", weiß Kagerbauer. „Dabei sind die Sünden offensichtlich."

Zu eigenen Sünden stehen

Auch die eigenen, da macht der Unternehmer keinen Hehl daraus: „Der Werk II mit seinem Flachdach im 70-er Jahre-Stil ist eh schon nicht jedermanns Sache", weiß er. „Und dann haben wir da noch diese blöde halbrunde Werbung drauf: Leuchtenabteilung im 1. Stock." Kagerbauer blickt hinauf zum besagten Schild, schüttelt kurz den Kopf: „Eigentlich wollte ich ja heute einen Kran besorgen, der das Ding gleich wegreißt", sagt er. „Leider habe ich kurzfristig keinen mehr bekommen. Aber diese Werbetafel kommt weg."

„Hinterher ist es einfach schöner!"

Dass das nicht immer leicht falle, versteht Kagerbauer bestens: „Jedem von uns fällt es schwer, eine Werbetafel abzumontieren. Doch man muss an das Ergebnis denken: Hinterher ist es einfach schöner."

Gästekontrolleur Alfons Enders weiß von vielen Gastgebern im Ort, dass sich Gäste häufig über das Ortsbild beschweren. „Viele Leute fühlen sich von diesem Schilderwald halb erschlagen", weiß er. Deshalb gelte es, die Schilder zu reduzieren und die Qualität zu erhöhen. Enders wird in den kommenden Wochen zu allen Vermietern und Gastronomen in Bodenmais kommen und über deren konkrete Situation sprechen. „Auf diese Weise wollen wir Verständnis wecken und ohne Zwang eine Verbesserung erzielen", sagt Bürgermeister Adam.

Musterschirme, Musterbänke und mehr

Und noch etwas ist konkret geplant: Gemeinsam mit Josef Kagerbauer will die Marktgemeinde eine Auswahl von Sonnenschirmen, Ruhebänken und vielen anderen Dingen besorgen. „Jeder soll sich anschauen können, dass es zu den billigen Werbeschirmen von Brauereien schöne Alternativen gibt", so Adam.

Vielleicht, so hofft er, würden viele Bodenmaiser auf den Zug aufspringen. „Wenn wir gemeinsam bestellen, können wir sicher viel Geld sparen." Der Anfang ist gemacht: Man darf gespannt sein, wie Bodenmais in einem Jahr aussehen wird.

Wochenblatt am 23. Dezember 2008

29 Gestern Pension, heute Bed & Breakfast, morgen HolidayCheck Award-Gewinner

In Bodenmais gibt es, wie in den meisten deutschen Ferienregionen, neben meist verhältnismäßig gut ausgelasteten Hotels – besonders dann, wenn diese eine effiziente Eigenvermarktung vornehmen – unzählige, teilweise austauschbare Frühstückspensionen.

Auch in Bodenmais, wo viele Familien vom Betrieb einer Pension leben, sind diese, gemeinsam mit unzähligen Ferienwohnungen, in weitaus größerer Zahl vertreten, als es Hotels im Ort gibt.

Die Hotellerie hat in Bodenmais, wie anderenorts auch, in den letzten Jahre enorme Investitionen in ihre Häuser vorgenommen, um fit für die Zukunft zu sein. Moderne Wellnesstempel, immer größere, oft luxuriös ausgestattete Zimmer und ein ansprechendes Entertainment- und Gastronomieangebot, locken den zahlenden Gast an. Häufig kommen Gäste in ein spezielles Haus genau wegen seiner Highlights und nicht vordergründig wegen des Ferienortes an sich.

Und die vielen Pensionen die es gibt? Reichen eine tolle Landschaft und der gute Ruf eines Ferienortes allein, um diese so auszulasten, dass die Betreiber davon leben können, überleben können?

Die Antwort ist ganz klar: Nein. Pensionen sind austauschbar. Ein klares Profil fehlt den meisten Pensionen, und die Stammgäste der letzten Jahrzehnte sterben nach und nach aus. Ist eine Lösung für dieses Problem in Sicht?

Nun, neben der Integration der Übernachtungsleistungen in innovative Produkte der zukünftigen Vermarktungsstrategie Ihres Ferienortes, können, nein müssen die Betreiber der Pensionen sich ebenso dem gewachsenen Anspruch der Gäste stellen und vor allem die Frage beantworten, was sie von anderen unterscheidet. Beliebige, austauschbare Angebote sind nur zufällig erfolgreich. Und sich auf Zufall zu verlassen, wäre ebenso fahrlässig wie gefährlich.

Also ist klar, dass eine eindeutige Profilierung von Nöten ist. Und da ist die zeitgemäße Bezeichnung Bed & Breakfast sogar ein kleiner Schritt auf dem richtigen Weg. Worum geht es? Pensionen der Zukunft müssen sich sexy im Auge des Betrachters, des zahlenden Gastes, darstellen.

Sie müssen Unterscheidungsmerkmale suchen, finden und konsequent vermarkten. Und sie müssen die modernen Möglichkeiten der virtuellen Welt nutzen – vom Web 2.0 bis zu blitzschneller Angebotsunterbreitung per Web zur Auslastungssteuerung.

Ein positives Beispiel für einen erfolgreichen Marktauftritt einer Pension ist die „Villa Montana“ in Bodenmais, die 2006 von den heutigen Betreibern als marode Pension übernommen wurde und mit neuem Konzept zum Erfolg geführt wurde.

Hier – und ein Blick auf die Website der Pension ist lohnenswert – haben die Betreiber aus ihrem Haus eine Marke gemacht und nutzen alle erdenklichen Möglichkeiten moderner PR und Onlinepräsenz gewinnbringend aus. Der Hausname „Villa Montana“ ist tatsächlich beim Patentamt als Marke eingetragen und suggeriert mit dem ihm schützenden Symbol dem Gast Größe, Sicherheit und Qualität.

Die mehrsprachige Website – und die Betreiber der Pension wissen, dass mehr als die Hälfte ihrer Kunden im Vorfeld auf dem Portal surfen – ist von einer emotionalen Kundenansprache geprägt – ist sexy. Umfangreiches, teilweise animiertes Bildmaterial zur Pension, spricht die Sinne der Websitebesucher an und löst Lust auf einen Besuch des Hauses aus.

Ob es ein attraktiver Hotelfilm ist, der selbstverständlich auch auf YouTube zu sehen ist, oder ob es die permanente persönliche Erreichbarkeit der Betreiber mit Angabe der Handynummer ist, die „Villa Montana" macht an – und das mit Erfolg. Die persönliche, aber sehr moderne Note des Hauses, die suggeriert wird, erwartet den Gast dann vor Ort tatsächlich.

Die bed & breakfast Pension „Villa Montana", die wiederholt, und auch 2010, mit dem HolidayCheck Award ausgezeichnet wurde.

Und geweckte Erwartungen auch einzuhalten ist das A und O des Erfolges einer Pension. Und das spricht sich rum …

So ist das Haus, das seine Gäste aktiv um Abgabe einer Bewertung nach dem Besuch bittet, eines der Sieger des HolidayCheck Awards 2010 geworden. Kam die erste Auszeichnung durch das Hotelbewertungsportal 2009 für einige vielleicht noch etwas überraschend, beweist die „Villa Montana" mit dem zweiten HolidayCheck Award in Folge, dass der Erfolg kein Zufall war.

Zwei Mal hintereinander als Frühstückspension von Gästen zu den 99 beliebtesten Hotels der Welt gewählt zu werden, ist außergewöhnlich, aber das Resultat eines mit Liebe gestalteten Hauses, persönlichem Service und der Einhaltung selbst definierter Qualitätsstandards. Ein

Gast schrieb beispielsweise in seiner Bewertung: „Wunderschöne Pension mit stilvoll eingerichteten Zimmern. Jeder Wunsch wird einem von den Augen abgelesen. Gemütlichkeit wird hier großgeschrieben."

Der Gast mit seinen hohen Erwartungen steht im Mittelpunkt der „Villa Montana"-Akteure und macht das Haus mit all seinen Aspekten wiedererkennbar und einmalig. Und die Transparenz der Hotelbewertungen bei HolidayCheck wird hier als Ansporn, Kontrolle des eigenen Anspruchs, aber auch als Vermarktungsinstrument genutzt.

Ein hervorragendes Muster, welches zum Nachahmen mit eigenen Ideen animieren soll, dafür, dass auch Pensionen eine gute Zukunft haben, wenn sie sich ein eigenes Profil geben. Das Beispiel Bed & Breakfast Pension „Villa Montana" soll Mut machen, dass Pensionen mit dem richtigen Konzept auch eine gute wirtschaftliche Zukunft haben.

In Zukunft wird Bodenmais den Pensionen und auch Ferienwohnungen dabei helfen, sie fit für den umkämpften Tourismusmarkt zu machen. Bis zu 80 Häuser im Bayerischen Wald sollen hierfür gemeinsam mit der BAYERN TOURISMUS Marketing GmbH zu WellVital Partnerbetrieben weiterentwickelt werden.

Dabei ist für die Vermieter wichtig, dass ein großer Teil der Kosten aus öffentlichen Mitteln finanziert wird. Das Geld ist gut angelegt, denn die hiervon finanzierte Ausbildung, das Coaching der Vermieter und die Zertifizierung trägt dazu bei, die Auslastungsquote in Bodenmais weiter zu erhöhen und den Ferienort wirtschaftlich zu stabilisieren.

Schlagzeilen aus der Praxis zu diesem Thema

Holidaycheck-Award

Der Holidaycheck Award 2010 zeichnet die beliebtesten 99 Unterkünfte der Welt aus. Misst man die Auszeichnung an der Anzahl der Betten, so wird einem klar, wie schwierig es für das kleine Bed & Breakfast in Bodenmais gewesen sein muß, sich gegen die starke Konkurrenz von Sterne-Wellnesshotels bis hin zu großen Hotelketten durchzusetzen. Die Bed- & Breakfast-Pension Villa Montana ist der beste Beweis dafür, dass ein Gastgeber auch ohne viel Luxus, aber mit persönlichem Service und Zeitgeist viel bewegen kann. Ein Gast beispielsweise urteilt wie folgt: „Wunderschöne Pension mit stilvoll eingerichteten Zimmern. Jeder Wunsch wird einem von den Augen abgelesen. Gemütlichkeit wird hier groß geschrieben".

Wochenblatt am 13. Januar 2010

Zwei Bodenmaiser Hotels ganz vorn im „Focus"

Magazin listet 100 top-bewertete Hotels in Deutschland auf

Bodenmais. In der aktuellen Ausgabe des Magazins „Focus" heißt das Titelthema: „Gefragt trotz Wirtschaftskrise: Urlaub in Deutschland liegt im Trend". Dazu stellt das Magazin die 100 am besten bewerteten Hotels des Online-Hotelbewertungsportals „HolidayCheck" vor. Erfreulich für Bodenmais: Der Ort ist mit zwei Hotels vertreten.

Die „Villa Montana" belegt Platz 2 bei den zehn beliebtesten Hotels Deutschlands, das Hotel „Waldesruh" gehört zu den zehn besten in Bayern. „HolidayCheck", ebenso wie „Focus" ein Unternehmen des Burda-Konzerns, ist laut „Focus" Marktführer auf dem Markt der Hotelbewertungsportale im deutschsprachigen Raum. Hier können Hotelgäste ihr Quartier weiterempfehlen oder kritisieren, jeweils mit entsprechenden Kommentaren. Aus Niederbayern ist neben den beiden Bodenmaiser Häusern nur noch der „Reischlhof" in Wegscheid, das Landgut Hafnerleiten in Bad Birnbach und der Landgasthof Sonnenhof in Johanniskirchen im Rottal vertreten.

Die Bed&Breakfast-Pension Villa Montana ist bereits für die hervorragenden Bewertungen der Gäste bei HolidayCheck ausgezeichnet worden. Etwas größer war die Überraschung, dass sich auch das Hotel Waldesruh in die Top100 geschoben hat. Hier gab es laut „Focus" Kommentare wie „Der Wirt ist einfach eine Stimmungskanone" oder „eine ausgezeichnete landestypische Küche". Über die Villa Montana schwärmte ein Gast: „Südliches Flair im Bayerischen Wald". – bb

PNP am 21. Juli 2009

„Wellvitalhotel Edelweiss“

Mit 119 Bewertungen, die bis zu 300-mal gelesen wurden, gehört das „Edelweiss“ bei HolidayCheck zu den top bewerteten Unterkünften in Deutschland

Die 10 beliebtesten Hotels in **Deutschland**

Es muss nicht immer 5-Sterne-Luxus sein. Die von HolidayCheck top bewerteten Hotels sind oftmals privat geführt und familienfreundlich

WIE BEWERTEN DIE HOLIDAY-CHECKER?

Hotel-Sterne

★★★★★

Auf die Hotel-Sterne haben die User und HolidayCheck keinen Einfluss. HolidayCheck zeigt die Landeskategorie oder die Einstufung der Reiseveranstalter.

Weiterempfehlungsrate

%

Wer zufrieden war, kann seine Unterkunft anderen Usern weiterempfehlen. Die Spannbreite reicht von unter 10 % (schlecht) bis zu 100 % (sehr gut).

Bewertung

0,0

In sechs Kategorien können jeweils bis zu sechs Sonnen vergeben werden. Bei (fast allen) guten Hotels liegt der Wert über 5,0. Die beliebtesten Hotels im HolidayCheck-Ranking errechnen sich aus der Höhe der Bewertung, der Anzahl an Bewertungen und der Weiterempfehlungsrate.

1 **Kneippkur- und Wellvitalhotel Edelweiss** ★★★★★
Bad Wörishofen
www.hotel-edelweiss.de
Empfohlen von **100 %** | **Bewertung** **5,7**

„Innenpool mit Unterwassermusik“ – „Vertrauen steht an oberster Stelle“ – „Der Chef ist ein Allrounder, ist sich nicht zu schade, persönlich mit hinzulangen“

2 **Villa Montana B&B** ★★★★
Bodenmais
www.villamontana.eu
Empfohlen von **100 %** | **Bewertung** **5,7**

„Südliches Flair im Bayerischen Wald“ – „Idealer Ausgangspunkt für Wanderungen“ – „Wir haben uns rundum pudelwohl gefühlt“

3 **Travel Charme Strandhotel Bansin** ★★★★
Bansin auf Usedom
www.travelcharme.com
Empfohlen von **99 %** | **Bewertung** **5,6**

„Viele Anregungen und Verbesserungswünsche der Gäste umgesetzt“ – „Mama, hier möchte ich wohnen bleiben“ – „Das Angebot für Kinder ist großartig“

4 **Hotel Die Krabbe von Greetsiel**
Greetsiel
www.krabbe-von-greetsiel.de
Empfohlen von **100 %** | **Bewertung** **5,6**

„Geschmackvoll-friesisches Flair“ – „Das Geschirr und Besteck sogar sehr edel“ – „Bettwäsche ist weit über dem normalen Hotelstandard angesiedelt an Güte und Aussehen“

5 **Familotel Sonnenpark** ★★★★
Willingen
www.sonnenpark.de
Empfohlen von **99 %** | **Bewertung** **5,7**

„Mittwochs ein romantisches Abendessen bei Kerzenschein“ – „Es schmeckt, ist frisch, ist reichlich da. Sonderwünsche werden erfüllt“ – „Für meine Familie nur das Beste!“

6 **Wellnesshotel Bergkristall** ★★★★
Oberstaufen
www.bergkristall.de
Empfohlen von **99 %** | **Bewertung** **5,6**

„Extrawünsche wurden mit einem Lächeln erfüllt“ – „Fazit: Hier kommt man vom Himmel ins Paradies“ – „Es ist Urlaub pur … immer wieder aufs Neue begeistert“ – „Familiäre Atmosphäre lässt Alltag vergessen“

7 **Arcotel Rubin** ★★★★★
Hamburg
www.arcotel.at
Empfohlen von **100 %** | **Bewertung** **5,6**

„Von außen eher unscheinbar, wird man im Innern … überrascht sein“ – „Trotz der vielen Gäste hatte sich die Bedienung meinen Extrawunsch gemerkt“ – „Buchen Sie mit Frühstück! Es lohnt sich“

8 **Inselhotel Rügen** ★★★★★
Göhren
www.inselhotel-ruegen.de
Empfohlen von **100 %** | **Bewertung** **5,6**

„Man kann auch einen Regentag auf dem Zimmer überbrücken“ – „Aufmerksames und qualifiziertes Personal“ – „Tolles kleines Hotel mit Ostsee-Blick“

9 **Elztalhotel** ★★★★
Winden im Elztal
www.eltztalhotel.de
Empfohlen von **97 %** | **Bewertung** **5,6**

„Hier wird pure Gastfreundschaft präsentiert“ – „Der Spielplatz echt groß für ein Hotel“

10 **Hotel Zum Postillion** ★★★★
Reit im Winkl
www.hotel-zum-postillion.de
Empfohlen von **100 %** | **Bewertung** **5,5**

„3-Sterne-Hotel mit 5-Sterne-Service“ – „Elan der jungen Wirtsleute ist deutlich zu spüren“ – „Auch mit Kind im Zimmer viel Platz“ ▷

FOCUS 29/2009 Foto: M. Zilm/Focus-Magazin 81

FOCUS im Herbst 2009

30 Servicewüste Deutschland – wo ist der Kunde noch König?

Wie viele Gäste sind täglich in der Tourist-Information Ihres Ortes? Und wie viele Urlauber und Interessenten rufen täglich auf der Hotline Ihrer Ferienregion an?

Sie wissen es gar nicht? Das ist nicht gut, denn wie sollen die Personalkapazitäten im persönlichen und telefonischen Kundenservice geplant werden, wenn man hier gar keine Werte zu Grunde legen kann? Dies sollte Ihnen bewusst sein, auch wenn es in diesem Kapitel weniger um Performance, sondern um Qualität in der Kommunikation mit dem Gast oder potentiellen Kunden von Angesicht zu Angesicht beziehungsweise am Telefon gehen soll.

Hier haben wir Deutschen mit wenigen Ausnahmen echt ein Problem, denn wir lassen uns für unser Leben gern bedienen, aber wenn wir mal nicht Kunde sind, sondern der „Diener" bzw. Verkäufer, werden wir den hohen Ansprüchen, die wir selbst als Kunde haben, in der entgegengesetzten Rolle nur selten gerecht.

Hier kann und muss man gegensteuern, denn die Mitarbeiter in den Tourist-Informationen oder Tourist-Callcentern sind jene, die zuerst Kontakt zu unseren möglichst zahlreichen Gästen haben. Und mal ehrlich, verlassen wir uns nicht allzu oft darauf, dass Service- und Verkaufspersonal aufgrund ihres Fachwissens schon richtig und im Sinne des Ferienortes mit dem Gast kommunizieren?

Haben Sie es denn schon einmal getestet, was passiert, wenn Sie selbst bei Ihrer Tourist-Information anrufen und kurzfristig als interessierter Kunde einen Aufenthalt buchen möchten, Fragen haben, oder Beschwerden loswerden möchten? Probieren Sie es, und wundern Sie sich nicht, wenn Sie enttäuscht werden. Steuern Sie lieber gegen, und sie tun damit den Mitarbeitern in den Tourist-Infos auch noch etwas Gutes, da diese entgegen des Glaubens vieler Führungskräfte,

Bodenmais Tourismus ist sieben Tage die Woche, 365 Tage im Jahr zu erreichen. Dies ist möglich aufgrund einer Zusammenarbeit mit dem Touristischen Service-Center in Regen.

gern konkrete Erwartungen und Ziele formuliert haben und sich an deren Erreichen messen lassen wollen.

Was können Sie tun? Definieren Sie allein oder unter Mithilfe von Profis Qualitätsstandards für den Dialog zwischen Ihren Mitarbeitern und den Gästen, mit denen persönlich oder am Telefon kommuniziert wird.

Ein Beispiel: Warum wird sich in einem Telefonat mit einem Kunden nicht am Ende JEDES Gespräches beim Anrufer für sein Interesse, seinen bevorstehenden Besuch im Ort oder auch für seine Reklamation bedankt? In der Regel bedankt sich der Anrufer, aber eben nicht der Mitarbeiter an der Hotline. Das ist doch „verkehrte Welt". Wer bringt denn die Euros in den Ort und sichert damit das Einkommen all jener, die vom Tourismus leben? Der Gast!

Es gilt also, glasklare Qualitätskriterien zu definieren. Wir in Bodenmais lassen in Mystery Checks – regelmäßig und nicht nur einmal im Jahr – die Einhaltung der Qualitätsstandards überprüfen und nutzen hierbei die Bewertungsmatrix unseres Dienstleisters. Unsere

Mitarbeiter, die natürlich im Vorfeld unserer Qualitätsoffensive in der Kundenkommunikation mit unseren kundenorientierten Standards konfrontiert wurden, wissen, dass jeder Anruf ein Testanruf sein kann.

Dies soll keine Angst machen, sondern für die Rolle des Kunden sensibilisieren und Dienstleister- und Verkäufermentalitäten schärfen. Zur nachhaltigen Sicherung der hohen Servicequalität ist es zu empfehlen, die Mitarbeiter sprichwörtlich über kontinuierliche Coachings und Trainings zu entwickeln. Diese Investitionen sind gut eingesetzt. Warum?

Ihr Ort muss zur Marke werden, und diese muss auch über einen 1A-Service wiedererkannt werden – und zwar egal, wann und bei welchem Mitarbeiter der Gast anruft.

Weitere Ziele – auch wenn diese bisweilen im Fremdenverkehr noch unterbelichtet sind – werden über die Einführung, das Monitoring und Training von Qualitätsstandards erreicht: Steigende Buchungszahlen über das Telefon, Cross Selling Optimierung und Erhöhung der Kundenzufriedenheit. Und nicht zuletzt dienen diese Instrumente auch zur Steigerung der Mitarbeiterzufriedenheit und Senkung der Fluktuation.

Qualität entscheidet eben – und das auch gerade „an der Front", also der Schnittstelle zum Kunden oder Gast. Die cleverste PR, die effizientesten Marketingaktionen und Ideen zur Erhöhung von Traffic und Nachfrage nützen nichts, wenn die Erwartungen des Kunden nicht auch erfüllt werden. Und ob wir Menschen zufrieden sind, entscheidet in hohem Maße, nicht was uns mitgeteilt wird, sondern WIE mit uns kommuniziert wird. Eine hohe Professionalität auch in diesem Feld, hebt Ihren Gästeservice vom Wettbewerb ab und stellt die wichtigste Person in den Mittelpunkt: den Kunden.

31 Jede Woche eine Schlagzeile – so geht PR im Tourismus

Öffentlichkeitsarbeit, im Fachjargon als PR bezeichnet, ist heutzutage tatsächlich alles andere als leicht. Die Vielfalt an Medienangeboten, die unzähligen Informationsmöglichkeiten und die Reizüberflutung, die zu immer extremeren Aktionen führt, um ins Gespräch zu kommen, machen es den Akteuren im Fremdenverkehr wirklich schwer. Wenn heute Sex Sells die einzige Möglichkeit ist, sich noch ins Licht der Aufmerksamkeit zu rücken, dann haben seriöse Meldungen doch kaum eine Chance, das Gehör der Redakteure in den Funk- & Fernsehhäusern, sowie Presseverlagen zu finden, oder?

Ganz so ist es nicht. Der Schlüssel zum Erfolg in der Öffentlichkeitsarbeit liegt zwar im Kern tatsächlich darin, dass man Ideen und Meldungen entwickelt, die interessieren könnten. Zu einer effizienten PR-Strategie gehört aber mehr!

Durchschnittlich alle vier bis fünf Tage gibt die Bodenmais Tourismus & Marketing GmbH eine Pressemitteilung heraus, und nicht jede dieser Meldungen ist so inhaltsreich und polarisierend wie jene, dass Bodenmais einen jungen, schwulen, evangelischen SPD-Bürgermeister hat.

Neben den Informationen, die durch eine gute Pressearbeit kommuniziert werden sollen, führen noch weitere Aspekte dazu, dass das Klappern und Trommeln, was ja bekanntlich zum Handwerk gehört, auch gehört wird im Lärm der erbarmungslosen Medienwelt.

Reichweite und Kontinuität sind hier neben einer ansprechenden „Schreibe", mit der jede Pressemeldung Neugier wecken soll, die Säulen professioneller Öffentlichkeitsarbeit. Reichweite bedeutet hierbei, dass es heute eben nicht genügt, die Pressemitteilungen an den Redakteur der ansässigen Lokalzeitung zu faxen. Nein, Reichweite bedeutet, alle vorhandenen Möglichkeiten zu nutzen, um die Werbetrommel zu rühren.

Ein Presseverteiler, der alle Medienschaffenden erreicht, egal ob es sich um die Hamsterzüchterzeitung oder den Focus handelt, ist hierbei von hoher Bedeutung und kann mit professioneller Unterstützung – in Bodenmais nutzen wir hier die News Aktuell, ein Tochterunternehmen der Nachrichtenagentur DPA – nach eigenen Wünschen aufgebaut werden.

Falls Sie jetzt schmunzeln ... : 5.000 aktive Leser der Hamsterzüchterzeitung, die letztlich möglicherweise exakt zur Klientel Ihrer Ferienregion gehören, können für Sie nützlicher sein, als eine Randnotiz in der BILD, wo Sie neben Sex, Mord und Hartz-IV wenig Aufmerksamkeit erzeugt. Die Nutzung der Online-Welt ist selbstverständlich bei der enormen Internetnutzung absolute Pflicht und mitunter besonders effizient.

Wussten Sie beispielsweise, dass, wenn Ihre Pressemitteilung auf dem kostenfreien PR-Portal OpenPR veröffentlicht wird, diese auch sofort in den Google News zu finden ist? Das Internet, beziehungsweise die Nutzung moderner Kommunikationsmöglichkeiten, und vor allem Kontinuität und eine gewisse Penetranz, stellen somit daher eine weitere Säule moderner PR-Arbeit dar.

Daniel Küblböck trägt sich in das Goldene Buch von Bodenmais ein. Dieser offizielle Akt war in der lokalen Öffentlichkeit nicht unumstritten – sorgte aber bayernweit für Schlagzeilen.

Verlinkungen, Blogs, soziale Netzwerke wie Facebook oder Twitter, konsequente Newsletterarbeit an Endkunden und Vertriebspartner – all das sind Instrumente, die im deutschen Fremdenverkehr nur von den Cleveren genutzt werden.

Nun reflektieren Sie, wann *Sie* zuletzt diese Möglichkeiten gesucht, gefunden und genutzt haben. Wenn Sie sich jetzt fragen, warum „der Lambeck" die ganzen Tricks verrät, dann kann ich Sie beruhigen. All das sind keine neuen, geheimen Tricks, sondern in der harten Wettbewerbswelt, jenseits des heimeligen Fremdenverkehrs, etwa der Tourismusindustrie, schon lange das A und O.

Wir reden bei effizienter PR von einer exzellenten Schiene, ein Produkt, eine Marke bekannt zu machen. Das Einhalten gemachter Versprechungen versteht sich dabei von selbst. Oft ist es ja *nur* die richtige, verkäuferische Perspektive, die aus einer einfachen Pressemeldung ein kluges Vermarktungswerkzeug macht.

Immer häufiger – und auch das ist eine interessante Werbe- und PR-Möglichkeit – findet man in Zeitungen und Zeitschriften vermeintliche redaktionelle Beiträge, die sich bei näherem Hinsehen, und kaum einer schaut näher hin, als eine PR-Anzeige entpuppen.

Seien Sie clever. Sparen Sie sich manch teure Anzeige, die neben anderen teuren Anzeigen untergeht. Schon die Art der PR muss polarisieren – sich unterscheiden. Dann gelingt es, Image zu fördern, Bekanntheit auszubauen und „ganz nebenbei" die Übernachtungszahlen positiv zu steuern.

Auch die medienwirksame Forderung unseres Bürgermeisters Michael Adam: „Bodenmais will Olympische Spiele 2018" im Bayerischen Wald, sorgte bundesweit für ein großes Medienecho. Wie können wir unsere Kompetenz im Bereich Wintersport besser „vermarkten" als mit der Forderung nach „Olympia für Bodenmais"?

Bodenmais hat die größten Verkaufserfolge mit bezahlten redaktionellen Beiträgen in Zeitungen und Zeitschriften von mehr als 40 Verlagen erzielt und verzeichnet hierbei eine signifikant höhere Response als bei klassischen Anzeigenschaltungen.

Schlagzeilen aus der Praxis zu diesem Thema

Bodenmais wagt den Traum von Olympia im Jahr 2018

Bürgermeister Michael Adam denkt über Bewerbung als Außenposten für München 2018 nach

Von Lothar Wandtner

Oberammergau mag nicht, zumindest gibt es eine Bürgerbewegung gegen die geplanten Wettbewerbe im Langlauf und Biathlon. Bodenmais' Bürgermeister Michael Adam sieht darin eine Chance für den Bayerischen Wald. Was im ersten Moment unglaublich klingt, könnte sogar umsetzbar sein, findet Adam: „Ich bin überzeugt, dass wir ein solches Großereignis stemmen könnten. Wir haben eine hervorragende Infrastruktur für Langlauf und Biathlon zu bieten."

Was den jungen Bürgermeister zu so einer „Wahnsinns-Aussage" verleitet, hat durchaus einen ganz ernsthaften Hintergrund. Denn wenn Oberammergau tatsächlich ablehnt, könnte der Bayerwald die Lücke füllen: „Im Falle eines Falles wären wir bereit einzuspringen. Auch wenn die Herausforderung Olympia gewaltig wäre, könnten wir diese genauso meistern, wie die Oberammergauer", erklärt Bürgermeister Adam.

Infrastruktur ist schon jetzt sehr gut

Bodenmais bietet sich als ernsthafte Alternative zum Olympiastandort in Oberbayern an. Im Dorf der weltberühmten Passionsspiele regt sich der Widerstand vor allem wegen der notwendigen Eingriffe in die Natur. Die Bürgerinitiative ist der Überzeugung, dass der geplante Eingriff in die Natur in keinem Verhältnis zum Nutzen steht. Diese Gefahr sieht Michael Adam für Bodenmais nicht. „Natürlich müssten wir unsere Infrastruktur weiter ausbauen, denn Olympische Spiele sind eine eigene Hausnummer. Aber was das Thema Schneesicherheit und sportliche Infrastruktur angeht, haben wir hier schon jetzt beste Ausgangsbedingungen. Wir müssen uns keinesfalls verstecken", sagt Adam selbstbewusst.

Schneesichere Lage könnte Vorteil sein

Bodenmais genießt schon seit jeher einen internationalen Ruf als Langlaufdestination. Alljährlich treffen sich im schneesichersten Ferienort des Bayerischen Waldes etwa europäische Spitzen- und Breitensportler, zuletzt beispielsweise zur Skimarathon Europameisterschaft 2010.

Rund um das Aktivzentrum Bodenmais "Bretterschachten" und das Hohenzollern-Schießstadion am Großen Arbersee stehen über 110 Kilometer gespurte Loipen zur Verfügung, die in alle Tal- und Höhenlagen verteilt sind. Auf einer Höhe zwischen 1150 und 1300 Metern ist der „Bretterschachten" das am höchsten gelegene Langlaufgebiet des Bayerischen Waldes und aufgrund der Lage am Südwesthang des Arbers im europäischen Vergleich sehr schneesicher.

Sollte es tatsächlich zu Problemen und möglicherweise sogar eine Verzicht von Oberammergau geben, wird Bodenmais als Alternative seinen Hut in den Ring werfen – soviel steht für den 25-jährigen Bürgermeister schon jetzt fest. „Für uns wäre das ein Fest und ich bin mir sicher, dass alle Bodenmaiser und die ganze Region voll dahinter stehen würden", sagt Adam abschließend.

Michael Adam ist überzeugt, dass Olympia stemmbar ist.

Erfahrungen mit internationalen Biathlon-Wettbewerben gibt es am Arbersee bereits – so hat Langdorf hier bereits mehrere Meisterschaften ausgetragen. Das könnte die Grundlage für die Bewerbung Bodenmais' bilden. *Foto: Wandtner*

Wochenblatt am 30. Juli 2010

32 Marketing – effizient und wirksam

Ein heikles Kapitel im öffentlichen Tourismus in Zeiten knapper Kassen und meist noch knapperer Ideen, ist die Frage des richtigen, des wirksamen Marketings.

Klären wir zunächst mal, was Marketing eigentlich ist, wenn es richtig gemacht wird, und was mit wirksamem Marketing erreicht werden soll. In Deutschland startete mit der Erfindung des Backpulvers 1893 durch Dr. Oetker die erste Marketingkampagne überhaupt, in der durch Massenwerbung dem Kunden zum ersten Mal ein Produkt angeboten wurde, von dem er bis dahin gar nicht wusste, dass er es überhaupt brauchte.

Heute sieht die Welt ganz anders aus, und gerade im Tourismus sind die Zeiten des begrenzten Angebotes, welches dazu führt, dass die Anbieter die Konditionen weitgehend selbst bestimmen, vorbei. Marketing im Tourismus ist die komplexe Aufgabe, durch koordinierte Maßnahmen in der Tourismuspolitik, der Werbung, und der vertriebsfokussierten Unterstützung und Steuerung der Tourismusbetriebe, das Ziel zu erreichen, die Auslastungsquote in einem Ferienort oder einer Ferienregion zu maximieren und zeitgleich nachhaltig das Image durch steigende Bekanntheit und Akzeptanz zu fördern.

In Bodenmais gehen wir mit dem eigenen Reiseveranstalter hier sogar noch ein Stück weiter. Effizientes Marketing dient schlicht dazu, durch absatz- und imagefördernde Aktivitäten die Übernachtungszahlen positiv zu beeinflussen.

Und wie geht das? Wir machen es einfach alle dem weltbekannten Sylt nach, und dann rollt der Euro im gesamten Deutschlandtourismus? Schön wäre es. Sylt hat – wie Dr. Oetker – einen Status erreicht, dass man schon arg viele negative Schlagzeilen bräuchte, um die Anziehungskraft und damit den touristischen Erfolg Sylts zu beschädigen.

Die niederbayerischen Plattler und Musiker begeistern das Publikum am Flughafen in Weeze.

Nehmen wir für die Beleuchtung dessen, was im Marketing möglich ist, also nicht Sylt, sondern mit Bodenmais einen Ort, der vergleichbar mit anderen Ferienregionen in Deutschland ist, in denen innovative Marketingideen gefragt sind. Fest steht, dass in der Angebots- und Medienvielfalt, die es heute gibt, klassische Wege – die seinerzeit auch Sylt einmal ging – nicht mehr funktionieren, um den Anschluss an die touristischen Boomregionen, die nun mal unsere Wettbewerber sind, nicht zu verlieren.

Sie kennen das deutsche Sprichwort, „Wenn der Berg nicht zum Propheten kommt, muss der Prophet zum Berg"? So ist es im Kern auch mit dem deutschen Tourismus. Wir müssen als Tourismusakteure raus und den potentiellen Gästen unsere Region dort schmackhaft machen, wo diese sich aufhalten. Und das ist nicht in unserem Ort, denn dann wären es ja keine potentiellen Urlauber mehr, sondern wir hätten sie schon.

Wo und wie erreichen wir also unsere Zielgruppen? Überall! Nur reicht diese These eben noch nicht, um erfolgreich Marketing zu machen. Hier bedarf es eines Planes und gezielter Aktionen, wie Sie jene Kunden, die Sie zu Ihren Gästen machen wollen, erreichen. Und zwar tatsächlich territorial betrachtet und unter dem Gesichtspunkt, was Ihre Noch-nicht-Gäste sonst an Medien- und Dienstleistungen (ver) brauchen.

Wenn Sie jetzt meinen, dass die Teilnahme an unzähligen Reisemessen dieses Thema für Sie abhakt, irren Sie. Denn wo ist der clevere Plan, wenn Sie allein auf Reisemessen setzen, wo Sie Ihren Stand ja doch wieder neben unzähligen anderen haben – so wie eine klassische Anzeigenschaltung in der Tageszeitung in der Masse ebenso untergeht? Sie werden schlichtweg nicht wahrgenommen!

Zwei Beispiele sollen Ihnen zeigen, wie wir in Bodenmais diese Herausforderung angehen. „Bodenmais meets Airport Weeze" hieß es, begleitet von einer massiven Medienkampagne, an einem Maiwochenende in Nordrhein-Westfalen, jenem Bundesland, in dem sich der aufstrebende, stark frequentierte Flughafen Weeze befindet.

Und die Rheinische Post beschreibt treffend, was da Ungewöhnliches in NRW passiert: „Unter der Leitung des jüngsten Bürgermeisters Deutschlands, Michael Adam, reisen rund 50 Gäste aus dem niederbayerischen Ferienort Bodenmais an den Niederrhein, darunter auch Fremdenverkehrschef Andreas Lambeck und der bekannte Sänger und Entertainer Daniel Küblböck. Die Bayern präsentieren auf der Eventbühne am Biergarten mit einem bunten Programm ihre Ferienregion. So gibt's zu Maß, Weißbier und Brezn unterm zwölf Meter hohen Maibaum im Flughafenbiergarten zünftige, bayerische Volksmusik. Die bayerische Waldglashütte JOSKA bringt aus Bodenmais sogar einen echten Glasbrennofen mit an den Niederrhein, an dem die Besucher die Kunst des Glasblasens aus nächster Nähe erleben können. Außerdem gibt's Rundflüge mit dem Helikopter und geführte Flughafenrundfahrten, und der TV-Star Daniel Küblböck wird zu einem Konzert auf der Showbühne am Flughafen erwartet, um den Besuchern und Gästen seinen neuen Bodenmais-Song zu präsentieren."

Das ist pures, innovatives Cross-Marketing, wie auch an einem weiteren, ähnlichen Beispiel deutlich wird, an dem dann auf ganz andere Art doch wieder Sylt ins Spiel kommt: *Bodenmais trifft Sylter Friesendörfer*.

Im September 2009 stand – ähnlich wie am Flughafen Weeze – die Ferieninsel Sylt ganz im Zeichen von Bodenmais, was ein Erfolg auf der ganzen Linie war, denn es war nahezu unglaublich, wie viele Sylter zum Tinnumer Straßenfest kamen, um den Besuch aus Bodenmais ganz nah zu erleben. Es waren Tausende, die sich für Bodenmais, die Werbematerialien, die mitgebrachten Schmankerl, das bayerische Bier und vor allem die musikalischen Attraktionen interessierten.

In jeder Zeitung auf Sylt, mit Sonderseiten und Anzeigen, auf zig Plakatwänden und mit Flyern war der Bodenmais-Besuch zuvor angekündigt und beworben worden. Und von der sprichwörtlichen Kühle der Nordlichter war gar nichts zu spüren, nur warme Herzlichkeit wurde den Bayerwäldern auf Sylt zuteil. Die Medialeistung, die über diese Marketingaktionen und Kooperationen Bodenmais zu Gute kam, wäre auf konventionellem Wege für Bodenmais nicht zu stemmen und bei weitem nicht so nachhaltig und emotional ansprechend wie in der gewählten Form.

Bodenmais war programmprägend für dieses Event und stand so im Mittelpunkt der Kommunikation. Im Rahmen einer Messe wäre Bodenmais untergegangen wie hunderte andere Ferienorte.

Haben Sie einmal ausgerechnet, was ein erfolgreicher Messekontakt mit Buchung wirklich kostet? Ich glaube, Sie wären entsetzt, wenn Sie das Kosten-/Nutzenverhältnis kennen würden.

Ein weiteres gutes Beispiel ist die Cross Marketing-Zusammenarbeit mit dem Internet-Portal ferienfabrik.de. Jeden Tag gehen seit 2008 mindestens 10 gemeinsame Radiospots im Ruhrgebiet auf Sendung. Partner ist hier Radio NRW mit der Vermarktungsgesellschaft westfunk der WAZ-Gruppe. Durch diese Partnerschaft hat Bodenmais im Ruhrgebiet einen hohen Bekanntheitsgrad erreicht. Im Sommer 2010 kommen rund 35 Prozent aller Urlaubsgäste aus NRW.

Schlagzeilen aus der Praxis zu diesem Thema

Plattler vor Hightech-Kulisse

Starke Abordnung aus Bodenmais und Oberried bei Biergarten-Eröffnung am Airport Weeze

Die Oberrieder Plattler vor ungewohnter Kulisse: Sie waren Teil des Programmes, das die Bodenmaiser für die Eröffnung des Biergartens auf dem Flughafen Weeze organisiert hatten. – Fotos: Hartl

Bodenmais/Weeze. Tausende von Besuchern kamen aus Nordrhein-Westfalen, aber auch aus den nahe gelegenen Niederlanden zur Eröffnung des bayerischen Biergartens zum Flughafen in Weeze nahe Düsseldorf, um hier bayerisches Brauchtum und bayerische Gastlichkeit zu erleben.

Ein weiß-blauer Biergarten war aufgebaut worden, sogar ein richtiger Maibaum aufgestellt und Marketingchef Holger Terhorst vom Flughafen Weeze hatte alles daran gesetzt, den Besuchern und Fluggästen bayerisches Feeling am Flughafen in Weeze zu vermitteln. Zusammen mit Bürgermeister Michael Adam und dem Geschäftsführer der Bodenmais Tourismus GmbH, Andreas Lambeck, sowie seiner Stellvertreterin Katharina Hartl, waren die Bodenmaiser Tanzlmusi, der 13-jährige Johannes Weinberger mit seiner „Ziach", die Böllerschützen der Bodenmaiser Arberschützen, die Oberrieder Plattler, Moderator Michael Treml, Geschäftsführer Martin Schreiner vom Besucherbergwerk, einige Gastgeber und ein Team von Joska an den Niederrhein gereist, um hier Werbung für Bodenmais und den Bayerischen Wald zu machen und bayerische Lebensart zu vermitteln. Am zweiten Besuchstag kam auch Sänger Daniel Küblböck dazu, der aus seinem Repertoire einiges zum Besten gab, darunter natürlich auch den Bodenmais-Song. Schon vor seinem Auftritt war er von Fans umlagert.

Auch Niederländer können schnupfen – das bewies der Sieger aus Amsterdam beim Wettschnupfen, assistiert von Bürgermeister Michael Adam.

So ganz nebenbei wurde auch die „Bayerische Botschaft Bodenmais" von Flughafenchef Ludger van Bebber, Andreas Lambeck, Bürgermeister Adam und Ulrich Francken, dem Bürgermeister von Weeze, eröffnet. Bei Weißbier und Brezen genossen die Besucher des Flughafens die Darbietungen auf der Bühne und davor: Das Böllerschießen der Arberschützen, die Musik der Bodenmaiser Tanzlmusi und von Johannes Weinberger, das Schuhplatteln der Oberrieder Plattler und die Ansagen von Moderator Michael Treml, der die Gäste auch zum Wettschnupfen und Baumstammsägen animierte. Beim Wettschnupfen schlugen sich auch die Damen wacker, aber schließlich legte ein Niederländer eine derartige Menge an Schnupftabak vor, dass die Kontrahenten nicht mehr mithalten konnten. Sein Siegpreis: Eine Reise.

Viele Flughafenbesucher kannten Bodenmais ohnehin, aber auch alle anderen waren sehr interessiert. Und so hatten Andreas Diefenbach vom Hotel Dolce Vita, Ramona Häusler vom Hotel Bergknappenhof, Gabi Fritz und Margarete Kagerbauer allerhand zu tun, um entsprechend Auskünfte zu erteilen. Karl-Heinz und Katharina Hartl betreuten zusammen mit BTM-Chef Andreas Lambeck und André Soboczenski den Bodenmaiser Stand und den Stand des Tourismusverbandes Ostbayern.

Aber auch die Abordnung aus dem Bayerischen Wald bekam einiges geboten. So gab es eine Rundfahrt über den Flughafen, eine kleine Radltour, eine Führung durch das nahe gelegene Kevelaer, bekannt als Marienwallfahrtsort, und einen Abend mit vielen italienischen Köstlichkeiten in einer Pizzeria.

Einige der Mitreisenden nutzten die Gelegenheit zu einem Rundflug per Flugzeug oder mit einem Hubschrauber über Weeze. Angetan zeigten sich die Besucher aus Bayern auch vom Flughafen Weeze als solchem, denn immerhin ist er der drittgrößte in Nordrhein-Westfalen; rund drei Millionen Passagieren im Jahr werden hier abgefertigt. Der Flughafen wird auch gerne von den Niederländern genutzt, da er nur wenige Kilometer von der Grenze entfernt liegt. – kat

PNP am 26. Mai 2010

Bodenmais erobert die Herzen von den Sylter Friesendörfern

Bürgermeisterin Petra Reiber (r.) eröffnete am Samstag das Tinnumer Straßenfest, auf dem sich Bodenmais präsentieren durfte.

Dreitägiger Besuch in der Gemeinde Westerland/Sylt und beim Tinnumer Straßenfest

Von Horst Zimmermann

Bei einem herzlichen Empfang überreichten sich Andreas Lambeck und Bgm. Petra Reiber gegenseitig Geschenke.

Der Ursprung für diesen Besuch liegt bereits ein Jahr zurück. Im April 2008 war der damalige Ortsvorsteher der Gemeinde Sylt-Ost, Manfred Ueckermann, sowie der damalige Kurdirektor Uwe Winter auf Einladung von BTM-Geschäftsführer Andreas Lambeck mit einer Delegation in Bodenmais zu Gast. Die Gegeneinladung der Sylter nahmen Bürgermeister Michael Adam und der BTM-Geschäftsführer gerne an. Drei Tage lang, von vergangenen Freitag bis Sonntag, waren die Bodenmaiser nun auf Sylt.

Allerdings nicht wie geplant unter der Führung von Bürgermeister Michael Adam, der sich wegen eines plötzlichen Todesfalls entschied, an der Trauerfeier in Bodenmais teilzunehmen und die Laudatio zu halten. „Leider konnte ich wegen eines Trauerfalls nicht selbst am Wochenende auf Sylt teilnehmen. Gerade am Beginn der touristischen Partnerschaft zwischen den Sylter Friesendörfern und Bodenmais hätte ich als Bürgermeister sehr gerne teilgenommen. Ich bin der Meinung, dass eine touristische Partnerschaft für beide Seiten eine große Chance und Bereicherung darstellt", so Michael Adam, Bürgermeister von Bodenmais. Dadurch konnte am Freitag die Bürgermeisterin der Gemeinde Westerland, Petra Reiber, lediglich Andreas Lambeck, seine Stellvertreterin Katharina Hartl, sowie den ersten Vorsitzenden des Vereins Bodenmais Wirtschaft und Tourismus, Dr. Manfred Schappler, im altehrwürdigen Westerländer Rathaus begrüßen.

Bürgermeisterin Reiber stellte zuerst das 1898 erbaute Gebäude vor, das ursprünglich als Kurhaus erbaut wurde und das einzige Rathaus Deutschlands ist, das gleichzeitig auch ein Casino in seinen Räumen besitzt. Im imposanten Ratssaal erläuterte sie den Bodenmaisern die Historie der Insel Sylt und den Werdegang der Stadt Westerland. Diese, so Reiber, nennt sich aus Gründen der Marketing-Strategie wieder Gemeinde Westerland, um dem Gast das Gefühl zu geben nicht in einer Stadt seinen Urlaub zu verbringen, sondern eben in einer überschaubaren Gemeinde.

Schnell stellten die Rathausgäste und die Bürgermeisterin im Gespräch viele Gemeinsamkeiten in der Touristischen Entwicklungsgeschichte ihrer Orte fest. Erstaunt waren die Bodenmaiser darüber, dass auch Westerland vor einigen Jahren vor den selben Problemen stand, wie sie die Marktgemeinde jetzt anzugehen hat. So hat Westerland alle seinen kommunalen Einrichtungen, wie Stadtwerke, Tourismus, Verkehrsbetriebe und auch eine Beteiligung am Flughafen in GmbH's ausgegliedert.

Natürlich stellte die Bürgermeisterin der Inselmetropole auch die Vorzüge ihres Ortes dar. Traumhafte Sandstrände, Dünen, Thermalquellen, die salzhaltige Meeresluft, Erdwärme, eine hochkarätige Kunst- und Kulturszene, sowie eine Architekturvielfalt die von Sylter Kapitänshäusern über den an Nord und Ostsee bekannten „Bäderhaus"-Stil, bis hin zu 20-stöckigen Hochhäusern reicht. Anders als Bodenmais, das eine Steigerung seiner Übernachtunszahlen auf eine Million anstrebt, stehen die Sylter Gemeinden eher vor der Aufgabe, die Übernachtungszahlen von sechs Millionen auf dieser hohen Zahl zu fixieren und nicht weiter zu steigern. Das entspricht in der Hauptsaison einem Wert von 100 000 Menschen die auf der Insel mit gerade einmal 90 Quadratkilometern gleichzeitig anwesend sind. Die Verkehrsinfrastruktur lässt nicht mehr Besucher zu, noch mehr ginge zu Lasten der Lebensqualität.

Dieser gegenseitige Erfahrungsaustausch trug sehr gut dazu bei, das erste Kennenlernen von Bürgermeisterin Petra Reiber mit den Gästen aus Bodenmais in gelöster Atmosphäre zu führen. Aufgrund verwaltungstechnischer Umstrukturierungen ist sie nun die neue entscheidende Kraft, was die Frage einer möglichen Städtepartnerschaft anbelangt.

Am Samstag eröffnete sie dann gemeinsam mit dem Tinnumer Ortsbeiratsvorsitzenden Uwe Dau das Tinnumer Straßenfest, zu dem die Bodenmaiser mit 44 Leuten angereist waren. Die Bodenmaiser Tanzlmusi brachte die bayerischen Volksweisen auf Tinnumer Straßen zum Klingen, und die Böllerschützen der Arberschützen ließen es in dem Sylter Friesendorf lautstark krachen. Sehr zur Freude der Besatzungen der Infostände von Bodenmais Tourismus und des Nationalparks. Wurden dadurch die Tausenden an Besuchern auch akustisch auf den Besuch aus dem bayerischen Wald aufmerksam. Ins Herz der Festbesucher gesungen und gespielt hat sich der zwölfjährige Johannes Weinberger mit seiner Steirischen. Glaskunst aus dem Bayerwald stellten die Glasbläser der Firma Joska vor, die sogar eigens mit einem mobilen Glasofen und einem mobilen Verkaufspavillon angereist waren. Für die Beantwortung aller Fragen stellte sich Joska Senior-Chef Josef Kagerbauer persönlich den interessierten Standbesuchern zur Verfügung.

Joska Senior-Chef Josef Kagerbauer beantwortete am Glasofen allen Interessierten Besuchern ihre Fragen.

Für das Essen und Trinken sorgte der Gastronom Andreas Dieffenbach, der bayerischen warmen Leberkas sowie Weißwürste aus Bodenmais anbot und natürlich auch bayerisches Bier.

Zum Abschluss des Tinnumer Straßenfestes feierte man am Sonntag gemeinsam einen Gottesdienst mit Gospelsängern.

Schweren Herzens verabschiedeten sich die Waidler von ihren Sylter Freunden. Bei herzlichen Umarmungen und Händedrücken versprach man sich, auch weiterhin in Kontakt zu bleiben und weitere Besuche zu planen. Bemerkenswert bei dem Zusammentreffen der beiden Gemeinden ist die breite Basis, auf der diese gewachsene Freundschaft beruht.

Sowohl in der Bevölkerung, als auch auf Vereins- und Verwaltungsebene ist diese Herzlichkeit und Gastfreundschaft zu spüren. Bleibt zu hoffen, dass auch Bürgermeisterin Petra Reiber und die Räte in Westerland von dieser Sympathie angesteckt werden. Erste hoffnungsvolle Anzeichen gab es bereits, als Petra Reiber am Tinnumer Fest gemeinsam mit dem Joska Senior-Chef eine Brise Schmalzler schnupfte. Andreas Lambeck sprach auch gleich eine Einladung nach Bodenmais zum Christkindlmarkt aus. „Dann will ich nicht nur Deutschlands jüngsten Bürgermeister Michael Adam persönlich kennen lernen, sondern auch beim Bodenmaiser Knödl-Diplom teilnehmen", freut sich Bürgermeisterin Petra Reiber.

Ein besonderer Höhepunkt war der zwölfjährige Johannes Weinberger, der sich mit Gesang und seiner Steirischen in die Herzen der Besucher spielte.

Im altehrwürdigen Rathaus von Westerland hieß Bürgermeisterin Petra Reiber die Delegation aus Bodenmais herzlich Willkommen.

Die Promenade von Westerland besitzt internationales Flair und beeindruckte die Bodenmaiser Besucher.

Wochenblatt im September 2009

33 Polarisierung statt Einheitsbrei

Wie schafft man es, dass die Medien über einen Ferienort berichten, dass die Bekanntheit und Akzeptanz einer Region wächst und so in der Folge die Übernachtungszahlen steigen? Ein Patentrezept gibt es hierfür ganz sicher nicht und verschiedene Wege führen nach Rom – oder nach Bodenmais.

Wenn die Vermarktungsstrategie künftig aber mit der Kultur der wettbewerbsorientierten Touristikindustrie statt der teilweise überlebten Fremdenverkehrsverwaltungsträgheit einhergehen soll, so ist es nur konsequent, vom Massenmarkt „Touristikindustrie" zu lernen.

Die Mechanismen der Vergangenheit im öffentlichen Tourismus, die heute vielerorts noch gegenwärtig sind, sind „historisch gewachsen" und schaden so lange keinem, so lange alle das gleiche tun, und der zahlende Kunde sich selbst überlassen bleibt.

Der Schaden für eine Region entsteht und wächst aber dann, wenn Wettbewerber mit cleveren Ideen versuchen, den Konkurrenten Gäste abzujagen.

Und auch, wenn Deutschland nach wie vor der Deutschen beliebtestes Reiseziel ist, so belegen zurückgehende Übernachtungszahlen – mit Ausnahme jener Regionen, die schon seit Jahrzehnten konsequente, dynamische Imagekampagnen fahren, dass der Wettbewerbsdruck stärker wird.

Wem jetzt nicht einfällt, wie er sich in den Medien und Vertriebswegen – und damit in der Wahrnehmung beim Verbraucher – in Stellung bringt, lässt unweigerlich Federn und wird seiner Aufgabe im Fremdenverkehr nicht gerecht.

Kennen Sie die sieben Phasen von Veränderungsprozessen?

Phase eins ist der Schock. Völlig *überrascht* stellt man heute vielerorts im Tourismus fest, dass sukzessive die Gästezahlen sinken.

Daniel Küblböck stellt im „Dorf-Stadl" den Bodenmais-Song vor – bestes Beispiel für Polarisierung.

Phase zwei ist die Verneinung, die sich bei den verantwortlichen Akteuren darin ausdrückt, dass die Vielfalt an „guten" Gründen, warum die Gästezahlen eben sinken mussten, den Gedanken, ob man selbst dafür verantwortlich ist, überlegen ist.

Phase drei und vier – und der Erwerb dieses Buches ist vielleicht ein Ausdruck dafür, sind die Akzeptanz und die Einsicht dessen, dass sich etwas ändern muss, um die Zukunft zu gestalten.

In Phase fünf – und hoffentlich trägt diese Lektüre dazu ein Stück weit bei – probiert man neue Ideen, die zur Erreichung von Zielen notwendig sind, aus, um eigene Erfahrungen dadurch zu sammeln.

Die Erkenntnis, dass die getesteten Änderungen richtig und wichtig waren und sind, stellt Phase sechs dar, bevor man in der letzten Stufe eines Veränderungsprozesses diese neuen Instrumente in das tägliche Geschäft übernimmt, innovative Vermarktungsansätze letztlich integriert und konsequent weiterentwickelt.

Überlegen Sie mal – nahezu jeder Veränderungsprozess durchläuft diese Phasen, und die Antwort darauf, in welcher Phase Sie sich in Ihrer Region befinden, können nur Sie selbst geben.

Der Einheitsbrei der Vergangenheit ist ganz sicher nicht die Lösung, stellt das Weitergehen dieses Weges ja Stillstand und nicht Veränderungswillen dar. Aber, so werden Sie sich beim Lesen der Überschrift dieses Kapitels möglicherweise fragen, ist Polarisierung der richtige Weg?

Na klar, denn was bedeutet es denn, zu polarisieren? Polarisierung ist nichts anderes, als Unterschiede herauszustellen und diese glasklar zu kommunizieren.

Wenn heute eine Fluggesellschaft auf die Idee kommt, dass man für die Benutzung der Toilette Gebühren entrichten sollte, oder dass es eine Überlegung wert sei, künftig im Flieger preisgünstige Stehplätze anzubieten, dann ist jeder sicher, dass es sich nur um Ryanair, die extrem erfolgreiche Airline des umtriebigen Unternehmers Michel O'Leary, handeln kann.

Und was macht dieser Mann? Er polarisiert, und mittlerweile ist sogar schon seine eigene Art der Polarisierung zu einem Markenzeichen geworden. Darum geht es.

Ungläubiges Augenreiben verursachte daher auch 2009 die Ankündigung der Bodenmais Tourismus & Marketing GmbH, mit dem RTL-Star aus DSDS, Daniel Küblböck, zusammen arbeiten zu wollen. Der Niederbayer Küblböck, der einen sehr hohen Bekanntheitsgrad besitzt, hat im Bodenmaiser Weihnachtsexpress für die Gäste Bier gezapft, war zum gemeinsamen Langlauf mit Urlaubern im Ort und hat sogar für Bodenmais eine eigene Hymne komponiert, deren Welturaufführung vor CD-Veröffentlichung selbstverständlich ebenso im Bodenmais stattfand. Das war sogar im ARD-Magazin „Brisant" und in der BILD-Zeitung zu verfolgen.

Ideen sind also gefragt, um mit innovativen Vermarktungs- und PR-Ideen zu polarisieren und dadurch die zwei signifikanten Ziele im öffentlichen Tourismus zu erreichen: Steigerung der Auslastungsquote sowie nachhaltige Erhöhung der Bekanntheit und damit Akzeptanz beim Verbraucher.

Schlagzeilen aus der Praxis zu diesem Thema

Daniel Küblböck: Ein Song für den liebsten Ferienort

Der Sänger stellte vergangene Woche seinen Song für Bodenmais vor

Von Robert Piffer

Einst der bekannteste Deutsche neben Kanzler Gerhard Schröder und Boris Becker war Daniel Küblböck (er belegte in der ersten Staffel von Deutschland sucht den Superstar Platz 3) in den vergangenen Jahren für die meisten Menschen von der Bildfläche verschwunden. Jetzt versucht er wieder einmal Gas zu geben, vergangene Woche stellte er seine neue CD in Bodenmais vor.

Der Ferienort am Arber, der im Gegensatz zu anderen WInterurlaubsorten auch in der Krise volle Häuser hat, zählt zu Daniel Küblböcks bevorzugten Ferienregionen. Schon mehrfach hat der einst schrille „Superstar" hier seinen Urlaub verbracht, auch weil er ein sehr gutes Verhältnis zum Bürgermeister von Bodenmais, dem 25-jährigen Michael Adam, hat. Und Bodenmais hat Küblböck jetzt seinen neuesten Song „Bodenmais macht's eich auf" gewidmet.

Vergangenen Dienstag hat Küblböck die CD in Bodenmais vorgestellt und den dortigen

Daniel Küblböck begeisterte vergangene Woche Bodenmais mit seinem Song über den Ferienort. *Foto: Piffer*

„Dorf-Stadl" gewaltig gerockt. Vor mehreren hundert Gästen sang Küblböck, der inzwischen allen Zweifler zum Trotz das Singen gelernt hat, erst mehrere Titel aus seinem Jazzprogramm, mit der er seit geraumer Zeit durch kleinere Säle tourt. Dann packte er seinen neuen Song aus und versetzte damit nicht nur seine eingefleischten Fans, sondern auch die Bodenmaiser und deren Wintergäste in Hochstimmung.

Eigentlich wollte der jetzt in Wiesbaden lebende Niederbayer Küblböck nur ein ganz kurzes Programm zum Besten geben. Aber im tobenden Dorf-Stadl, manche verglichen die dort herrschende Stimmung bereits mit dem Ballermann auf Mallorca, wurde Daniel Küblböck immer wieder auf die Bühne geholt. Am Ende hatte er seinen Song mindestens fünfmal gesungen und kaum jemand verließ den Dorf-Stadl ohne die neue CD gekauft zu haben.

Dorf-Stadl wird zum Ballerman in Bodenmais

„Vielleicht kann ich den Bürgermeister überzeugen und er macht den Kauf meiner CD für die Urlauber zur Pflicht", scherzte Küblböck, „dann werde ich reich." Bei mindestens 200000 Gästen pro Saison wäre das für den jungen Sänger wirklich ein gutes Geschäft.

Küblböck arbeitet auch auf touristischer Basis mit Bodenmais zusammen. Derzeit läuft gerade eine Langlauf-Trainingswoche, zu der sich klarerweise vorwiegend weibliche Küblböckfans angemeldet hatten. Das Paket, Hotel, Skikurs und Privatkonzert mit Küblböck wurde nicht nur vom Tourismusbüro in Bodenmais, sondern bundesweit auch bei einem Discounter angeboten.

Langlaufwoche mit Küblböck ein Erfolg

Zum Abschluss sollte am Mittwoch ein Langlaufrennen zwischen Küblböck und dem Bodenmaiser Bürgermeister Adam im Langlaufzentrum Bretterschachten am Arber stattfinden. Als Bürgermeister Adam jedoch im schnellen Skating-Skiern antrat und Küblböck bei einer Übungsrunde zuvor bereits unsanft auf den Hintern gefallen war, entschlossen sich beide dazu, nur eine langsame gemeinsame Runde für die Kameras zu fahren und auf ein richtiges Rennen zu verzichten.

Wegen des großen Erfolges mit der Küblböck-Langlaufwoche wollen die Touristiker von Bodenmais eventuell sogar eine Wanderwoche mit dem Sänger ins Tourismus-Programm aufnehmen.

Wochenblatt am 10. März 2010

Küblböck bandelt mit Bürgermeister an

Ex-DSDS-Star wirbt für Bodenmais und flirtet mit „Wowereit von Niederbayern"

Bürgermeister Adam (li.) und Daniel Küblböck werben für Bodenmais F.: mediendenk

hd. **Bodenmais**
Daniel Küblböck hat seine Liebe zu Bodenmais, einem urigen Bayerwaldort entdeckt. Dort regiert der Wowereit von Niederbayern: Michael Adam – der Bürgermeister machte als bekennend schwuler SPDler und Protestant Schlagzeilen. Und bekanntlich ist ja auch Küblböck, der schräge Kerl aus den ersten DSDS-Staffeln, heute Jazzsänger, feschen Männern nicht abgeneigt…

Michael Adam hat mit Küblböck als Aushängeschild eine neue Tourismus-Offensive gestartet. Der Sänger begleitet Skikurse, tanzt im Dorfstadl, wirbt für die traumhafte Bayerwaldkulisse – und hat ein eigenes „Bodenmais-Lied" komponiert: „Macht's Euch auf nach Bodenmais…"

Die Fangemeinde scheint zu reagieren: Die 7000 Betten in Bodenmais sind ausgebucht. „Wir kommen hierher, weil da, wo der Küblböck ist, auch die hübschesten Mädchen sind", meint ein Urlauber aus Hessen im Dorfstadl. Dort tanzt ein schlanker Jeans-Typ Polka – es ist der Lebensgefährte des Bürgermeisters. „Tanzen kann mein Schatz nicht, das übernehme dann immer ich", erzählt er lachend. „Burschi" nennt Bürgermeister Adam seinen Freund.

Damit wäre geklärt, das zwischen dem Gemeindeoberhaupt und dem Sänger nichts läuft. „Das hättet ihr wohl gerne als Schlagzeile?", scherzt Küblböck. Dann wirft er sich fürs Foto doch an den Adam heran. Der Werbung fürs schöne Bodenmais soll es dienen…

tz-München am 5. März 2010

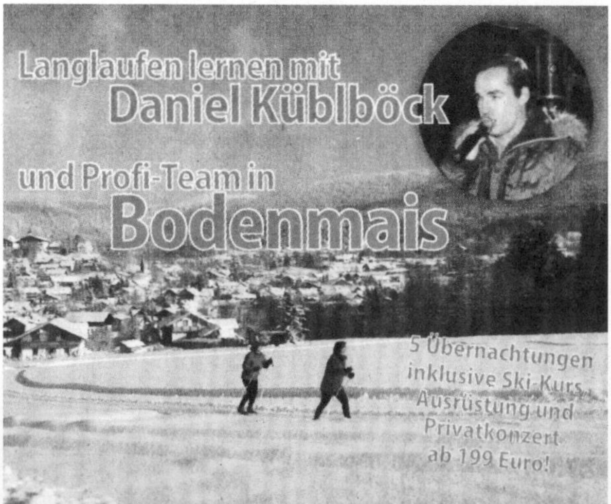

Gemeinsam mit Anfängern und Fortgeschrittenen nimmt Daniel Küblböck Anfang März an einen Skikurs in Bodenmais teil, begleitet von einem TV-Produktionsteam. Hierzu gibt es ein tolles Angebot: Im Preis ab 199 Euro pro Person sind fünf Übernachtungen mit Frühstück, 28. Februar bis 4. März, in einer Bodenmaiser Pension (drei und vier Sterne Hotel gegen Aufpreis möglich). Der dreitägige Skikurs, geleitet von Profi-Skilehrern, vom 1. bis 3. März, je 2 1/2 Stunden, mit Daniel Küblböck ist selbstverständlich inklusive. Ferner wird die komplette Ski-Ausrüstung für den Kurs gestellt. Außerdem gibt es ein Gästerennen, eine Ski-Party mit Privatkonzert von Daniel Küblböck, den Bodenmais Film und einen JOSKA-Bierkrug – alles inklusive. Und als besonderes Bonbon bekommt jeder Gast einen Mitschnitt des TV-Beitrags als Erinnerung nach der Ausstrahlung zugeschickt. Weitere Informationen: Telefon (0 99 24) 778 137 oder www.bodenmais.de

BILD Köln am 20. Januar 2010

Mit Küblböck in Bodenmais Langlauf lernen

Inklusive Privatkonzert

Foto: DPA

Daniel Küblböck wurde durch die TV-Show DSDS bekannt

Bodenmais – **Daniel Küblböck lernt gerne neue Sachen – besonders gerne in Begleitung einer Fernsehkamera. Jetzt versucht er sich im Bayerischen Wald beim Langlauf. In Bodenmais hat er sich für einen Skikurs angemeldet.**

Aber Daniel ist nicht allein mit Langlauflehrer und Kamera. Wer möchte, kann den Skikurs mit ihm zusammen buchen. Der Kurs geht vom 1. bis 3. März, jeden Tag geht's zweieinhalb Stunden in die Loipe.

Ab 199 Euro bietet die Bodenmais Touristik jetzt den Kurs samt fünf Übernachtungen an. Daniel Küblböck gibt für seine Ski-Kameraden ein Privatkonzert – und ins Fernsehen kommt man womöglich auch noch.

Ein Geschenk für seinen Lieblings-Urlaubsort hat Daniel Küblböck auch etwas vorbereitet. Beim Privatkonzert am 2. März im Dorfstadl hat sein Bodenmais-Song Premiere.

Ein Wintertraum: die Loipen in Bodenmais

BILD München am 19. Januar 2010

34 Bodenmais in aller Munde – Totgesagte sterben schnell

Google ist laut neusten Untersuchungen die teuerste Marke der Welt. Nun hat die Marke bodenmais.de nicht einen vergleichbaren Stellenwert, aber es steht außer Frage, dass Bodenmais die bislang schon beachtliche Bekanntheit als Ferienort in den letzten drei Jahren signifikant ausgebaut hat. Dies war und ist auch bitter notwendig, denn sich auf Tradition allein zu verlassen, macht über kurz oder lang sehr verlassen.

2006 gab es also jene, die am liebsten alles so weiter gemacht hätten wie in der Vergangenheit – wohl aus Angst, dass Veränderungen noch schlechtere Auslastungsquoten zur Folge gehabt hätten – und andererseits Skeptiker, die Bodenmais schon das Verschwinden in der endgültigen Bedeutungslosigkeit prophezeit haben, denn wer redete damals schon über Bodenmais.

Und heute? Der Suchbegriff Bodenmais wirft heute* bei Google 3.740.000 Ergebnisse aus. Das heißt, dass auf 3.740.000 Websites Bodenmais in irgendeiner Form vorkommt.

Das ist nicht wichtig, meinen Sie? Bedenken Sie, dass sich mehr als die Hälfte der Gäste im Vorfeld einer Buchung online über ihren Ferienort informiert. Und Internet ist nun mal Google.

Aber auch in den bundesweiten „alten Medien“ ist Bodenmais heute in hoher Präsenz vertreten und sorgt dafür, in aller Munde zu sein. Allein von Juni bis Dezember 2009 ist Bodenmais mit redaktionellen Beiträgen in mehr als 100 Tages- und Wochenzeitungen mit einer Gesamtreichweite von mehr als 30 Millionen Lesern vertreten.

So berichtete das *Morgenmagazin Südhessen* darüber, dass es „Star-Rummel in Bodenmais“ gibt, weil man mit Daniel Küblböck Langlauf

---

* Stand: 1.8.2010 (im Vergleich: Bayerisch Eisenstein hat 195.000 Ergebnisse)

lernen kann, und dieser Event von TV-Kameras verfolgt wird. Die *Sächsische Zeitung* informierte ihre Leser darüber, dass der ADAC die Urlaubs-Nebenkosten in Bodenmais als günstig eingestuft hat. Im *Berliner Kurier* gibt's eine Reise nach Bodenmais zu gewinnen, in der *Westfälischen Rundschau* erfährt der Leser Neuigkeiten über den Bodenmaiser Weihnachtsexpress und die *BILD* macht den Winterzauber im bayerischen Ferienort zum Thema.

Bodenmais erlangt durch die Medien wachsende Bekanntheit und diese wird, etwa durch Vertriebspartnerschaften, zu einem kommerziellen Erfolg für den Ort umgemünzt. Wer heute in einem REWE-Reiseprospekt ein attraktives Reiseangebot nach Bodenmais findet, muss nicht nachschlagen, wo Bodenmais eigentlich ist und ob sich Ferien dort lohnen.

Sommer 2010 – in Zusammenarbeit mit der Lebensmittelkette REWE wurden 2.500 Großflächenplakate bundesweit platziert.

Die Parallelität in PR und Marketing, sowie massive Vertriebsaktivitäten in allen relevanten Kanälen sorgen dafür, dass der bisweilen tot geweihte Patient Bodenmais munterer denn je ist.

Zudem ist der Erfolg effizienter PR-Arbeit heute über hervorragende Monitorings messbar. Bodenmais erhält hier täglich von Landau Media – es gibt aber auch zahlreiche andere Unternehmen dieses Metiers – ein Presse-Clipping, aus dem hervor geht, in welchen Medien, mit welchem Thema und in welcher Auflagenhöhe bzw. Reichweite über Bodenmais berichtet wurde.

Die Messbarkeit und damit der Beleg dafür, dass die Öffentlichkeitsarbeit wirksam ist, ist von hoher Bedeutung, da diese PR-Arbeit im Wesentlichen einem langfristigen und nachhaltigen Marken- und Imageaufbau dient.

Schlagzeilen aus der Praxis zu diesem Thema

Wer ist Benno?

Der etwas andere Reisebericht

Ich erreiche Bodenmais, einen verträumten Ort direkt am Nationalpark Bayerischer Wald. Verträumt? Nun, das dürfte auch auf mich zutreffen. Die Anreise aus dem Ruhrgebiet war lang, der Wunsch nach einem Bett groß.

Aber das dürfte kein Problem sein. 3.336 Einwohner zählt der Ferienort – und 7.000 Gastbetten! Auf meinem Weg ins Hotel frage ich mich, ob ich bis abends durchhalte. Denn an diesem Wochenende ist das St. Bennofest.

St. Benno – wer ist dieser Heilige eigentlich? Etwas schläfrig erreiche ich die Rezeption und schließlich mein Zimmer. Nun heißt es, frisch gemacht und den Ort erkundet, denn schlafen kann ich auch Zuhause. Mit dem Bus geht's zum Silberberg. Bogenschießen steht auf dem Plan. Doch eine Frage geht mir nicht aus dem Kopf: Wer ist oder war Benno? „Der Schutzheilige der Seeleute", erklärt mir der Busfahrer. Ein Beschützer der Matrosen in Bayern?

Das Bierzelt ist gerappelt voll.

So schön kann Urwald sein. Fotos: lr

Hier sitzt keiner, alles steht auf den Bänken und rockt zur Musik. Ja, rockt! Von „modern-zünftig" bis AC/DC hat die Band alles in petto. Also, hier lässt sich's aushalten. „Er is da Hoilige des Alkohols", schreit mit eine junge Maid auf Bayerisch ins Ohr. Auch wenn das wohl nicht ganz ernst gemeint sein dürfte, vom Feiern verstehen die Leute hier was. Der Tag endet um 6 Uhr morgens.

Nach drei Stunden Schlaf ist es Zeit, den Urwald zu erkunden. Und ich muss zugeben: Einen

solch Natur belassenen Wald habe ich seit langem nicht gesehen – eigentlich nicht mehr, seit ich als „kloiner Bub" hier war. Die Luft und der Ort machen wach und munter, wie das ersehnte Bad, zudem ich bislang noch nicht gekommen bin – denn schon geht's weiter: St. Benno, die 2. Runde! Diesmal ist die Musik volkstümlicher, die Stimmung aber nicht weniger ausgelassen. Und dann endlich die Antwort: Der heilige Benno war Bischof von Meißen, seine Gebeine aber liegen in München. Okay,

Gefeiert wurde stilecht in bayerischer Tracht.

Sachsen und München – aber nicht Bodenmais! Der ältere Herr in Lederhose lacht: „Vor 300 Johr habens des Abbuild der Mutter Gottes von Maisried na Bodenmais getragen. Un des war am Namenstag des Hoiligen Benno. So einfach is des." Tja, so einfach ist das. Ich wünschte, das wäre Kanu fahren auch, denn dabei bin ich am letzten Tag meiner Reise dann doch baden gegangen. lr

Der Frühaufsteher am 5. Juli 2009

Roter Teppich für prominente Werbeträger

Am Samstag hatte „Bis an die Grenze“ Vorpremiere in Bodenmais – Thriller ist heute um 20.15 Uhr im ZDF zu sehen

Von Johannes Fuchs

Über Blumen und Geschenke freuten sich die Schauspieler nach der Vorpremiere von „Bis an die Grenze“ am Bodenmaiser Marktplatz. Bürgermeister Michael Adam (v. l.) beschenkt hier Hannes Wegener, Regisseur Marcus O. Rosenmüller, Katharina Böhm, Wilfried Hochholdinger und Hans-Werner Meyer. – Fotos: Fuchs

Bodenmais. Eine wohlig-warme Premieren-Nacht wie in Cannes oder Venedig konnte Bodenmais am Samstag nicht bieten. Auch keine spektakulären Abendkleider, die Stars hatten sich eher robust in Jeans gekleidet. Aber der rote Teppich war da bei der Vorpremiere von „Bis an die Grenze“ unter freiem Himmel am Marktplatz.

Im Sommer 2008 hatte sich die Film-Truppe rund um Regisseur Marcus O. Rosenmüller in Bodenmais einquartiert und von hier aus Drehorte im ganzen Bayerischen Wald angesteuert. Die enge Zusammenarbeit zwischen den Filmleuten und den ostbayerischen Touristikern wurde auch am Premieren-Abend herausgestellt. Und so bat Moderatorin Sabine Reisp vom Fernsehsender DonauTV zunächst Vertreter der Region aufs Podium: Michael Braun, den Geschäftsführer des Tourismusverbandes Ostbayern, Nationalparkchef Karl-Friedrich Sinner, Bodenmais' Bürgermeister Michael Adam und Baperl Koller, der den Regisseur als ortkundiger Führer mit idealen Drehplätze überzeugt hatte. Der Bodenmaiser Tourismus-Chef Andreas Lambeck und Landrat Heinz Wölfl kamen zu Wort, auch Ernst Hinsken, Tourismusbeauftragter der Bundesregierung, saß im Publikum.

Als Kind im Bayerwald

Und dann schritten die eigentlichen Stars über den roten Teppich: Die Hauptdarsteller Katharina Böhm und Hans-Werner Meyer, die Film-Bösewichter Wilfried Hochholdinger und Hannes Wegener, Regisseur Rosenmüller, Autor Wolf Jakoby. Was in lockerer Plauderei vom Podium zu hören war, wird den Touristikern durchaus bekannt vorgekommen sein. Ja, man sei als Kind zum Wandern in den Bayerischen Wald gekommen, später nie mehr – so erzählte es sinngemäß nicht nur Jakoby („Ich bin Berliner und absoluter Stadtmensch“), sondern auch auch Böhm und Meyer. Und ebenso unisono schwärmten sie in den höchsten Tönen von der atemberaubenden Natur und der Hilfsbereitschaft der Einheimischen bei den Dreharbeiten.

Auch wenn bei frostigen Temperaturen und Regenschauern die 1500 Sitzplätze nicht belegt waren, war Chef-Organisator Andreas Lambeck mit der Zuschauerkulisse zufrieden. Und auch die Produzenten von der Berliner Stream Films AG waren nach dem Schlussapplaus ganz gerührt. „Wenn ich hier die Gesichter sehe, sehe ich Emotionen“, meinte Robert Stiemerling, „eine tolle Sache, das erlebt man als Fernsehfilm-Macher nur selten.“

Wer heute abend (ZDF, 20.15 Uhr) vor dem Bildschirm sitzt, sollte sich auf einen Thriller einstellen, nicht auf viel Tiefgang. Gute Schauspieler agieren in einer eher platten Handlung – die Touristiker in der Region aber können allemal zufrieden sein. In prachtvollen Bilder ist der Bayerische Wald eingefangen, und zu Beginn wird auch Bodenmais gebührend erwähnt. Sei es zweifach per Ortsschild oder im Dialog. „Hast du schon gepackt?“ fragt Mutter Katharina Böhm ihren halbwüchsigen Sohn in Berlin, „wir fahren morgen früh los nach Bodenmais.“ Der Sprössling schaut mürrisch vom Computer auf: „Wandern in Bayern – da steh ich vor meinen Kumpels da wie'n Idiot!“

Trachtler und Ranger

Die Ankunft im Bayerwald scheint ihm Recht zu geben. Kaum sind die Berliner, an diversen Totenbrettern vorbei, am Urlaubsziel vorgefahren, legen auch schon die Böllerschützen los. Alles ist in Tracht oder zumindest in Trachtenanzug gewandet. Aber es gibt hier nicht nur Tradition. Götz Otto, an Auto und Ärmelabzeichen unübersehbar ein Nationalpark-Ranger, hakt gleich ein. „Wie wär's morgen mit einer Wanderung“, fragt er und schaut auf den jungen Großstädter, „wart's ab, das ist nicht so langweilig, wie du dir das vorstellst.“

Die Tour der Berliner Familie mit dem Ranger wird tatsächlich alles andere als langweilig. Das ist allerdings nur anfangs das Verdienst des geheimnisvollen Urwalds mit seinen Bächen und Seen. Bald laufen die Berliner in grandioser Kulisse um ihr Leben, verfolgt von skrupellosen Menschenhändlern,die buchstäblich über Leichen gehen.

Was im Film innerhalb weniger Stunden auf engem Raum abläuft, wurde in Wirklichkeit über Monate an unzähligen Drehorten zwischen Waldkirchen und Arnbruck gedreht. Und was im Film selbstverständlich aussieht, war oft nur mit viel Aufwand zu machen. An der Räuber-Heigl-Höhle unterm Kaitersberg, wo die Berliner Schutz vor einem Wolkenbruch suchen, musste ein kilometerlanger Feuerwehrschlauch für die nötige Nässe sorgen. Und am Hochfall bei Bodenmais bauten die Helfer eigens die Holzbrücke ab, um den Balanceakt über den Moosbach per Baumstamm glaubwürdig zu machen.

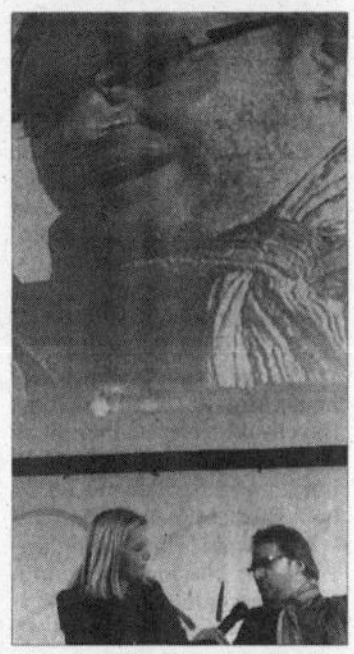

Vor der Großleinwand interviewt Moderatorin Sabine Reisp Regisseur Rosenmüller.

(Siehe auch Bayern-Teil)

PNP am 7. September 2009

35 Ein Unternehmen – ein Ort – ein Name

Kennen Sie Zwiesel? Irgendwie hat man diesen Namen schon mal gehört, oder? Bei *SCHOTT* Zwiesel, dem Glashersteller, macht es dann klick.

Zwiesel ist ein mittelgroßer Ferienort im Bayerischen Wald, nicht weit von Bodenmais entfernt, und profitiert seit ewiger Zeit massiv von der Namensgebung des Glasunternehmens, das auch heute noch – etwa mit seinem Werksverkauf – in Zwiesel vertreten ist. Ich behaupte, dass Zwiesel seinen überdurchschnittlichen Bekanntheitsgrad in allererster Linie dem Namen „SCHOTT Zwiesel" zu verdanken hat. Ich hoffe, den dortigen Stadtvätern ist dieser glückliche Umstand bewusst! Auf Millionen von Trinkgläsern in aller Welt steht „SCHOTT Zwiesel".

Und was ist das Bekannteste, das Bodenmais zu bieten hat - also neben seinem mittlerweile europaweit in die Schlagzeilen geratenen und heute sehr erfolgreichen Bürgermeister, Michael Adam, der bei der Wahl erst 23 Jahre alt war, evangelisch, schwul und SPD-Mann ist – also all das, was man in Bayern nicht sein darf?

JOSKA. Das Unternehmen JOSKA Kristall ist eine weltweit bekannte und renommierte Marke für hochwertige Glasprodukte und stammt, wie der Firmeninhaber, JOSef KAgerbauer, aus dem niederbayerischen Bodenmais. Der Weltmarktführer bei Pokalen und Awards hat nun vor einiger Zeit in tiefer Verbundenheit, sowie mit wirtschaftlichem und unternehmerischem Kalkül, mit der Heimat Bodenmais eine Umfirmierung vorgenommen und heißt statt JOSKA Kristall nun JOSKA *Bodenmais*.

Diese Maßnahme, die das Ergebnis einer langen Suche nach Synergieeffekten zwischen dem erfolgreichen Unternehmen und dem Ferienort im Bayerischen Wald ist, hat einzig und allein ein Ziel: Den gemeinsamen weltweiten Werbeeffekt, von dem insbesondere der Fe-

Bodenmais ist nun mit JOSKA seit der Änderung des Firmennamens überall präsent. Hier Magdalena Neuner bei einer Autogrammstunde. *Foto: © JOSKA Bodenmais*

rienort profitiert, der sonst für eine solche Verbreitung seines Namens viele Euro investieren müsste.

Was kann es besseres geben, als wenn bei einer Sportgala oder Promiparty auf den Fotowänden – vor denen sich die Promis ablichten lassen – statt JOSKA Kristall JOSKA Bodenmais steht? Eine positive Wirkung zieht aber auch das Unternehmen daraus, das mit der emotionalen Bindung von Produkt und Standort weitere Kunden nach Bodenmais locken will und weiß, dass mit Bodenmais im Namen das Prädikat „Made in Germany" noch klarer und dem Wunsch der Kunden nach solider Wertarbeit und hoher Qualität noch mehr entsprochen wird.

Wie in Bodenmais und Zwiesel, hängen in ganz Deutschland Unternehmen und Orte voneinander ab. Diese Abhängigkeit sollte und kann zu positiven gemeinsamen Entscheidungen und einem klaren gemeinsamen Weg führen, wie SCHOTT und JOSKA, Zwiesel und Bodenmais, beweisen.

Jeder Ort, auch wenn er keine bekannte ansässige Industriemarke aufweisen kann, muss nach Merkmalen suchen, sich medienwirksam von Mitbewerbern unterscheiden zu können. Gehen dann Unternehmen und Orte gemeinsame Wege, partizipieren alle Leistungsträger von dieser Partnerschaft.

Schlagzeile aus der Praxis zu diesem Thema

Wochenblatt am 11. März 2009

Joska ändert Namen: Statt Crystal jetzt „Bodenmais“

Josef Kagerbauer jun. mit dem Women's Award, der vergangene Woche in Wien verliehen wurde. *Fotos: pm*

Neuer Name: JOSKA Bodenmais soll Effekt für Marktgemeinde und Firma haben

Von Lothar Wandtner

Nichts in Bodenmais ist so bekannt wie die Firma JOSKA. Weil davon alle profitieren sollen, hat die Firmenleitung jetzt eine Namensänderung beschlossen, die ab sofort gelten soll: JOSKA Bodenmais soll das Unternehmen künftig heißen – das bisherige „Crystal“ im Firmenlogo wird gestrichen. Auf zwei Seiten herrscht darüber wahre Aufbruchsstimmung: Beim Glashersteller einerseits genauso, wie bei Tourismus-Chef Andreas Lambeck.

„Ich habe lange auf Josef Kagerbauer eingeredet, jetzt haben die Verantwortlichen wirklich so entschieden“, freut sich Lambeck über die Namensänderung. „Der einzige Grund für diese Maßnahme ist der Werbeeffekt“, so der Touristiker. Joska sei in allen Kaufhäusern vertreten, überall würden die Produkte präsent sein, „das kann für Bodenmais natürlich ein immenser Schub sein.“

So sieht es auch Firmen-Chef Josef Kagerbauer jun.: „Wir haben uns das lange und reiflich überlegt, weil es für unseren Auftritt insgesamt eine entscheidende Veränderung ist“, sagt er. Der gesammte öffentliche Auftritt von Joska soll nun nach und nach auf den neuen Namen umgestellt werden, „das wird sicherlich noch bis zum Ende des Jahres dauern, bis wir das abgeschlossen haben“, so Kagerbauer.

Auch die Firma erhofft sich von dieser Namensänderung einen erheblichen Effekt: „Wir wollten eine Brücke bauen von unseren Produkten, die überall bekannt sind, zu unserem Heimatstandort Bodenmais“, so Kagerbauer. Er verspricht sich eine Art emotionale Bindung von Produkt und Standort, mit dem Ziel, dass das den einen oder anderen Besucher mehr nach Bodenmais locken wird. Rund eine Million Besucher hat Joska pro Jahr, „dieses Niveau wollen wir natürlich halten.“

Denn anders als viele andere Hersteller macht Joska seinen Kernumsatz nach wie vor in den Geschäften vor Ort. „Bei den Veranstaltung wie jüngst dem Women's Award werden unsere Produkte verteilt. Wir wollen natürlich, dass durch diese große Medienpräsenz auch der Name Bodenmais publiziert wird“, so Kagerbauer. So wurde der Women's Award jüngst in über 60 Ländern im Fernsehen übertragen – und überall strahlt das Logo der Firma über den Bildschirm.

Vergangene Woche erhielt auch Arnold Schwarzenegger eine Trophäe aus Bodenmais – der Gouvernator als Werbeträger.

Kagerbauer sieht diese Namensänderung aber auch als Verpflichtung für die Gemeinde an, kräftig die Werbetrommel zu rühren und dabei Joska mit im Boot zu haben. „Ich halte viel vom Konzept des Bürgermeisters und der BTM“, so Kagerbauer. „Das wollen wir einerseits unterstützen, andererseits wollen wir auch davon profitieren, dass die Gemeinde ihren eigenen Werbeauftritt im letzten Jahr erheblich verbessert und ausgebaut hat.“

Kagerbauer sieht die Verbindung der zwei Marken als Sicherung der Zukunft: „Joska und Bodenmais können in Zukunft nur gegenseitig voneinander profitieren.“

Der Profit freilich liegt zunächst in erster Linie bei der Gemeinde: „Bodenmais müsste bestimmt mehr als 100.000 Euro in die Hand nehmen, um dort für sich zu werben, wo wir bereits sind“, so Kagerbauer. Deshalb habe die Firma in letzter Zeit die Zusammenarbeit mit der Gemeinde weiter ausgebaut. „Eines ist gewiss: Auch wenn künftig nicht mehr Crystal in unserem Logo steht: Wir werden mit dem neuen Namen bestimmt nicht an Glanz verlieren.“

So sieht es auch Andreas Lambeck: „Ich glaube, dass wir die Ausmaße dieser Namensänderung im Moment noch gar nicht erfassen können. Es ist in jedem Fall eine tolle Sache.“

36 Wir sind wieder wer – Bodenmaiser stolz auf Erreichtes

Woran misst sich Erfolg oder Misserfolg nach Übernahme von Verantwortung im öffentlichen Tourismus? Das ist eigentlich logisch, sind es doch die Übernachtungszahlen und die Auslastungsquote, die ausgebaut werden sollen und somit ein valider Gradmesser dafür sind, ob die Fremdenverkehrsakteure gut oder schlecht arbeiten. Ist es so einfach? Im Fremdenverkehr wohl kaum, was dann doch die höhere Komplexität in Vergleich zur Tourismusindustrie deutlich macht.

Gute Stimmung, im Ort oder der Region, ist von hoher Bedeutung, da vielerorts nahezu die gesamte Bevölkerung vom Tourismus lebt und in zahlreichen Ferienorten die Hotels, der Einzelhandel und die Gastronomie – eben die lokale Wirtschaft – inhabergeführt sind. Klar, kann man stetig sinkende Übernachtungszahlen auch mit guter Stimmung nicht wettmachen, auch wenn man als Tourismus-GmbH-Geschäftsführer über enorme Entertainmentfähigkeiten verfügen sollte.

Aber – und Bodenmais macht dies seit 2007 klar und deutlich – Selbstbewusstsein ist gerade in wirtschaftlich schwierigen Zeiten und nach Niederlagen im Fremdenverkehr von hoher Bedeutung. Das Durchziehen eines Vermarktungskonzeptes und das konsequente Verfolgen einer Strategie zur Steigerung von Bekanntheit und Image sind unerlässlich, aber werden scheitern, wenn man dies gegeneinander und nicht *miteinander* tut. Was ist damit gemeint?

In den meisten Ferienorten blicken Hoteliers, Gastronomen und Gewerbetreibende auf eine jahrzehntelange Historie zurück und sind stolz darauf, teilweise über Generationen hinweg mit dem Tourismus nicht nur überlebt, sondern aktiv eine eigene, solide Existenz aufgebaut zu haben.

Nun bringt aber selbst erfolgreichstes Agieren von Hoteliers in der Vergangenheit für einen Ferienort nicht naturgegeben auch die Dynamik für die nötigen Veränderungen der Zukunft mit sich. Die Folge sind Umstrukturierungen und der Beginn grundlegenden Wandels.

Zur Zukunftsgestaltung ist es dann möglicherweise sogar nötig, dass kein Stein mehr auf dem anderen bleibt, da dies der Wettbewerb verlangt. Und hier beginnt das Problem! Menschen sind nur zu einem begrenzten Maße zu Veränderungen bereit und haben diese dann den Anschein, dass man historische Leistungen nicht ausreichend würdigt, sinkt die Akzeptanzgrenze auf null.

Hervorragende Moderationsfähigkeiten und jederzeit ein offenes Ohr für die Menschen im Ort sind hierbei daher ebenso unerlässlich wie die Geduld, möglichst viele der Veränderungen plausibel und im Vorfeld zu erklären. Leider habe ich in diesem Punkt auch Fehler gemacht. Wo Kommunikation fehlt, breiten sich Gerüchte und Unwahrheiten aus und behindern die Weiterentwicklung.

Ein Tourismuschef hat also ein Universalgenie zu sein und Einwohnern, Interessenvertretungen und den Verantwortlichen der Wirtschaft stets bedacht bewusst zu machen, dass man *gemeinsam* alles erreichen kann und gegeneinander nur Stillstand bewirkt.

Erfolg oder Misserfolg messen sich nicht nur an dem Erreichen von wirtschaftlichen Zielen, sondern im Besonderen auch an der Zufriedenheit der Gastgeber, Händler und Gastronomen. Und ob diese wirklich zufrieden sind, weiß man nur, wenn man fragt, und dies am besten so, dass man ehrliche Antworten erhält.

Diese Transparenz ist wichtig, wenn auch unbequem. Tourismusverantwortlichkeit kann nur nach marktwirtschaftlichen Prinzipien funktionieren und nicht dadurch, dass man auf Lebenszeit gewählt wird.

In Bodenmais stellen wir uns seit 2009 schonungslos dem Feedback der Gewerbetreibenden und haben in diesem Jahr erstmals die Zufriedenheit mit der Arbeit der Bodenmais Tourismus und Marketing GmbH in Form einer anonymen Telefonbefragung, die ein neutraler Dienstleister durchführte, ermittelt. Von 500 angesprochenen Betrieben waren 310 grundsätzlich bereit, die zehn Fragen zur Tourismusarbeit zu beantworten.

82 Prozent fanden die Gründung der Bodenmais Tourismus und Marketing GmbH richtig und mit 77 Prozent gaben fast ebenso viele Betriebe an, dass Bodenmais durch die Arbeit der GmbH besser gestellt ist als noch im Jahr 2007. Auch möglicherweise unangenehme Fragen

Viele Orte informieren sich über das „Bodenmaiser Modell", so auch eine Abordnung aus Oberhof in Thüringen.

für die Verantwortlichen wurden gestellt. So hielten 68 Prozent der Befragten Andreas Lambeck für den richtigen Geschäftsführer für die BTM, 23 Prozent sprachen sich gegen den amtierenden Tourismuschef in Bodenmais aus.

Den vielfach geäußerten Vorwurf, dass Bodenmais zum „Ballermann" verkommt und die vielen unterschiedlichen Veranstaltungen dem Ort schaden, unterstützt der Umfrage zu Folge nur eine Minderheit, da 65 Prozent der Befragten das nicht so sehen.

Auch auf die eigene wirtschaftliche Entwicklung wurden die Betriebe angesprochen: 78 Prozent der Betriebe sind davon überzeugt, dass ihre eigene wirtschaftliche Situation sich seit 2007 verbessert hat oder zumindest gleich geblieben ist – trotz Wirtschaftskrise. Und 46 Prozent gaben sogar an, direkt oder indirekt, durch die Arbeit der BTM profitiert zu haben. Mehr als 73 Prozent sagen, dass eine klassische Kurverwaltung schlechter für die Tourismusentwicklung in Bodenmais wäre und der bisher eingeschlagene Weg fortgeführt werden soll.

Die Ergebnisse machen aber auch deutlich, dass ein Drittel der Befragten in Bodenmais Angst vor dem Verlust der eigenen kulturellen

Identität hat. Ein Beleg dafür, wie wichtig es ist, die Bevölkerung aktiv einzubinden und die Emotionen und Ängste sehr ernst zu nehmen.

Es ist beides wichtig und bedingt einander: Die positive Entwicklung der für den Tourismus entscheidenden Kennzahlen und die Identifikation der Ortsansässigen mit dem Wandel und den verantwortlichen Entscheidern. Hier ist ganz klar: Schweigen ist Silber und miteinander reden ist Gold.

Schlagzeilen aus der Praxis zu diesem Thema

SPOT von MATTHIAS GÜRTLER

Zur Party in den Urwald

Auf Sylt schüttelte man verwundert den Kopf. Da wollte im vergangenen Sommer doch tatsächlich ein noch nie gehörtes Kaff aus dem Bayrischen Wald auf der Nobelinsel der Deutschen Werbung für sich machen. Wie bitte? Weißbier hinter der Düne, bayrische Weißwurst im Strandkorb?

Die Initiatoren aus Bodenmais ließen sich nicht abschrecken. Und hatten Erfolg: Die regionale Presse war begeistert von den cleveren Ostbayern, die mit ihrer Aktion Einheimische und Urlauber in Scharen anlockten.

„Sylt trifft Bodenmais" ist nur ein Beispiel für ein Marketing-Konzept der neuen Art. Und zeigt, wie man im Tourismus den Staub von gestern abschütteln und damit neue Kunden gewinnen kann. So wurden im vergangenen Jahr junge Urlauber und Reiseverkäufer per Urlaubsexpress zu Konzerten nach Bodenmais gekarrt. Und damit eine Zielgruppe, die sonst nach Ibiza zur Party fliegt.

Neben innovativen Ideen sind nicht zuletzt solide Produkte die Grundlage des Erfolgs. Nahezu unbemerkt haben sich seit 2008 gleich drei Hotels und Pensionen aus Bodenmais im Hotelbewertungsportal Holidaycheck unter den 99 beliebtesten Hotels weltweit platziert. Für die fünf Golfplätze der Region wurden Pauschalpakete geschnürt, für Familien gibt es „Urwald-Pakete". Der Clou daran: Wo früher der Direktvertrieb das Nonplusultra war, sind heute die Reisebüros einer von vielen Vertriebskanälen.

touristik aktuell am 19. April 2010

Tourismuszahlen machen sonnige Laune

Bodenmais verzeichnet für 2009 einen Zuwachs von fast neun Prozent bei den Übernachtungszahlen

Von Johannes Fuchs

Bodenmais. Ein Plus von 8,7 Prozent bei den Übernachtungen kann Bodenmais für das Jahr 2009 verbuchen. Die aktuellen Zahlen hat in der Aufsichtsratssitzung der Bodenmais Tourismus & Marketing GmbH deren Geschäftsführer Andreas Lambeck vorgestellt.

Demnach ist die Zahl der Übernachtungen von 773 200 im Jahr 2008 auf 840 500 im vergangenen Jahr gewachsen. „Wir sind an unserem Ziel 850 000 knapp vorbeigeschrammt", sagt Lambeck. Für das Jahr 2010 peilen er und Bürgermeister Michael Adam die 900 000er-Marke an.

Bei den Gästeankünften ist der Zuwachs sogar noch größer, hier betrug er 16,7 Prozent im Vergleich zum Vorjahr. Dementsprechend ist die durchschnittliche Aufenthaltsdauer von 6,51 Tagen (2008) auf 6,07 zurückgegangen.

Es geht aufwärts mit der Tourismus-Hochburg Bodenmais – allerdings sind die Übernachtungszahlen zuletzt weniger durch die Wintersportler gestiegen, sondern vor allem in den Sommer- und Herbstmonaten. – Foto: Fuchs

Sommermonate legen am stärksten zu

Während die Wintermonate relativ stabil sind, hat Bodenmais vor allem im Sommer sowie im Oktober 2009 kräftig zugelegt. Der August verbuchte mit 23 Prozent mehr Übernachtungen und 71 Prozent mehr Gästeankünften den spektakulärsten Zuwachs. Das Plus im Monat April ist teilweise dadurch zu erklären, dass 2009 die Osterferien auf den April fielen, 2008 aber auf den März. Übernachtungsstärkster Monat war der August mit 116 517 Übernachtungen, gefolgt vom Februar mit 94 100. „Wir tun uns im Sommer viel leichter, neue Gäste mit neuen Marketing-Ideen wie etwa ‚echter Urwald' zu gewinnen", sagt Lambeck, „im Winter kommen eben vor allem die Sportler." Grund zur Klage gibt es aber nicht – auch im Januar 2010 verbucht Lambeck wieder ein Übernachtungs-Plus von sechs Prozent gegenüber dem Vorjahr.

Mit Abstand schwächster Monat war 2009 der November (26 500 Übernachtungen). Ohne das November-Minus von 10,4 Prozent gegenüber dem Vorjahr, so sagt Bürgermeister Adam, wäre die Zahl von insgesamt 850 000 Übernachtungen zu erreichen gewesen. Wieso der November 2009, vom Tourismusverband Ostbayern als „Supermonat für den Bayerischen Wald" bejubelt, in Bodenmais so stark abfällt? „Reiner Zufall", erklärt Adam. In diesem immer relativ schwachen Monat hatten im vergangenen Jahr gleich mehrere große Hotels geschlossen, weil Bauarbeiten anstanden.

Lambeck konnte den Aufsichtsräten noch viele weitere Details aus der Statistik zitieren – das neue System der elektronischen Gästekarte macht eine Auswertung nach diversen Parametern mit einem Tastendruck möglich. So stellen die Bayern die stärkste Gruppe unter den Urlaubsgästen dar (22,7 Prozent), gefolgt von Nordrhein-Westfalen (18 Prozent), Baden-Württemberg (11,2) und Hessen (8,8), Thüringen (6,3) und Sachsen (6,2 Prozent). Im Dezember und im Juli kehrt sich die Belegung um: Dann kommen die Nordrhein-Westfalen auf 30 bzw. 23 Prozent, die Bayern nur mehr auf 17 bzw. 13 Prozent. Besonders viele Urlauber aus dem Freistaat nutzen den ruhigen November für einen Aufenthalt in Bodenmais, in diesem Monat machen sie fast 50 Prozent der Gäste aus. Lediglich 2,1 Prozent aller Bodenmaiser Gäste kommen aus dem Ausland.

50 Prozent aller Bodenmaiser Gäste haben 2009 ein Hotel gewählt, 21 Prozent wohnten in privaten Appartements, 17 Prozent in Pensionen. Alle anderen Kategorien sind im Ort zahlenmäßig unbedeutend, darunter auch „Urlaub auf dem Bauernhof" mit 1,28 Prozent der Übernachtungen. Nicht weniger als neun Prozent aller Übernachtungen steuerte 2009 die Silberberg-Klinik bei. Die im übrigen, wie Bürgermeister Michael Adam erklärt, die ohnehin schon sehr gut ausgelasteten Hotels im Ort noch übertrifft: Sie kommt auf über 100 Prozent, weil Beistellbetten für Angehörige von Patienten extra gerechnet werden.

Freilich gibt es auch weniger überraschende Ergebnisse, wie etwa die Tatsache, dass die meisten Gäste am Wochenende anreisen. Oder dass die meisten Gruppen zu zweit, zu dritt oder zu vier anreisen. Deutliche Worte spricht die Altersklassen-Statistik. Bei weitem stärkste Gruppe sind die 51- bis 70-Jährigen, sie stellen 38 Prozent aller Gäste. Die Altersklasse 41 bis 50 Jahre bringt es auf 16,4 Prozent, die Kinder zwischen einem und 14 Jahren auf 12,2 Prozent. Ganz unbeliebt ist Bodenmais bei der Altersgruppe zwischen 17 und 30 Jahren, sie macht nicht einmal fünf Prozent aller Gäste aus. Dagegen kommen die Urlauber über 70 Jahre immerhin noch auf zehn Prozent.

Bodenmaiser Übernachtungszahlen

	2008	2009	Veränderung in %
Januar	72 541	74 130	+ 2,19
Februar	90 205	94 053	+4,27
März	53 274	45 465	-14,66
April	25 728	41 701	+62,08
Mai	64 089	55 484	-13,43
Juni	59 690	69 342	+16,17
Juli	76 701	93 071	+21,34
August	94 759	116 517	+22,96
September	84 394	91 207	+8,07
Oktober	67 773	78 294	+15,52
November	29 539	26 477	-10,37
Dezember	54 508	54 758	+0,46
Gesamt	**773 201**	**840 499**	**+8,70**

PNP am 28. Januar 2010

Bodenmaiser geben ihren Touristikern einen guten Dreier

Umfrage unter Vermietern, Gastronomen und Dienstleistern: Für 77 Prozent der Befragten steht Bodenmais heute besser da als vor zwei Jahren

Andreas Lambeck

Bodenmais. Andreas Lambeck, Geschäftsführer der Bodenmais Tourismus und Marketing GmbH (BTM), war es bewusst: Ein gewisses Risiko bedeutete die Umfrage unter den Bodenmaiser Vermietern, Gastronomiebetrieben und Gewerbebetrieben auch für ihn. Wenn die Umfrage über die Arbeit der BTM ein negatives Ergebnis gebracht hätte, hätte er vermutlich auch persönliche Konsequenzen ziehen müssen. Aber diese Gedanken braucht sich der ziemlich umtriebige Touristiker nicht zu machen. Die Umfrage, die das Touristische Service-Center in Regen für die BTM gemacht hat, brachte eine klare Aussage: Die BTM soll den eingeschlagenen Kurs beibehalten.

Insgesamt sind 500 Betriebe von den Interviewern angesprochen worden, 310 waren grundsätzlich bereit, die Fragen anonym per Telefon zu beantworten. Berücksichtigt wurden bei den Prozentangaben nicht, wenn der Befragte mit „keine Meinung" geantwortet hat. Unter den 310 Antwortenden waren 227 Gastgeber und 83 Dienstleistungsbetriebe.

82 Prozent finden die BTM-Gründung richtig

Demnach sagen 82 Prozent der Befragten, dass es richtig war, die Bodenmais Tourismus & Marketing GmbH (BTM) zu gründen. 77 Prozent der befragten Betriebe gaben an, dass Bodenmais durch die Arbeit der BTM heute besser dasteht als 2007. Im Schnitt gaben die Betriebe der Arbeit der BTM die Schulnote 2,77. „Das ist ein guter Wert, wenn man berücksichtigt, dass diese Umfrage anonym durchgeführt worden ist und dies ein ehrliches Spiegelbild der örtlichen Meinung wiedergibt", meint Andreas Lambeck zu der Note 2,77.

Dass mehr als zwei Drittel der Antwortenden Lambeck für den richtigen Mann an der richtigen Stelle halten, ergab die Umfrage ebenfalls: 68 Prozent halten Lambeck für den richtigen Geschäftsführer für die BTM, eine Zustimmungsquote, die ihn freut. 23 Prozent sprechen sich gegen einen Geschäftsführer Andreas Lambeck aus.

68 Prozent: Lambeck ist der richtige Mann

Den Vorwurf, dass Bodenmais zum „Ballermann" verkommt und die vielen unterschiedlichen Veranstaltungen dem Ort schaden, unterstützt nur eine Minderheit, 65 Prozent der Befragten sehen das nicht so. Dieses Einzelergebnis spiegelt aber auch wieder, dass trotzdem ein Drittel der befragten Bodenmaiser Angst vor dem Tempo der Veränderungen haben. Insbesondere Ängste davor, die eigene kulturelle Identität zu verlieren.

Auch auf die eigene wirtschaftliche Entwicklung wurden die Betriebe angesprochen: 78 Prozent sind davon überzeugt, dass ihre eigene wirtschaftliche Situation sich seit 2007 verbessert hat oder zumindest gleich geblieben ist – trotz Wirtschaftskrise. 46 Prozent gaben an, direkt oder indirekt von der Arbeit der BTM profitiert zu haben. 73 Prozent der Betriebe glauben, dass Bodenmais besser durch die Wirtschaftskrise gekommen ist als andere Ferienorte in Bayern.

Der eingeschlagene Weg soll fortgesetzt werden, so ist zumindest die Meinung der Mehrheit der Befragten: 73 Prozent sagen, dass eine klassische Kurverwaltung schlechter für die Tourismusentwicklung in Bodenmais wäre. Und 76 Prozent der befragten Betriebe sind dafür, dass der bisher eingeschlagene Weg fortgeführt werden soll. „Das ist ein eindeutiges Votum und eine Bestätigung für die moderne Tourismusarbeit, die in Bodenmais gemeinsam innerhalb der BTM, der Verwaltung und in den politischen Gremien umgesetzt wird", so Lambeck. Auch er möchte den eingeschlagenen Kurs in den nächsten Jahren mit fortsetzen und begleiten. „Bodenmais ist noch lange nicht am Ziel und es gibt keinen Grund sich auf dem Erreichten auszuruhen." Er nimmt es ernst, dass rund ein Viertel der befragten Unternehmen vom eingeschlagenen Weg nicht überzeugt ist. „Hier sind weitere Überzeugungsarbeit und nachhaltige Erfolge von großer Bedeutung," so Lambeck weiter. – bb

PNP im Winter 2009

Moacht's eich auf!

Wie der bayerische Ort **Bodenmais** aus der Versenkung kam

Bodenmais. Dem Marketing liegt eine Guerilla-Strategie zugrunde, der Vertrieb ist aggressiv, die Öffentlichkeitsarbeit zum Teil aufdringlich. Doch das Ergebnis kann sich sehen lassen: Knapp drei Jahre nach Gründung einer Tourismus & Marketing GmbH erlebt der bayerische Ferienort Bodenmais eine Renaissance, die in ihrer Form einzigartig ist.

Bodenmais? Bayerischer Wald? Kaum ein Veranstalter, kein Reisebüro und vor allem immer weniger Reisende brachten die beiden Namen zu Anfang des neuen Jahrtausends mit Urlaub in Verbindung. Dabei lebte der Ort noch bis Mitte der 90er Jahre in einer touristischen Glückseligkeit: Mit knapp einer Million Übernachtungen pro Jahr stieß Bodenmais an die Grenzen seiner Bettenkapazität. Warum sollte man da an der Zukunft zweifeln?

Doch die Selbstzufriedenheit war der Anfang vom Abstieg aus der touristischen Oberliga in Deutschland: Der wachsende Wettbewerb um den zahlenden Urlaubsgast und das Festhalten an alten Fremdenverkehrsmechanismen führten den Ort in die Krise. Um mehr als ein Viertel ging der Tourismus bis 2006 zurück, die Umsatzeinbußen waren gigantisch.

Die Notbremse der einheimischen Touristiker war im August 2007 die Gründung der Bodenmais Touristik & Marketing GmbH. Und das Anheuern

Fotos: Christian Nittmann/pixelio.de, Thomas Cook

Idylle allein reicht nicht: Das permanente Klappern gehört in Bodenmais zum Handwerk

eines Geschäftsführers, der neue Wege geht: Andreas Lambeck, früherer Chef der Reisebüro-Kette Billigweg.de. Er und sein Team ließen keinen Stein auf dem anderen. „Wir mussten die Fehler der Vergangenheit schonungslos aufarbeiten", berichtet der Manager von hitzigen Diskussionen. Sein Konzept: Das beste touristische Produkt nützt nichts, wird es nicht aktiv über zeitgemäße Vertriebswege verkauft.

Dazu zählt Lambeck TV-Shopping, Online-Portale und Lebensmittelketten. Der massive Einstieg in das Reisebüro-Geschäft war für einige Insider allerdings überraschend: Mit entsprechenden Schnittstellen erhielt der Counter direkten Zugriff auf die touristischen Produkte des Ortes.

Neben dem Vertrieb legte Lambeck Wert auf das Entwickeln von Produkten für Zielgruppen. So entstanden Angebote wie Familien-Spaß im Urwald, das im Sommer 2009 mehr als 2.000 junge Familien nach Bodenmais lockte. Andere Produkte mit zum Teil eigenen Internet-Portalen wenden sich an Golfer, Aktiv- und Cluburlauber. Absoluter Clou ist der Dorfclub, mit dem ganz Bodenmais zum All-inclusive-Paradies wird: Mittels einer elektronischen Gästekarte können Urlauber sämtliche Angebote nutzen – vom Freibad über den Kinderclub bis hin zum Clubrestaurant.

Der Erfolg ist messbar: Seit 2007 ist die Zahl der Übernachtungen um rund 22 Prozent gestiegen. In diesem Jahr sollen mehr als 900.000 Übernachtungen generiert werden. Läuft alles nach Plan, könnte 2011 sogar die Marke von einer Million geknackt werden. Den Slogan liefert Ex-RTL-Star Daniel Küblböck: „Moacht's eich auf", heißt sein eigens für Bodenmais geschriebener Song.

Matthias Gürtler

touristik aktuell am 19. April 2010

KOMMENTARE

Neue Wege gehen

Von Alois Schießl

Kaum 14 Tage ist es her, dass in einer Studie ein vernichtendes Urteil über die Tourismuswirtschaft in der Oberpfalz gefällt wurde: Mehr Verbände als Hotels, kaum eine Zusammenarbeit über die Gemeindeebenen hinaus, Werbung nach alten Mustern und fehlende Visionen. Niederbayern wurde zwar nicht untersucht, doch sind viele Experten davon überzeugt, dass es hier nicht viel besser aussieht.

Und vor diesem Hintergrund gibt es nun die aktuellen Tourismuszahlen der IHK Niederbayern: Bis zu zweistellige Einbrüche bei den Übernachtungszahlen in den ersten beiden Monaten des Jahres. Zahlen, die noch schlechter sind als die gesamtbayerischen. Auch wenn der März und April nicht ganz so schlecht ausfiel, liegen die Rückgänge für die ersten vier Monate 2009 insgesamt immer noch bei rund sechs Prozent.

Natürlich trägt daran die gesamtwirtschaftlich schwierige Lage Mitschuld. Wer nicht weiß, wie es mit seinem Arbeitsplatz weitergeht, der überlegt sich, ob er noch einen Zweiturlaub macht – und gerade der Bayerische Wald ist dafür ein bevorzugtes Revier.

Sich schulterzuckend mit den Rückgängen abfinden, sollte man dennoch nicht. Dass nämlich auch einem Negativtrend getrotzt werden kann, dafür ist die Bayerwaldgemeinde Bodenmais ein Beispiel. Auch dort musste der Tourismus Rückgänge einstecken, aber: Seit zwei Jahren geht es aufwärts. Man holte sich externe Branchenexperten, die mit Blick von außen auf die Region sahen – und neue Wege in Positionierung und Marketing gingen. Jetzt werden Pakete, die Geschichten erzählen, verkauft wie: „Urlaub im Urwald" oder „Urlaub bei Rangern." Das lässt der Phantasie Raum – und zieht. Dies auch, weil die Hotellerie investiere und auch neue Wege in der Werbung und Direktvermarktung gegangen wurden. Bodenmais sollte ein Vorbild sein.

– Heimatwirtschaft

PNP am 25. Juni 2009

Bodenmais meldet weiter ein Übernachtungs-Plus

Nachfrage für den Sommer ist groß

Bodenmais. Kein schlechtes Zeichen: Für die Sommermonate sucht die Bodenmais Tourismus und Marketing GmbH (BTM) noch zahlreiche Gastgeber mit großen und kleinen Ferienwohnungen. Die BTM meldet große Nachfrage für die Sommermonate und den Herbst. Geschäftsführer Andreas Lambeck glaubt nach den Buchungen, dass der August in diesem Jahr ein Rekordmonat wird; dass der Ort im August erstmals mehr als 150 000 Übernachtungen in einem Monat haben wird. „Unser Ziel bleibt weiterhin die Marke von 900 000 Übernachtungen in diesem Jahr", sagt der BTM-Chef. Seit Herbst 2007 liegt Bodenmais auf einem permanenten Wachstumskurs.

In den zurückliegenden Wintermonaten liegt das Wachstum gegenüber dem Vorjahr bei fast sieben Prozent mehr Gästen – Bodenmais konnte im 1. Quartal des Jahres rund 2500 mehr Gäste begrüßen – und fast drei Prozent mehr Übernachtungen. Und Lambeck erwartet, dass nach moderatem Wachstum im Winter nun die wirklich großen Wachstumsmonate kommen.

Die neuen Produkte in diesem Jahr wie „Familienspaß im Urwald", „Goldgräberurlaub in Bodenmais", „Wellnesstester" oder „Auf den Spuren der TV-Stars" sind laut BTM vielversprechend angelaufen, auch die Übernachtungspreise für die Vermieter seien gegenüber dem Vorjahr angestiegen. Besonders 4-Sterne-Ferienwohnungen beziehungsweise große Ferienwohnungen mit zwei Schlafzimmern bekommen 2010 einen deutlich höheren Übernachtungspreis. „Dies ist auch eine große Chance für alle Vermieter, die bisher mit der BTM nicht zusammenarbeiten – nur wenn wir alle an einem Strang ziehen, werden wir die wirtschaftliche Mindestgröße von mindestens einer Million Übernachtungen im Jahre 2011 erreichen, um in Bodenmais wirtschaftlich arbeiten zu können. Nur diese eine Millionen Übernachtungen sichert, dass die Gebühren nicht weiter überproportional für Vermieter und Gewerbetreibende ansteigen werden", so Bürgermeister Michael Adam.

Zum Vorwurf, die Zuwächse bei den Übernachtungen seien nur auf die Einführung der elektronischen Gästekarte zurückzuführen, erklärt Adam: „Es ist ein Trugschluss, dass das Wachstum in Bodenmais zum größten Teil auf der Einführung der elektronischen Gästekarte basiert." Ein Vermieter, der vorsätzlich schwarz vermieten wolle, könne dies elektronisch genauso gut wie vorher auch manuell. Die Meldemoral sei in Bodenmais schon immer deutlich besser gewesen als in anderen Gemeinden, da auch schon in früheren Zeiten Kontrollen durchgeführt wurden. „Das Gästekartensystem wurde erst im Januar 2009 eingeführt, das Wachstum ist aber schon kontinuierlich seit Herbst 2007 zu verzeichnen", sagt Adam.

Der Vertriebsbereich der BTM wird im laufenden Jahr laut Lambeck rund 120 000 zusätzliche Übernachtungen selbst abwickeln.

– bb

PNP am 7. April 2010

37 Technik und moderne Kommunikation – ohne geht's nicht

Dieses Buch, welches sich als Impulsgeber versteht, besteht aus verschiedenen Bereichen, wobei dieses Kapitel sicher eine herausragende Rolle einnimmt. Leidenschaft, Erfahrung, detaillierte Kenntnisse über die Ferienregion, beste Kontakte zu allen wichtigen Personen – all das nützt nichts, wenn nicht auch im Fremdenverkehr moderne Technologien und Kommunikationswege Einzug halten.

Aus der Perspektive des Kunden oder Gastes betrachtet, ist es ganz simpel. Künftig nimmt postalische Anforderung eines Gastgeberverzeichnisses und in der Folge, die telefonische Buchung direkt im Hotel, in der Pension oder Ferienwohnung, nur noch eine untergeordnete Rolle ein. Vergleichbar mit dem Touristikvertrieb in Deutschland, der seit Jahren von einem massiven Reisebürosterben bedroht ist, da alternative und innovative Informations- und Buchungswege in rasantem Tempo wachsen, muss man diese Entwicklung unbedingt auch im Fremdenverkehr zur Kenntnis nehmen und strukturelle Veränderungen vornehmen.

Was also ist zu tun? Haben Sie schon mal im Internet nach einer Reise gesucht, oder dort gar gebucht?

Im nächsten Kapitel wird deutlich – immer mehr Menschen tun dies und die „Old Economy" stirbt im touristischen Vertrieb von touristischen Dienstleistungen Schritt für Schritt aus. Nur ausgewählte Reisebüros mit einer hohen Fach- und Beratungskompetenz bleiben in wenigen Jahren übrig

Und wie sieht es im Fremdenverkehr aus? Haben Sie schon einmal versucht, auf der Website Ihres Ferienortes eine Reise zu buchen?

Der Expedia-gewohnte Verbraucher wird mit an Sicherheit grenzender Wahrscheinlichkeit an den Online-Angeboten des deutschen Fremdenverkehrs verzweifeln. Hier stimmt meist gar nichts und selbst

Die BTM-Mitarbeiterin Monika Oisch trägt Buchungen in den Zimmerpool ein.

in Bodenmais haben wir hier bislang nur eine Teilstrecke zurückgelegt, was ganz klar auch mit gewachsenen Strukturen und möglichen Voraussetzungen aus der Vergangenheit zu tun hat.

Auf den meisten Homepages von Ferienregionen werden – im Sinne der Gleichbehandlung aller Anbieter – Hotel- und Übernachtungsangebote im Rotationsbetrieb angezeigt, bei denen dann weder eine vernünftige Verfügbarkeitsprüfung vorgenommen, geschweige denn online gebucht werden kann.

Ebenso wie in der Tourist-Information, die sich häufig noch als neutraler Informationsgeber verhält oder verhalten muss, geht dies an den Bedürfnissen der Gäste vorbei. Diese wollen einfach, schnell, umfassend und emotional ansprechend Informationen einholen und passgenaue Angebote mit einem Knopfdruck buchen. Aus der Perspektive des Fremdenverkehrs betrachtet, steht hier noch sehr viel Arbeit bevor.

Geht man den Weg der Gründung eines Reiseveranstalters bzw. Tourismusvertriebs, wie in Bodenmais, sind Investitionen in Reiseveranstaltertechnik und moderne Reservierungssysteme unerlässlich.

Wollen Sie Ihre Region in mehr als 12.000 Reisebüros und allen anderen Vertriebskanälen buchbar machen? Dann benötigen Sie Technologie, die zu Ihrer Vermarktungsstrategie passt. Hier können Partnerschaften zwischen Ferienregionen, die sonst im Wettbewerb stehen, hervorragend Synergien nutzen, um beispielsweise auch im Backoffice gemeinsam, kosteneinsparend zu agieren.

Es dreht sich alles um das Internet. Ob „nackte" Übernachtungsleistungen, innovative Produkte, wie sie in diesem Buch häufig beschrieben werden, oder auch Eventtickets: Erfolg ohne Internet ist nicht mehr möglich!

Daher müssen bestehende Mechanismen auf den Prüfstand und durch neue Technologien ersetzt werden. Die Antwort darauf, in welche Richtung sich Ihre künftigen Strukturen in Technik und Kommunikation entwickeln müssen, gibt Ihnen Ihr Gast.

Einzig und allein der Frage, wie man schnell und mit maximaler Reichweite Gäste gewinnen und binden kann, müssen sich technische Lösungen unterordnen. Daran angeschlossen müssen Sie Servicestandards definieren, die dem Gast gerecht werden, nicht in erster Linie der Bequemlichkeit in der Verwaltung.

Würde das Nachfrageverhalten der Gäste es sinnvoll machen, ergänzend zu den Informations- und Buchungsoptionen im Internet einen Rund-um-die-Uhr-Service am Telefon in fünf Sprachen einzurichten, dann muss dies getan werden. Der Gast entscheidet, wann, wo und wie er Informationen will und wie er buchen möchte – wir im Fremdenverkehr müssen uns danach richten.

Und da sich das Verbraucherverhalten in den letzten Jahren stark geändert hat und sich weiter verändern wird, ist der Einsatz neuer Technologien, die beispielsweise eine echte Onlinebuchbarkeit auf der Homepage Ihrer Ferienregion ermöglichen, alternativlos.

Schlagzeile aus der Praxis zu diesem Thema

■ **Bodenmais-Ferienregion:** Reisebüros können direkt einbuchen

Frankfurt (ta). Reisebüros mit Anbindung an die gängigen CRS können die Bodenmais-Ferienregion im Bayerischen Wald jetzt direkt buchen. Möglich macht dies ein Cäsar-basiertes Reservierungssystem, das im Zuge der Neupositionierung des bayerischen Ferienortes eingeführt wurde. Mit dem Veranstalterkürzel „BTM" lassen sich in Toma sowohl Hotels als auch Pauschalangebote reservieren. Die Einbindung des Programms in Amadeus soll bis zum Frühjahr nächsten Jahres erfolgen.

Entwickelt wurde das neue Reservierungssystem von Peter Hübsch, der als Bereichsleiter Reiseveranstalter und Vertrieb bei der Bodenmais Tourismus GmbH verantwortlich zeichnet. Außerdem soll der ehemalige Geschäftsführer der Quality Group und des Direktveranstalters Holiday & Co einen eigenen Reiseveranstalter für Bodenmais aufbauen.

touristik aktuell am 17. Dezember 2007

38 WWW – das Tor zu neuen Zielgruppen

Gehören Sie noch nicht zu den Nutzern des Internets und können mit diesen neuartigen Computern nichts anfangen? Dann sind Sie etwas ganz Besonderes, denn Sie zählen mittlerweile zur absoluten Minderheit – auch und gerade wenn es um die Online-Nutzung beim Thema Tourismus geht.

Waren es 2001 nur knapp ein Drittel* aller Deutschen über 14 Jahre, die „online" gingen, so nutzen 2010 schon fast 70 Prozent das Internet, um sich zu informieren und zu konsumieren.

Schaut man sich die Zahlen in den sozialdemographischen Gruppen an, wird noch deutlicher, welche Macht das Internet hat: Im Alter zwischen 14 und 29 Jahren sind bereits mehr als 94 Prozent der Deutschen im World Wide Web unterwegs, zwischen 30 und 39 Jahren sind es 90 Prozent, zwischen 40 und 59 immerhin bereits 79 Prozent, und selbst 28 Prozent der über 60-jährigen nutzen das Internet.

Den größten Anteil in diesen Altersgruppen haben im Übrigen Menschen mit einem höheren Einkommen und Abitur. Das Internet hat die klassischen Informations- und Buchungswege der Vergangenheit vielleicht noch nicht verdrängt, aber derart ergänzt, dass es Sabotage wäre, aus Sicht der Tourismusindustrie und des Fremdenverkehrs, sich das WWW nicht zu Nutze zu machen.

Aber es wird noch schlimmer – oder schöner, je nachdem aus welcher Perspektive man es betrachtet – wenn man sich unter touristischen Gesichtspunkten anschaut, was die reisenden Onliner im Netz so treiben: 84 Prozent jener, die in den letzten zwölf Monaten eine Kurz- oder Urlaubsreise machten, haben das Internet schon einmal zur Information – und 67 Prozent zur Reisebuchung genutzt.

---

* Quelle: FUR, RA 2006 und RA 2010

Die Internetseite Bodenmais hat eine Aufgabe: „Verkaufen, verkaufen, verkaufen."

Und welche Informationen zu Urlaubsthemen werden im Internet gesucht und angeklickt? Nach aktuellen Erhebungen nutzen 73 Prozent der User – so werden Nutzer des Internets genannt – das Netz zur Information über ihr künftiges Reiseziel, zwei Drittel zum Preisvergleich, 64 Prozent informieren sich über Unterkünfte im Zielgebiet und 27 Prozent über Veranstaltungen, die an ihrem Wunschferienort stattfinden.

Als Informationsmedium, und damit Marketing- und PR-Plattform für den Fremdenverkehr, ist das Internet unverzichtbar, zumal das Buchungsverhalten der User aufzeigt, welches Gästezahlenpotenzial hier liegt: Mittlerweile haben 31 Prozent der Onliner bereits eine Unterkunft, 21 Prozent ein Eventticket, 19 Prozent eine Reiseveranstalter-Pauschalreise und 13 Prozent eine Fahrkarte gebucht.

2010 werden B2C – also im Endverbrauchermarkt – mehr als 16 Milliarden Euro online umgesetzt und nimmt man die Businessbuchungen noch dazu, kommt man auf die enorme Summe von mehr als 23 Milliarden Euro.

Und wie kriegen Sie in Ihrem Ort oder Ihrer Region ein möglichst großes Stück vom wachsenden Online-Reisemarkt ab?

Zunächst sollte man verstehen, dass der Kunde in der Regel bei der

Suche und Buchung nicht danach unterscheidet, ob er bei einem Tourismusverband, einem Reisekonzern oder in einem Hotel zuschlägt. Das Nutzerverhalten im Internet ist viel pragmatischer.

Google dominiert den Suchmaschinenmarkt, und wenn es beispielsweise mit der Suchbegriffkombination *billige Skireisen* gelingt, in den Suchergebnissen ganz vorn dabei zu sein, dann ist der erste Schritt in Richtung Online-Vermarktungserfolg gemacht. Die Platzierung auf den vorderen Plätzen der Suchmaschinen erfolgt durch geschickte Optimierung der eigenen Website, sogenanntem SEO, sowie durch Marketingmaßnahmen, die die Bekanntheit und Akzeptanz einer Reisemarke im Web erhöhen, was man als SEM bezeichnet.

Eine ganze Bücherreihe ließe sich allein mit diesem Thema auflegen, wobei es verschiedene Wege gibt, online erfolgreich zu sein. Die Verlinkungen mit anderen Homepages, die permanente Kommunikation der Webadresse auch über Offline-Maßnahmen bis zum sogenannten Web 2.0, worauf in diesem Buch separat eingegangen wird, sind nur einige wenige Beispiele.

Auf der Website bodenmais.de etwa hat sich das Gästebuch, in dem sich die User austauschen und Kritik üben können, als echtes, stark beanspruchtes Zugpferd herausgestellt. Seit 2007, einem Jahr, in dem bereits mehr als 330.000 User die bodenmais.de Website besuchten, hat sich die Zahl der Internetbesucher um über 135 Prozent auf über 780.000 im Jahr 2009 gesteigert. Für das Jahr 2010 werden sogar fast 900.000 User erwartet.

Erst einmal ein klares Signal, dass das Interesse an dem Ferienort Bodenmais seit 2007 wieder massiv gestiegen ist. Dies ist nicht nur ein Ergebnis eines professionellen Suchmaschinenmarketings, sondern ein beeindruckendes Ergebnis der Marketing-, PR- und Vertriebsstrategie.

Sie haben es also auch geschafft, und die Besucherzahlen ihrer Website erhöht, und dennoch steigen in der Folge ihre Gäste- und Übernachtungszahlen nicht?

Kein Wunder – der User ist anspruchsvoll. Wie jeder von uns, will er einfach, dass seine Erwartungshaltung beim Besuch eines „Ladens" – und die Internetseite ist hier quasi das Schaufenster – erfüllt wird. Emotionslose, veraltete Fremdenverkehrswebsites, die weder eine schnelle, einfache und sichere Buchung ermöglichen, noch prominent eine Infohotline angeben, haben verloren!

Der User will ständig neue News auf Ihrer Seite lesen. Ihre Internetseite ist das Spiegelbild Ihres Ferienortes. Eine langweilige Seite heißt für viele in der Wahrnehmung: langweiliger Ferienort. Die Bodenmaiser Internetseite ist bunt wie die touristische Welt und ein Spiegelbild der Aktivitäten im Ort.

Der Wettbewerb wird jede Homepage, die aktuellen Ansprüchen nicht gerecht wird, verdrängen. Das „Glück" im deutschen Fremdenverkehr ist, dass es bislang wenigen Ferienorten gelang – viele scheuten sich sicher auch vor dieser Thematik – online zu punkten. Wer also JETZT die Zeichen der Zeit nicht erkennt, wird seiner Aufgabe im Fremdenverkehr nicht gerecht.

Schlagzeilen aus der Praxis zu diesem Thema

Bodenmais im Internet-Hoch: 7,3 Millionen Klicks im Januar

Rekordmonat: 112 000 Besucher auf www.bodenmais.de

Bodenmais. In den vergangenen zwölf Monaten hat sich die Internetseite bodenmais.de dank tatkräftiger Zusammenarbeit Bodenmais Tourismus & Marketing GmbH und der Firma Aktivweb enorm weiterentwickelt. Dies macht sich vor allem in einer besseren „Sichtbarkeit" bei der Suchmaschine Google bemerkbar; und durch mehr Besucher auf der Homepage. Der Januar war in dieser Hinsicht ein Rekordmonat: Die Zahl der Besucher lag bei rund 112 000. Gleiches gilt für die 7,3 Millionen Seitenaufrufe, die es im Januar gab. Die meisten Besucher der Seite kamen natürlich aus Deutschland, aber auch aus den Niederlanden, Tschechien, Belgien, der Schweiz, Österreich und sogar Frankreich gab es Seitenaufrufe.

Bei der wichtigsten Suchmaschine Google.de ist die Bodenmaiser Internetseite mittlerweile unter sehr vielen Begriffen auf der ersten Ergebnisseite zu finden, häufig sogar an erster Stelle. „Die Sichtbarkeit der Domain bodenmais.de liegt bei Google im Spitzenbereich. Das ist eindeutig der Verdienst eines konsequenten und nachhaltigen Suchmaschinenmarketings, was unser Partner Aktivweb hervorragend umsetzt", lobt Timo Krause, der sich bei der BTM um die Belange der Internetseite kümmert. Mittlerweile gibt es bereits mehr als 10 000 Seiten, die auf bodenmais.de verweisen (Backlinks).

„Für uns ist das natürlich ein Prestige-Objekt. Wir arbeiten sehr akribisch und freuen uns natürlich über solche Erfolge", sagt Uwe Weikl, Geschäftsführer des Bodenmaiser Unternehmens Aktivweb, mit dem die Gemeinde und die Tourismus & Marketing GmbH seit vielen Jahren im Bereich Internet zusammenarbeiten. „Wir sind sehr zufrieden mit der Arbeit unseres Partners. Dennoch werden wir nie aufhören uns weiter zu entwickeln. Das gilt natürlich auch und besonders für unsere Internetseite. Gerade hier darf man sich nicht auf seinen Lorbeeren ausruhen", lobt und mahnt BTM-Chef Andreas Lambeck. Verständlich, dass der Geschäftsführer den Status der Seite am liebsten weiter verbessern möchte, wo doch die Statistik eindeutig zeigt, dass sich die meisten Besucher der Seite auch die Top-Angebote anschauen und nach einer Unterbringung suchen.

Insgesamt betreiben die Tourismus GmbH und die Marktgemeinde Bodenmais sieben Internetseiten. Dazu gehören neben der Hauptseite bodenmais.de auch aktivzentrum-bodenmais.de, bretterschachten.de, dorfclub.de, silberbergbad.de, golf-by-bodenmais.de und knödeldiplom.de. – kat

PNP am 12. Februar 2010

bodenmais.de im neuen Design

Neue Internetseite ist „vertriebsorientiert" – übersichtlich und große Bilder

Bodenmais. Die neue Internetseite der Tourismus GmbH in Bodenmais ist ab sofort online. Unter www.bodenmais.de bietet sich dem Besucher ein völlig neues Bild: Rein optisch ist nichts mehr so, wie es einmal war. Die neue Tourismus-Seite hat eine einfache, übersichtliche Struktur und ist auf dem neuesten Stand der Technik. Der wahre Fortschritt der Seite ist aber die Orientierung in Richtung Vertrieb. Während die alte Seite in erster Linie der Information diente, verfolgt die BTM mit der neuen Seite nun zwei Ziele: Information *und* Verkauf. Der Besucher der Internetseite kann sich noch immer ausgiebig über Bodenmais informieren – die Inhalte sind fast alle erhalten geblieben – bekommt aber gleichzeitig auch permanent die aktuellsten Reiseangebote nach Bodenmais präsentiert.

Ein sogenannter „Screen-Shot" der neuen Internetseite www.bodenmais.de

Foto: Hartl

Ein weiterer überaus wichtiger, aber nicht auch den ersten Blick zu sehender Fortschritt ist die Suchmaschinen-Optimierung der Seite. Die gesamte Seite ist nun so aufgebaut, dass sie von Google und anderen Suchmaschinen optimal gelesen werden kann. Was das ausmacht, zeigt die Arbeit der letzten Wochen an der alten Seite: Unter dem Begriff Bayerischer Wald ist Bodenmais aktuell auf Seite zwei gelistet – noch vor wenigen Wochen war es Seite 25. Mit der neuen Internetseite erhofft sich die Tourismus-GmbH auch einen gewaltigen Schub bei den Besucherzahlen. Das Ziel ist, die eindeutigen Besucher auf der Seite innerhalb eines Jahres zu verdoppeln, denn das Internet ist für die Reisebranche eines der wichtigsten Vertriebsmittel für die Zukunft.

„Wir wollen mit der neuen Seite nicht nur informieren, sondern vom ersten Eindruck an Emotionen und Urlaubsgefühl vermitteln. Ich glaube wir haben mit der neuen Seite einen guten Schritt in die richtige Richtung getan", sagt Timo Krause, Projektleiter bei der BTM.

Zum Erfolg beitragen soll die Vorstellung der neuen Internet-Seite beim nächsten Gastgeberstammtisch heute, Mittwoch, um 20 Uhr im „Hotel Hofbräuhaus". Alle Gastgeber und Vermieter sind dann eingeladen, alle Hintergründe und Erklärungen zur neuen Seite aus erster Hand zu erfahren.

Uwe Weikl und Chef-Programmierer Otto Freimuth werden die neue Seite ausführlich mit allen Funktionen vorstellen.

PNP am 4. Juni 2008

www.bodenmais.de verdoppelt die Klick-Rate

Internetseite verzeichnet steigende Besucherzahlen

Bodenmais. Ein Signal, das belegen kann, ob das Interesse an einem Ferienort ansteigt, sind die Zugriffszahlen auf die Internetseite, genannt „echte Besucher". Auf der www.bodenmais.de sind die Besucherzahlen stark ansteigend.

Nicht jeder Besucher und Zugriff auf eine Internetseite ist ein potenzieller Urlauber und zukünftiger Gast, aber es ist ein klares Zeichen, aber die Tourismus und Marketing GmbH sieht es als klares Zeichen, dass der Ferienort Bodenmais wieder mehr in der Urlaubsplanung berücksichtigt wird.

Seit Herbst 2007 steigen die Besucherzahlen auf www.bodenmais.de stark an. Im ersten Halbjahr 2008 gab es eine Steigerung der „echten Besucher" um 56,5 Prozent. Insgesamt interessierten sich 409 630 Internetnutzer für das Angebot rund um Bodenmais. „Ursache der Steigerung ist die anhaltende, bundesweite Anzeigen- und Radiokampagne sowie die Bürgermeisterwahl im März diesen Jahres", so Andreas Lambeck, Geschäftsführer der Bodenmais Tourismus und Marketing GmbH.

Für den Monat Juli wird eine Verdoppelung der „Besucher" erwartet.

Noch interessanter sind die Detailzahlen von Internet-Buchungsanfragen innerhalb der Bodenmais-Seite. Innerhalb dieses Buchungsbereiches, also genau dort wo etwa die fast 500 Gastgeber und Hotels ihre Angebote unterbreiten (Wintop) und Online-Buchungen oder Anfragen getätigt werden können, gab es einen Zuwachs von 129,45 Prozent. Genau 284 959 nutzen diesen Bereich, um sich online über das gesamte Vermieterangebot zu informieren. Dieses steigende Interesse kommt ohne Umwege den Vermietern zugute. Keine Tourismus GmbH oder ein Reiseveranstalter ist in diesem Bereich zwischengeschaltet.

Alleine im Monat Juli werden hochgerechnet etwa 880 online-Buchungsanfragen direkt an Vermieter und Hotels über die Internetseite gestellt. Ein Jahr vorher waren es nur 271 Anfragen.

„Wir sind noch lange nicht am Ziel angekommen. Eins zeigt sich jedoch schon jetzt sehr klar, dass das Interesse am Ort Bodenmais als Ferienziel wieder stark angestiegen ist. Wir werden erst in einigen Monaten von diesem wachsenden Interesse spürbar etwas merken. Ich bin aber davon fest überzeugt, dass diese Zahlen sich in einigen Monaten niederschlagen werden", so Lambeck. – bb

PNP im Juli 2008

39 HolidayCheck interessiert mich nicht – wozu Web 2.0?

HolidayCheck ist eigentlich nichts Besonderes. Früher hätte man es einfach Mund-zu-Mund-Propaganda genannt, wenn einer dem anderen erzählt, was er im Urlaub toll fand und was nicht. Wozu also soll man sich mit HolidayCheck befassen? Weil es ein Teil des Web 2.0 ist und Gäste bringt!

Diese Begründung mag verwirrend und auf den ersten Blick wenig schlüssig sein – wahr ist sie dennoch. Beginnen wir also mit dem sogenannten Web 2.0, mit dem Sie sich beschäftigen müssen, wenn Sie online punkten und neue Zielgruppen erschließen wollen. Web 2.0, das sind zum Beispiel: Nachschlagewerke wie Wikipedia, Bewertungsplattformen wie HolidayCheck, Videoplattformen wie Youtube, soziale Netzwerke wie Facebook oder Twitter, sowie Blogs und Fotografieplattformen.

Diese meist interaktiven Funktionen und Plattformen des Internets sind Fluch und Segen zugleich. Das World Wide Web ist erbarmungslos schnell und transparent, bietet aber zugleich exzellente Möglichkeiten der Akquise und Bindung von Kunden, die in der „alten Welt" nicht möglich sind.

Für den Fremdenverkehr von besonderer Bedeutung sind Bewertungsplattformen wie HolidayCheck oder Tripadvisor. HolidayCheck, das zu Beginn noch Hotelbewertungen.de hieß, bietet dem Internetnutzer die Möglichkeit, nach einem Aufenthalt in einem Beherbergungsbetrieb detailliert seine Kritik loszuwerden und sogar Fotos und Videos so online bereit zu stellen, dass sich andere User diese Einschätzungen ansehen können.

Es ist mittlerweile zu einem Marketingprädikat geworden, wenn ein Hotel mit einer hohen „HolidayCheck Weiterempfehlungsrate" wirbt und so suggeriert, dass eine absolute Zufriedenheit der bisherigen Gäste ja der Beweis ist, dass die Buchung dieses Hauses die richtige Entscheidung ist.

Welches Hotel würden Sie buchen? Das 4-Sterne-Haus mit 50 Prozent Weiterempfehlungsrate oder das 3-Sterne-Hotel mit 95 Prozent? Die Antwort ist klar.

Sollte die Schlussfolgerung dann sein, lieber gar nicht erst bei HolidayCheck gelistet zu sein, statt schlechte Bewertungen zu erhalten? Nein! Zunächst einmal können Sie das Auftauchen eines Hotels sowieso nicht verhindern, da die HolidayCheck Nutzer selber entscheiden, welche Hotels sie bewerten möchten und welche nicht. Jeder bislang gestartete Versuch von Hoteliers, ihren Eintrag zu verhindern, scheiterte. So ist das Internet ...

Und selbst wenn anfangs eher negative Bewertungen über ein Haus zu finden sind, sollte man sich ernsthaft mit dieser und anderen Bewertungsplattformen beschäftigen und im besten Fall die abgereisten Gäste aktiv bitten, doch bei HolidayCheck und Co. ihre Bewertungen abzugeben.

Heute sind bereits fast 70 Bodenmaiser Häuser bei HolidayCheck vertreten und wegen der Vielzahl an Bewertungen über Bodenmais ist der Ort sogar unter den Top 10 der beliebtesten deutschen Ferienregionen bei HolidayCheck zu finden.

Der positive Dominoeffekt: Eine Titelstory im Focus über die beliebtesten Wellnesshotels in Deutschland und damit Berichte über Bodenmais.

Wer meint, dass von diesem Medium nur Häuser der absoluten Premiumklasse profitieren, hat weit gefehlt. HolidayCheck vergibt jährlich anhand der eingetragenen Hotelbewertungen den sogenannten HolidayCeck-Award an die weltweit 100 besten Hotels der HolidayCheck-Gemeinde. Zwei Beherbergungsbetriebe aus Bodenmais waren auch 2010 wieder unter den Gewinnern:

Das First-Class-Hotel „Bergknappenhof" und die Bed & Breakfast Pension „Villa Montana". Letztere ist ein lebendiger Beweis dafür, dass auch ein Gastgeber ohne Luxus, aber dafür mit pfiffigen Ideen, bestem Service und Geschmack, sehr viel bewegen kann. Die „Villa Montana"-Betreiber wissen, dass eine überwältigende Mehrheit ihrer Gäste sich vor der Buchung bei HolidayCheck über das Haus informiert.

Eins macht HolidayCheck deutlich: Qualität entscheidet über Erfolg oder Niederlage, und Qualitätsstandards müssen über alle Hotelkategorien definiert und eingehalten werden. Auch und insbesondere dort, wo es nicht um die Größe des Fernsehgerätes auf dem Zimmer oder die Anzahl der Saunen im Wellnessbereich geht, sondern der Gast mit sogenannten Soft Skills positiv begeistert wird.

Urlaub, ob aktiv oder als Ruhepause, ist ein Erlebnis und spricht alle Sinne an. Dies muss allen, die HolidayCheck für sich nutzen wollen, klar sein. Die Gäste sind in der Vielfalt der Angebote wählerisch, und die Meinung anderer in Bewertungsnetzwerken zählt oft mehr als scheinbar ausschlaggebende Argumente in der Hotelausstattung.

Für Bodenmais lässt sich klar resümieren, dass die massive Präsenz in den wichtigsten Bewertungsportalen in der Folge einen hohen wirtschaftlichen Nutzen für den Ort mit sich bringt!

Klares Fazit kann nur sein, dass Sie aktiv das Instrument HolidayCheck als Marketingtool nutzen sollten. Ziehen sie aus einem vermeintlichen Fluch Ihren wirtschaftlichen Vorteil. Egal, ob Sie Hoteliers sind, eine Pension besitzen, Inhaber eines Dienstleistungsbetriebes oder Restaurantbesitzer sind.

Sie werden feststellen, dass Sie bei guter Qualität und vernünftiger Beurteilung einen wirtschaftlichen Vorteil aus diesem Bewertungsportal ziehen können und werden.

Das 4 Sterne-Hotel Bergknappenhof hat groß in Wellness investiert und erhielt den HolidayCheck Award 2010.

Foto: © Hotel Bergknappenhof

Schlagzeilen aus der Praxis zu diesem Thema

Schon wieder: Bodenmaiser Hotels werden ausgezeichnet

Erst auf der letzten Urlaub-daheim-Seite hatten wir gemeldet, dass kein anderer Ort in Deutschland so viele beliebte Hotels wie Bodenmais (Landkreis Regen) vereint. Das war der Stand von 2009, als vier Bodenmaiser Hotels im Online-Portal HolidayCheck.de unter die 50 besten Hotels in Deutschland gewählt wurden. Doch kaum sind die ersten Wochen 2010 vergangen, gibt es wieder neue Nachrichten aus Bodenmais – und neue Preisträger: 2010 gehen zwei der Auszeichnungen, der HolidayCheck-Awards, dorthin: Die Villa Montana gehört zum zweiten Mal in Folge zu den 99 beliebtesten Hotels der Welt, und das Hotel Bergknappenhof schafft erstmals den Sprung in die Liste. „Beide Häuser sind der beste Beweis, dass das Qualitätsniveau unserer Hotels auch im weltweiten Vergleich erstklassig ist und jedem Anspruch gerecht wird", sagt Andreas Lambeck, Geschäftsführer der Bodenmais Tourismus & Marketing GmbH. – kap

PNP am 22. Februar 2010

Bodenmais gehört zu den beliebtesten Urlaubszielen

Holiday-Check listet die Urlaubsorte in Deutschland auf

Was haben München, Hamburg, Köln, Dresden und Frankfurt mit Bodenmais gemeinsam? Ganz einfach: Es sind die sechs derzeit beliebtesten Urlaubsorte in Deutschland bei Holiday-Check. Bereits im März waren die Villa Montana und das Hotel Dolce Vita mit dem begehrten Holiday-Check-Award ausgezeichnet worden. Diese Ehre wurde insgesamt nur sechs Häusern in Deutschland zu teil.

Nun also hat Holiday-Check auf seiner Internetseite unter den Länderinformationen die sechs beliebtesten Urlaubsorte des Landes aufgelistet – und Bodenmais fügt sich in die Reihe der Deutschen Metropolen ein. Bodenmais ist also offenbar bei den Gästen des Portals beliebter als Berlin. Vor kurzen fand der zweite von insgesamt vier HolidayCheck Days statt. Und gleich zwei Bodenmaiser Hotels waren bei der feierlichen Verleihung dabei: Der Villa Montana und dem Hotel Dolce Vita wurde der „Holidaycheck-Award" verliehen. Nur sechs der 99 Gewinnerhotels weltweit befinden sich in Deutschland. „Wir freuen uns natürlich sehr. Das ist schon eine große Ehre für uns in dieser Reihe mit Großstädten zu stehen. Unser Dank gilt daher vor allem unseren Gastgebern, die für zufrieden Gäste und gute Bewertungen gesorgt haben", freut sich Bürgermeister Michael Adam.

Bei HolidayCheck werden die Betriebe exklusiv auf der Grundlage von Urlaubermeinungen bewertet. Anhand einer Formel, die die Anzahl der Bewertungen, die Weiterempfehlungsrate, sowie die in den einzelnen Kategorien vergebenen Sonnen miteinander ins Verhältnis setzt, ermittelt Holiday-Check die beliebtesten Hotels und daraus ergeben sich dann die beliebtesten Regionen.

Wochenblatt am 17. Juni 2009

40 Nachwort – ein Fazit

Da diese Seiten noch nicht meine Memoiren sind, sondern einen Abschnitt in meinem Leben reflektieren, ist dies quasi nur ein Zwischenfazit. Das ist auch deshalb so, weil Bodenmais nach wie vor mitten im Wandel begriffen ist, und die künftige Entwicklung beweisen wird, für wie nachhaltig sich die kurz- und mittelfristigen Erfolge, die zweifellos erzielt wurden, in Zukunft erweisen.

Für mich persönlich stellen die letzten drei Jahre Bodenmaiser Fremdenverkehrsarbeit eine spannende Zeit dar, die ich nicht bereue, weil sie mir mindestens ebenso viel gab, wie ich hoffentlich zurück geben konnte. Ich möchte diese Zeit nicht missen, freue mich bei allen Unwägbarkeiten auf die Zukunft in Bodenmais und weiß nun ganz genau, dass es etwas völlig anderes ist, hunderte Unternehmer in einem Ort für seine Ideen zu begeistern, als ebenso viele Angestellte im eigenen Unternehmen.

Meine Bereitschaft und Fähigkeit, die Zusammenhänge im Ort auch aus der Perspektive der Gewerbetreibenden zu sehen, entwickelte sich ebenso stark, wie mein Verständnis für Hoteliers und Prozesskosten im Fremdenverkehr, die sich fundamental von der Tourismusindustrie, aus der ich komme, unterscheiden. Ich möchte nach den ersten Jahren Fremdenverkehr unbedingt fähige Kollegen aus der Tourismusindustrie aufrufen, einen Wechsel in den öffentlichen Tourismus zu wagen, da dieser in Deutschland eine positive Zukunft vor sich hat, die es durch Talente zu gestalten gilt.

Auf keinen Fall möchte ich belehren und in den Kapiteln dieses Buches die Fehler im deutschen Fremdenverkehr anprangern. Viel mehr möchte ich noch bewusster machen, dass der Deutschlandtourismus im Grundsatz eine Erfolgsstory ist, die „nur" dringend Impulse benötigt, um den Anschluss im Wettbewerb nicht zu verlieren.

Die Marke „Bayern" ist sicher exemplarisch für eine Erfolgsstory im Deutschlandtourismus, die in den letzten Jahren maßgeblich von der BAYERN TOURISMUS Marketing GmbH mitgestaltet worden ist.

Aber auch in Bayern haben viele Orte noch Defizite in ihrer Entwicklung, die es aufzuholen gilt. Auf Ortsebene schreibt zum Beispiel auch Bad Füssing eine Erfolgsgeschichte. Ein Kurort im Passauer Land, der mitten auf der grünen Wiese entstand und heute mit 2,5 Millionen Übernachtungen im Jahr eine einmalige Leistung im Fremdenverkehr darstellt. Hiervor kann man nur den Hut ziehen und resümieren, dass jeder aus den positiven Beispielen im Deutschlandtourismus und auch den Impulsen aus diesem Buch seine eigenen Schlüsse ziehen sollte.

Die Schlagzeilen und Presseberichte in diesem Buch sind mitten aus dem touristischen Leben – und statt mit grauer Theorie mit durchweg praktischen Ansätzen. Entnehmen Sie den Informationen und Schilderungen dieses Buches die Aspekte, die ab sofort Ihren Schritten auf dem Weg zu Veränderungen begleitend dienen können. Das Wichtigste ist, dass Sie sich auf den Weg machen und den Mut zu Neuem aufbringen.

Mit diesem Buch ist ganz sicher nicht alles gesagt, und es hat ganz sicher auch keinen Anspruch auf Vollständigkeit, deshalb biete ich meinen Lesern gern an, sich mit möglichen Fragen oder auch Kritik an mich über mein Unternehmen, die TUBAL Touristik GmbH, zu wenden, die entweder online unter tubal-touristik.de oder via andreas.lambeck@tubal-touristik.de zu erreichen ist.

Ebenso steht Ihnen auch mein langjähriger Weggefährte und Co-Autor dieses Buches, Enrico Heß, für Feedback und Fragen via info@enricohess.de zur Verfügung.

Andreas Lambeck im August 2010